IT 트렌드 2024

누구나 알아야 하는 테크 트렌드 분석

IT TREND

(IT 트렌드 2024)

2024

김지현 지음

CRETA

차례

PART 1.
3번째 플랫폼, 공간으로 혁신하는 메타버스

PART 2.
트렌드와 패러다임 사이, AI의 반란

PART 3.
무한 가능성, 블록체인과 클라우드

PART 4.
새로운 인터넷 가치와 비즈니스 기회

PART 5.
2024 IT 키워드 10

점으로 뿌려진 IT 기술의 트렌드, 선으로 패러다임이 되다

2021년의 NFT, 2022년 메타버스와 웹3.0 그리고 2023년 챗 GPT는 IT 산업을 넘어 개인의 일상과 사회 전반에 큰 이슈가 되었다. 하지만 NFT나 메타버스 그리고 훨씬 그 이전의 암호화폐나 스마트홈, 5G 등은 이제 거품이 빠지고 난 후 잊힌 기술이 되었다. 그렇게 2024년에도 새로운 기술이 떴다가 사라질 수도 있고, 2023년에 주목받았던 기술 키워드 역시 트렌드가 되지 못한 채 잊힐 수 있다. 이렇게 기술 트렌드는 잠깐의 유행으로 반짝 주목받다 희미해질 수 있다. 기술이 패션이 아닌 트렌드가 되기 위해서는 시장에서 대중의 선택을 받아야 한다. 트렌드가 된 기술 중에는 산업 구조를 바꾸는 수준으로 패러다임의 대전환까지 이어지는 경우도 있다. 마치 점이 연결되어 선이 되고, 선이 모여 면을 만드는 것처럼 말이다.

단 기술이 트렌드가 되기 위해서는 기술을 기반으로 서비스와 제품이 구현되어야 한다. 그렇게 실현된 서비스가 시장의 선택을 받아 트렌드가 되고, 그 서비스를 만든 기업이 비즈니스 혁신에 성공해 '카테고리 킹'이 되면 결국 산업의 구조를 뒤흔드는 패러다임이 형성된다. 그래서 기업은 기술 트렌드를 정확하게 이해하고, 이를 우리 사업의 혁신에 활용할 수 있는 방안을 찾아야 한다. 바로 기술 트렌드를 이해하고 해석해야 하는 이유다.

기술은 변화무쌍하다. 2023년 초만 해도 2022년 11월 말에 출시된 챗GPT가 이렇게 거대한 쓰나미가 될지 몰랐다. 오픈AI가 2018년 GPT-1을 통해 LLM을 개발하며 꾸준히 발전시키고, 구글이 2017년에 트랜스포머Transformer 모델을 발표하며 자연어 처리 분야에 혁명적인 발전을 가져오면서 LLM의 가능성을 열 것을 누구도 예상하지 못했다. 이렇게 기술은 '점'으로 선보인다. 실제 서비스로 구현해 시장의 선택을 받아 대중에 파급력을 보이면 '선'이 되어 트렌드가 된다. 그리고 기업이 해당 기술로 서비스를 만들어 사업을 혁신하면 '패러다임'으로 거듭나는 것이다.

2024년 기술 트렌드는 어떤 분야가 주목받을까? 전문가마다 생각이 다를 수 있고, 2024년 초에 주목받지 않던 기술이 새로운 서비스로 급작스레 시장에 나타나 트렌드를 만들 수도 있다. 한

마디로 2024년의 기술 트렌드를 감히 예상하기는 어렵다. 하지만 적어도 기술 키워드들을 점으로 나열할 수는 있다. 그런 기술들이 선으로 이어지면서 서비스로 거듭나야 트렌드로 발전할지 전망할 수 있다. 2023년도에 이어 2024년 기술 트렌드를 점으로 나열해 보았다.

이 책에 언급된 트렌드 전망은 2023년 9월의 관점에서 바라본 점과 선에 대한 전망일 뿐, 10월 이후 2024년 초에 또 다른 변수들로 인해 선이 다르게 연결되고, 다양한 형태의 면이 만들어질 수 있을 것이다.

2024년의 IT 트렌드에 대해서는 저자의 브런치(brunch.co.kr/@ioojoo)와 트위터(@oojoo)를 통해 계속 업데이트할 것이다. 기술을 어떻게 이해하고, 트렌드를 어떻게 전망하며, 패러다임을 어떻게 만들지 이 책과 SNS가 독자 여러분께 길잡이가 되길 기대한다. 또한 책에 대한 궁금증이나 못다 한 기술 트렌드에 관한 기업 강연이 필요한 경우 메일(ioojoo@gmail.com)을 보내주기를 바란다.

테크라이터 김지현

For JW & Cole

IT TREND
2024

PART 1

3번째 플랫폼,
공간으로 혁신하는 메타버스

매년 수많은 IT 기술이 뜨고 진다. 알파고, 비트코인, NFT, 메타버스, 스마트홈, IoT(사물인 터넷), 모빌리티 등 다양한 기술들이 주목받다 사라지거나, 웅크렸다 다시 뜨곤 한다. 그런 기술들을 해석하고 전망할 때는 계위를 구분해서 진단해야 한다. 이 기술의 용도와 사용처 그리고 파급력 등을 고려해 우리 일상과 사회, 산업에 어느 수준의 영향을 끼칠 수 있는지를 진단해야 한다. 그저 작은 파도인지, 한 해 농사를 망치는 태풍인지, 우리 삶의 터전을 위협할 거대한 지진해일 급의 강력한 자연재해인지를 파악해야 그에 대한 대응도 적절히 할 수 있다. 그렇다면 2021년 코로나19가 한창일 때 급부상했던 메타버스는 잊힌 기술일까, 아니면 여전히 뜰 기술일까? 사실 메타버스는 2023년 엔데믹 시대를 맞이하며 관심에서 멀어진 데다, 챗GPT가 모든 IT 키워드를 블랙홀처럼 빨아들이면서 상대적으로 잊힌 기술이 되었다. 하지만 2024년 다시 화려하게 부활할 것이다. 여전히 메타버스에 대해 진심 어린 투자를 하는 메타와 애플의 공간 컴퓨팅 기술인 비전 프로가 합세하면서 더 많은 제조사가 참여할 것이다. 그 과정에서 메타버스는 재주목받으면서 부활의 기회가 올 것이다.

메타버스의 그늘,
엔데믹과 챗GPT

코로나19는 사회적 거리두기와 재택근무를 반강제적으로 시행할 기회를 만들었다. 코로나19 이전에도 이미 모바일 앱을 이용해 비대면 서비스들을 애용해 왔다. 쿠팡에서 쇼핑하고, 카카오T로 택시를 부르고, 배달의민족으로 음식을 주문했다. 오프라인에서 대면해서 쇼핑하고 택시를 잡고 음식을 주문하는 것보다 온라인을 이용하는 것의 유용함과 편리함을 몸소 체험했다.

'메타버스의 신기루'
허상인가, 실재인가?

코로나19는 우리 일상과 사회 그리고 가치관에 대한 많은 변화를 촉발했다. 워낙 짧은 시간에 확산되어 전 세계적으로 겪어보지 못한 불확실성 때문에 걱정을 주는 바이러스여서 국경을 꽁꽁 닫아걸고, 집 밖을 나가지도 못하는 상황이 2년여간 지속되었다. 코로나19가 아니었으면 줌으로 온라인 회의를 하고, 넷플릭스로 영화를 보고, 배달의민족으로 음식을 배달시키는 것이 지금처럼 당연시되지 못했을 것이다. 코로나19가 아니었다면 어떻게 50대 사장님과 40대 팀장이 직원들과 사무실이 아닌 컴퓨터 앞에 앉아 회의할 수 있었겠는가. 인도, 중국, 프랑스, 네덜란드의 드라마를 넷플릭스로 한국 드라마를 보는 것처럼 자연스럽게 볼 수 있게 된 것도 사회적 거리두기의 또 다른 현상이라고 볼 수 있다.

코로나19 이전이라면 할 수 없었던 것을 반강제적으로 경험하면서 비대면 온라인 서비스가 주는 편의도 있지만 대면 서비스라면 가능한 몰입감, 현실감이 떨어진다는 아쉬움도 남겼다. 콘서트와 회의, 면접, 신입생 환영회 등의 각종 행사는 줌이나 유튜브만으로는 한계가 있기 마련이다. 그래서 현실의 현장감과 입체감을 주면서도 온라인의 편리한 연결과 저비용으로 효율을 가져다 주는 기술이 부각되었다. 마침 메타의 '오큘러스 퀘스트 2'가 2020년 10월 출시되면서 뛰어난 가성비와 다양한 서비스로 주목받았다. 특히 VR을 이용한 메타버스에서 콘서트를 열고, 입학식과 회의 등을 수행하며 유튜브나 줌보다는 몰입감, 현장감이 높아 주목받았다.

메타버스는 우리 사회에 코로나19와 함께 화젯거리이자 핫한 키워드로 떠올랐다. 마치 2017년경 비트코인과 함께 암호화폐 열풍이 불던 때처럼 급부상했다. 그렇게 우리에게 소나기처럼 다가온 메타버스는 미처 이 기술이 무엇인지, 기존의 인터넷과 무엇이 다른지, 앞으로 어떤 변화와 비즈니스의 기회를 만드는 것인지 정의하지 못한 채 혼란이 가중되었다. 혹자는 이미 오래전의 싸이월드나 로블록스, 포트나이트 같은 게임, VR^{Virtual Reality}(가상현실)이나 AR^{Augmented Reality}(증강현실)과 같이 머리에 쓰고 사용하는 것을 메타버스라고 부르기도 했다. 이렇듯 정확하게 무엇을 메타버스라고 불러야 할지 혼동이 지속되었다. 게다가 메타버스는 비대면 서비스가 갖는 한계를 극복하고 오프라인의 현실보다 더 진짜 같고 몰입감이 뛰어난 새로운 세상을 가져다줄 것이라는 환상이 지나치게 과장되기도 했다. 그 결과 엔데믹 시대를 맞이하며 메타버스에 대한 기대는 사그라지고 그 많던 관심은 썰물처럼 빠져나갔다.

지난 10년간 점진적으로 발전하던 메타버스는 본의 아니게 너무 일찍 샴페인을 터트린 셈이다. 게다가 2023년 초에는 챗GPT가 모든 것을 빨아들이면서 메타버스에 대한 설익은 기대는 실망감을 배가시켰다. 그렇다 보니 메타버스는 "실패한 기술", "빈 수레가 요란했다"라는 비판에서 자유롭지 못했다. 이제 메타버스는 시티폰이나 PDA처럼 잠깐 유행하다 사라질 기술일까? 과연 이 부침을 극복하고 화려하게 백조처럼 부활할 수 있을까?

'혼합현실의 미래' 가상세계의 시작점

이제 우리 일상이 된 컴퓨터는 기존에 할 수 없던 작업을 가능하게 해준 신기술이었다. 컴퓨터 덕분에 문서 작성과 인터넷 정보 탐색이 수월해졌고 전 세계의 사람들과 언제든 소통하고 공통의 관심사를 가진 사람들이 정보를 공유할 수 있도록 해주었다. 1980년대 IBM과 애플에 의해서 처음 소개되었고, 본격적으로 보급된 것은 1990년대였으며, 실제 지금 우리가 사용하는 것과 같은 여러 소프트웨어와 웹브라우저를 이용해 인터넷 서비스를 사용하게 된 것은 2000년부터다. 컴퓨터의 첫 등장과 보급 그리고 지금과 같은 서비스를 실질적으로 사용까지 약 20년의 세월이 필요했다.

스마트폰 덕분에 우리는 집이나 사무실처럼 고정된 장소가 아니라 이동 중에 어디서든 즉시 손 위에서 컴퓨터와 인터넷 서비스를 사용할 수 있게 되었다. 그저 컴퓨터에서 쓰던 것을 손바닥에서 사용할 수 있는 차원을 넘어 PC에서는 할 수 없던 서비스마저 모바일로 사용할 수 있게 되면서 컴퓨터보다 더 큰 시장이 형성될 수 있었다. 이런 스마트폰도 처음 소개되기 시작한 것은 1990년대 후반 PDA까지 거슬러 올라가고, '블랙베리'라는 제품이 2002년도에 선보이면서 제한적이었지만 메일이나 일정 관리 등의 업무 보조 수단으로도 사용되었다.

이후 2007년 아이폰 1세대가 출시되면서 지금 우리가 사용하는 스마트폰의 초기 형태가 완성되었다. 하지만 실제 스마트폰이 본격적으로 보급되기 시작한 것은 2010년도에 갤럭시 S가 출시되고 아이폰4로 업그레이드되면서부터다. 즉 모바일 세상이 본격적으로 열리기까지는 약 15년의 세월이 필요했다.

그렇다면 메타버스는 어떨까? 메타버스의 시기를 어떻게 보느냐는 정의에 따라 다르지만, 컴퓨터나 스마트폰처럼 별도의 기기를 기점으로 되돌아보면 2015년쯤부터로 보는 것이 마땅하다. 그 이전에도 여러 종류의 프로토타이핑prototyping이 있었지만 실험실 수준이었고, 사용할 만한 제품이 선보인 것은 2015년 삼성 '기어 VR'과 '오큘러스'를 시작으로 HTC의 '바이브', 소니의 '플레이스테이션 VR', 마이크로소프트의 '홀로렌즈' 등이다. 하지만 이들 제품은 가격이 너무 비싸거나 기술적 완성도가 떨어지고, 쓸 만한 콘텐츠가 없어 보급에는 실패했다. 그런데 2020년 10월에 메타의 '오큘러스 퀘스트 2'가 전작 출시 1년 반 만에 50만 원대의 비교적 저렴한 가격에도 높은 성능으로 뛰어난 가성비를 보여주며 큰 주목을 받았다. 1년 만에 판매량이 1천만 대를 돌파하며 VR 시장의 가능성을 증명했다. 그렇게 메타버스는 6년 만에 희망의 가능성을 보인다. 물론 아직은 2000년대의 컴퓨터, 2010년대의 스마트폰과 같은 포지션은 아니다. 아마도 출시 후 10년 정도쯤이 되는 2025년에 메타버스가 본격 보급될 것으로 전망한다.

그러려면 메타버스가 웹이나 모바일이 보여준 명확한 사용자 가치를 보여주어야 한다. 메타버스는 우리에게 어떤 가치를 줄 수 있을까? 책상 위에서 세계와 만날 수 있도록 해준 컴퓨터, 어디서든 손 위에서 인터넷 서비스를 이용할 수 있도록 해준 스마트폰, 그다음의 메타버스를 실현해 줄 MR^{Mixed Reality}(혼합현실) 기기는 무엇을 실현해 줄까? 메타버스는 입체적 공간 속에서 펼쳐지는 인터넷 서비스로 기존의 평면적인 컴퓨터와 다른 경험을 제공한다.

지난 20년간의 컴퓨팅과 인터넷 서비스 사용은 사각형의 디스플레이 속에서 평면적으로 운영되었다. 우리가 사는 현실계는 공간이 있고, 공간을 채우는 수많은 사물과 사람이 있다. 우리는 공간에서 움직이면서 3차원의 입체적인 정보를 보면서 살아간다. 그런데 디지털이 채운 컴퓨터나 스마트폰 속은 늘 평면으로 구성되어 있다. 영화와 TV, 책과 신문, 잡지를 봐도 모두 평면적인, 현실과는 다른 세상이다. 하지만 메타버스가 구현한 세상은 현실과 닮은 공간이 있고 공간을 채우는 수많은 정보와 디지털 사물 그리고 사람들이 있다. 물론 그 세상은 우리가 사는 현실계와 연결되어 작동되기도 하고, 완전히 가상으로 존재해 운영되기도 한다. 이러한 메타버스는 기존의 컴퓨터나 인터넷보다 더 현실적이고 몰입감이 넘치는 입체적 인터넷 경험을 제공할 수 있다.

'메타버스의 몰입도'
온몸이 느끼는 인터넷

메타버스를 정의하려면 특징을 먼저 이해해야 한다. 메타버스는 기존의 웹이나 모바일과는 다른 큰 특징이 있다. 바로 콘텐츠의 유형이 다양하다는 점과 상호작용이 뛰어나다는 점이다. 컴퓨터는 스마트폰보다 화면이 크고 다양한 입력장치와 출력장치를 연결할 수 있고 컴퓨팅 파워가 뛰어나 여러 종류의 콘텐츠 포맷을 사용할 수 있다. 반면 스마트폰은 컴퓨터와 달리 이동 중에도 사용할 수 있고 카메라와 마이크, 생체인식부터 자이로스코프에 이르기까지 여러 센서가 내장되어 있어 다양한 외부 정보와 사용자의 상황을 인식할 수 있다. 그렇다 보니 상호작용의 몰입도가 높다.

메타버스는 컴퓨터보다 더 다양한 콘텐츠 포맷을 지원하며 스마트폰보다 더 입체적인 상호작용이 가능하다. 한마디로 기존에는 상상도 할 수 없었던 다양한 종류의 콘텐츠, 서비스를 경험할 수 있으며 몰입도가 높은 컴퓨터 사용이 가능하다. 단 이동성은 컴퓨터보다 조금 나은 수준으로 스마트폰과는 비교할 수 없을 만큼 미흡하다. 하지만 앞으로 안경처럼 쉽게 착용할 수 있는 크기로 경량화되고, 배터리 성능 향상과 지금보다 빠른 6G 등의 인터넷이 실현되면 이 문제도 해결될 것이다.

    그렇다면 메타버스의 상호작용과 콘텐츠 유형은 어떤 서비스 경험을 가져다 줄까. 메타버스에서의 입력 인터페이스는 '온몸' 이다. 컴퓨터나 스마트폰처럼 손가락만 까딱까딱하는 것이 아니라 두 손과 머리의 움직임, 몸짓까지 인식해 서비스에 반영된다. 컴퓨터와 혼연일체가 되어 인터넷 서비스를 사용할 수 있는 것이다. 눈과 손뿐만 아니라 몸의 제스처와 고갯짓, 손짓, 몸의 방향과 시선의 움직임 등 다양한 입력 수단을 사용해서 인터넷 서비스를 이용한다. 그러므로 공간을 돌아다니며 공간 속의 사물은 물론 사람(아바타)과 상호작용할 수 있다.

    메타버스 체험이 완성되기 위해서는 PC나 스마트폰으로는 부족하다. 새로운 경험을 위해서는 새로운 디바이스가 있어야 한다. 그런 측면에서 메타버스는 MR 기기를 통해 공간을 유영하며 다양한 상호작용을 통해 온몸으로 여러 서비스를 경험하는 것을 뜻한다. 물론 웹이나 모바일처럼 모든 인터넷 서비스를 포괄하기에 콘텐츠와 커뮤니케이션, 커뮤니티, 커머스 등 기존의 모든 서비스를 포함한다. 즉 메타버스는 웹과 모바일과 같은 계위에 있는 플랫폼이다.

메타가 쏘고, 애플이 올린 혼합현실

메타버스를 만들어 가는 기업으로 대표적인 곳이 메타다. 오큘러스를 인수하면서 서비스를 넘어 디바이스 제조에도 심혈을 기울이고, 엔데믹을 맞이하며 IT 산업 전반이 경기 위축으로 인해 신규 사업 투자를 줄이는 와중에도 메타버스에 대한 투자를 줄이지 않고 있다. 게다가 2023년 5월 애플이 WWDC^{Apple Worldwide Developers Conference}(애플 세계 개발자 회의)에서 '공간 컴퓨팅'이라는 새로운 키워드로 MR 디바이스 출시를 예고하면서, 사그라들던 메타버스의 불씨가 다시 활활 타오를 조짐이 보인다.

'메타'
메타버스를 향한 진심

야후, 라이코스, 다음, 싸이월드, 네이트온 등의 서비스들이 갖는 공통점은 한때 시대를 풍미했던 전 국민의 서비스였지만 지금은 몰락했다는 것이다. 이들의 자리는 현재 구글, 카카오, 페이스북 등의 서비스가 대신하고 있다. 그만큼 인터넷 서비스는 왕관의 무게를 버티기가 어렵다. 시장이 바뀌고 경쟁자가 치고 들어오면 언제든 지금의 위치는 흔들릴 수 있다.

페이스북은 2004년에 시작되어 2005년부터 본격 성장해 2012년 상장을 하면서 화려하게 데뷔했다. 이후 성공 가도를 달리는 와중에 트위터, 스냅챗을 인수하려 했지만 실패했고 2012년에 10억 달러에 인스타그램, 2014년에 190억 달러에 왓츠앱을 인수했다. 천문학적인 비용으로 스타트업 인수에 공격적으로 나선 것은 이들 서비스가 언제든 페이스북을 역사의 뒤안길로 사라지게 할 수 있는 잠재적 경쟁자가 될 수 있기 때문이다. 페이스북은 야후처럼 되지 않으려고 늘 새로운 도전을 마다하지 않고 있다.

그런 페이스북이 2014년 30억 달러에 VR 기기를 만드는 메타버스의 초기 대표 주자 오큘러스를 인수했는데, 그간 페이스북이 관심을 두던 인터넷 기업이 아닌 제조사라는 사실이 주목할 만했다. 이후 페이스북은 2021년 회사 이름까지 메타로 변경하면서 대대적인 이미지 변신을 꾀하고 있다. 그렇게 메타버스에 '진심'인 메타가 메타버스 플랫폼을 준비하기 위해 2020년 메타 리얼리티 랩스라는 사업부를 신설했다. 사실 페이스북은 2018년 마크 저커버그의 청문회 참여를 시작으로 정부 당국과 시민단체들의 원성을 받아왔다. 전 세계의 인터넷 서비스가 SNS로 집중되면서 페이스북은 일취월장하고 있었지만, 그만큼 중앙화되는 페이스북에 대한 견제도 커져만 갔다. 따라서 페이스북 입장에서는 소셜 미디어 다음의 새로운 사업에 대한 준비와 투자가 절실했다.

실제 2021년 4월 애플이 iOS 14.5를 발표하면서 앱 추적 선택여부가 추가되었다. 그러면서 사용자 데이터 기반의 맞춤 광고가 주력 사업인 페이스북의 광고 사업에 적신호가 켜진다. 이후 구글도 안드로이드에서의 앱 추적 금지 등 사용자 정보 보호에 대한 규제 강화 정책으로 인해 페이스북의 주력 광고 사업이 위축되었다. 그 결과 2022년 7월 창사 이후 최초로 매출이 감소했고 주가 역시 고점 대비 4분의 1 수준으로 급락했다.

실적 악화 상황임에도 메타는 메타버스 사업부인 리얼리티 랩스에 대한 투자를 멈추지 않고 있다. 그로 인해 발생한 총손실은

2021년 102억 달러, 2022년 137억 달러로 날이 갈수록 커지고 있다. 그로 인해 메타라는 이름으로 회사명을 바꾼 이후 1년 만인 2022년 11월 메타의 시가총액은 8000억 달러나 증발했다. 그런데도 메타 CTO는 리얼리티 랩스에 대한 투자는 합리적 수준이라고 밝혔다. 심지어 마크 저커버그는 "투자자들은 포기해도 나는 메타버스를 포기하지 않는다"고 공공연하게 말하고 있다. 메타버스가 거론되며 여러 기기가 출시된 지 10년이 지난 지금도 묘연하기만 한 메타버스는 정말 메타에 보증수표 역할을 할까?

2023년 6월 애플은 '비전 프로'라는 새로운 공간 컴퓨팅 기기를 발표했다. 2024년 초에 출시되지만, 애플이 보여준 컴퓨터의 미래는 누가 봐도 환호성을 지를 만했다. 그런데 새로운 용어로 발표했다 뿐이지 결국 애플의 신제품은 MR로 구현한 메타버스고, 애플만큼 훌륭하지 않지만 메타의 퀘스트 프로를 통해서도 커다란 디스플레이를 띄우고 컴퓨터 작업이나 인터넷 사용은 충분히 가능하다. 3499달러(약 500만 원)나 하는 비전 프로와 비교하면 퀘스트 프로의 999달러(약 130만 원)는 더 높은 가성비를 보이는 것이 사실이다.

애플의 참전으로 메타버스를 사용하기 위해 필요한 MR 기기에

메타의 '퀘스트 프로'와 '호라이즌 워크룸'을 통해 가상의 컴퓨터를 사용하는 모습

출처 : 메타

대한 관심이 부활하고 있다. 삼성전자가 '갤럭시 글래스' 상표권을 출원하고 구글, 퀄컴과의 MR 관련 제휴를 맺었다는 소식이 전해지면서 엔데믹 시대를 맞이하며 관심이 꺾였던 메타버스에 대한 기대가 다시 타오르고 있다. 이에 따라 올 초부터 메타의 주가도 반등하고 있다. 2022년 말 90달러였을 때와 비교하면 325달러로 무려 3.6배 이상 증가했고, 2021년 최고점인 378달러와 비교해 85% 수준까지 회복했다.

이는 메타버스 시장에 대한 가능성이 높아지면서 이 시장에 전력투구하고 있는 메타의 잠재력에 대한 기대감이 작용한 이유가 크다. 게다가 메타는 '퀘스트'라는 MR 디바이스 제조를 넘어 수

28

2023년부터 다시 주가를 회복하고 있는 메타

많은 메타버스 앱을 개발할 수 있도록 하는 개발 스튜디오와 앱
스토어, '호라이즌 월드Horizon World' 같은 자체 앱을 통해 메타버스
에서 사람과 소통하고 업무를 볼 수 있는 서비스를 제공하고 있
다. 또 더 나은 메타버스 경험을 도와주는 이미지 인식 인공지능
모델 'SAMSegment Anything Model'을 통해 MR로 보는 물리적 현실계의
모든 사물을 상세하게 인지하고 이해할 수 있는 기술을 연구하고
있다. 메타버스에 투자를 아끼지 않는 메타가 2024년의 본격적
인 메타버스 전쟁에서 어떤 성과를 보여줄지 기대된다.

'애플' 비전 프로와
공간 컴퓨링 시대

영화 〈아이언맨〉에서는 어디서든 '자비스'를 부르면 내 말을 기가 막히게 알아듣고 뭐든지 해준다. 〈킹스맨〉에서는 안경을 끼면 회의실에 전 세계의 각국에 멀리 떨어져 있는 사람들이 의자에 앉아 회의를 할 수 있다. 둘의 공통점은 디지털로 구현된 정보가 내 눈앞에 생동감 있게 펼쳐진다는 점이다. 어떻게, 아니 현실에 구현이 될 수 있는 것일까?

이는 AR 안경이나 홀로그램으로 구현할 수 있는 실현 가능한 미래다. 하지만 아직 설익어 영화처럼 사실적이고 실용적이지 않아 마이크로소프트는 2016년부터 개발하던 사업의 인력을 감원하고 관련 프로젝트를 중단하기도 했다. 그만큼 AR 기기의 가격은 비싸고, 성능은 뛰어나지 않으며, 사용할 만한 서비스와 콘텐츠는 없다 보니 아직 시기적절한 타이밍이 아니라 판단한 것이다.

그런데 2023년 5월 WWDC에서 차세대 컴퓨터로 '비전 프로'를 발표했다. 기존의 구글 글래스, 마이크로소프트의 홀로렌즈처럼 AR 기기에 가까운데, 지난 30여 년간 공간 관점에서 컴퓨터 시스템이 변한 과정을 보면 책상에서 무릎 그리고 손 위로 바꿰었다. 그런 관점에서 애플이 제시한 비전 프로는 '공간 컴퓨팅 spatial computing'으로 미래의 컴퓨터를 제시했다.

기존에도 있던 개념임에도 불구하고 애플의 비전 프로가 새롭게 다가온 이유는 〈아이언맨〉이나 〈킹스맨〉 같은 영화에서나 보던 장면을 실제로 구현할 것이라는 기대감 덕분이다. 눈앞의 거실과 침실, 서재나 사무실 공간에 너무나 자연스럽게 얹힌 화면이 실제 존재하는 것만 같은 사실감이 그런 기대를 부추겼다. 게

컴퓨터가 자리 잡은 공간의 변화

다가 머리에 뒤집어쓰는 이 새로운 기기를 사용하기 위해 새로운 앱을 따로 설치할 필요가 없다. 기존의 애플 맥과 아이패드, 아이폰과 애플TV에서 사용하던 콘텐츠와 앱을 그대로 사용할 수 있다. 즉 맥에 설치한 키노트나 웹브라우저, 페이스타임, 마이크로

기존의 애플 서비스를 이용할 수 있는 사용자 경험

출처 : 애플

소프트 등을 그대로 사용할 수 있다. 물론 비전 프로에 탑재된 비전 OS에 맞는 3D 소프트웨어도 개발할 수 있다. 이를 위해 애플은 비전 OS SDK(소프트웨어 개발 키트)를 공개해 3차원의 입체적인 앱을 개발할 수 있도록 하고 있다. 이에 따라 앞으로는 평면적인 기존의 맥, 아이패드, 아이폰에 사용되던 방식에서 탈피해 입체적인 모습의 다양한 앱이 나오게 될 것이다.

공간 컴퓨팅이 주는 최대의 강점은 현실의 공간과 디지털 공간이 일체된 경험을 제공할 수 있어 '몰아의 경지'를 줄 수 있다는 점이다. 내가 있는 공간에서 최적의 디지털 경험을 누릴 수 있도록 해준다. 거실에, 서재에, 다이닝룸에 서로 다른 크기의 디스플레이를 두고 책상 위에 디지털 시계와 벽면에 디지털 액자를 거치할 수 있다. 실제 존재하는 TV나 액자처럼 늘 같은 디스플레이를 둘 수 있다. 또한 내가 있는 공간 속 디지털을 구미에 맞게 최적화할 수 있다. 비행기 안에서 온전히 주변과 차단되어 내가 보는 전면과 위, 옆 모든 공간에 아이맥스 영화관처럼 화면을 가득 채울 수 있다.

이를 구현하기 위해서 애플은 M2와 R1이라는 고성능 프로세서를 탑재했으며, 외부의 사용자 움직임을 포착하기 위해 5개의 센서, 6개의 마이크, 주변 환경과 안경 내의 안구 위치를 정확하

비행기에서 애플TV를 '비전 프로'로 시청하는 화면

게 포착하기 위해 12개의 카메라를 장착했다. R1 칩 덕분에 사람이 눈을 깜박이는 속도보다 8배나 빠르게 센서 정보를 처리해 2300만 픽셀의 1200인치 디스플레이를 소화할 수 있다. 더욱 자연스러운 조작을 지원하기 위해 눈 동작만으로 화면을 이동할 수 있으며, 간단한 손가락 동작으로 메뉴를 선택하고 화면을 확대, 축소하는 것이 가능하다. 또한 음성인식을 통한 조작도 가능해 총 3가지의 입력 인터페이스를 지원한다. 손을 허공에 대고 허우적거리지 않고 무릎 위에 올려두고 간단한 손동작만 해도 작동이 가능하다.

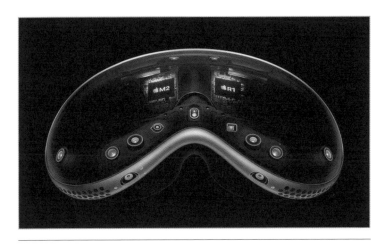

'비전 프로'에 탑재된 컴퓨터보다 더 좋은 성능의 프로세서와 각종 센서

출처 : 애플

'삼성과 LG' 후발주자가 된 국내 기업, 전략적 제휴로 도약

메타나 애플이 메타버스라는 꿈과 이상을 향해 도전하고 있지만, 구글과 마이크로소프트, 아마존은 상대적으로 끈기 있게 도전하지 않는다. 구글은 2013년에 '프로젝트 글래스'라는 연구 개발 프로젝트를 통해 '구글 글래스'를 한정 판매했었고, 마이크로소프트는 2015년에 구글의 제품과 비슷한 증강현실 기기 '홀로렌즈'를 출시했다. 아마존은 2019년에 알렉사가 탑재된 안경 '에코 프레임'을 출시했다. 아마존의 제품은 메타버스 기기는

아니고 그저 알렉사가 안경에 탑재되어 음악이나 간단한 명령, 검색 등이 가능한 수준에 불과하지만, 웨어러블 디바이스의 형태로 안경을 시도한 것은 아마존 역시 미래의 메타버스에 대한 여러 연구와 실험을 하고 있다는 의미다. 하지만 이들 기기는 2023년 이후 추가적인 개발과 투자로 이어지고 있지는 못하다. 이 시장에서 꾸준하게 도전하는 곳은 메타고 새롭게 진출한 곳이 애플이다.

애플의 '비전 프로'는 기존의 '구글 글래스', 마이크로소프트 '홀로렌즈', 메타 '퀘스트' 등의 디바이스에 적용된 기술들을 종합해 최적의 사용자 경험을 제공하기 위해 새로운 서비스를 도입했다. 하지만 아직은 만나볼 수 없다. 2024년 상반기라고 애플이 밝히긴 했지만, 하반기가 될 수도 있다. 그 빈 공백의 시간을 메타(협력하고 있는 마이크로소프트)와 삼성전자(협력 관계인 구글과 퀄컴)가 가만히 두고만 보고 있을 리 없다. 삼성전자는 '갤럭시 글래스'를, 메타는 '퀘스트 프로'를 출시하면서 본격적으로 메타버스와 공간 컴퓨팅을 향한 본격적인 경쟁이 시작될 것이다. 컴퓨터(노트북), 스마트폰(태블릿)에 이어 3번째 기기로 새로운 세상이 우리 앞에 펼쳐질 것이다. 웹과 모바일이 등장했을 때처럼 얼마나 큰 산업 변화와 비즈니스의 기회가 생길까. 그때를 대비해 공간 컴퓨팅과 메타버스 시장을 잘 들여다봐야 한다.

36

그런 면에서 삼성전자나 LG전자와 같은 국내 제조사들은 비록 출발은 늦었지만 새로운 개인용 디바이스에 대한 도전을 본격화할 것이다. 문제는 메타버스 기기가 PC처럼 여러 종류로 다양하게 선보일 수 있을 것인지, 스마트폰처럼 2~3개의 브랜드가 세계를 석권할 것인지다. PC처럼 상용화되려면 호환되는 윈도우 같은 운영체제를 통해 서로 다른 브랜드의 MR 기기라 할지라도 같은 소프트웨어와 웹을 사용할 수 있어야 한다. 그렇지 않으면 스마트폰처럼 애플과 안드로이드 2가지의 스마트폰만이 존재하게 될 것이다. 그러면 MR 기기는 어떻게 발전하게 될까. 그리고 한국 제조사는 새로운 기회를 만들 수 있을까.

MR은 냉장고, 에어컨과는 다른 기기다. PC나 스마트폰처럼 여러 용도의 서비스를 사용할 수 있고 이를 위해서는 여러 서비스 사업자가 참여해 MR에서 사용할 수 있는 콘텐츠나 서비스를 개발해야 한다. 즉 MR 기기만 잘 만든다고 이 시장이 성장하는 것이 아니라 이 기기에서 사용할 수 있는 수많은 서비스가 있어야 한다. 이를 위해서는 웹이나 모바일처럼 생태계가 형성되어야 하며, 그러려면 플랫폼이 구축되어야 한다. 시스템을 완성하기 위해서는 PC처럼 업계 표준이 정립되어 이를 지원하는 MR이 늘어나야 하고, 이와 함께 메타버스 시장을 만들어 가야 한다. 스마트폰처럼 활성화되려면 독점적으로 수직 통합된 플랫폼을 구축해 앱스토어에 수많은 참여자를 확보하는 것처럼 독자 시장을 형성해야 한다.

현재 메타버스 시장의 움직임을 보면 메타는 PC 시장처럼 업계 표준을 통해 더욱 많은 이해관계자가 참여하도록 개방형 플랫폼을 꿈꾸고, 애플은 기존처럼 맥, 아이폰, 아이패드, 앱스토어 중심의 애플 생태계를 구축하려 한다. 앞으로 구글과 삼성전자를 비롯한 그 외의 제조사들이 어떤 전략을 추구할지에 따라 메타버스 시장이 오픈 생태계로 PC를 닮아갈지, 소수의 기업 위주로 재편되는 폐쇄적 플랫폼으로 스마트폰을 닮아갈지 주목해야 한다. 이런 차원에서 2023년 9월 메타와 LG가 제휴를 맺어 MR 디바이스 생산을 LG전자가 맡고 OS 등의 플랫폼 공급은 메타가 맡기로 했다. 마치 구글과 삼성전자의 제휴처럼 메타버스 시장을 둘러싼 양측의 전략적 제휴인 셈이다.

● **2024 IT 인사이트** ●

MR 기기의 대중화의 출발점과 보급의 확산

스마트폰이 연간 1.4억 대 이상 판매되기 시작한 때가 2022년이다. 2007년 아이폰이 출시된 이후 2000년대부터 안드로이드를 탑재한 스마트폰이 기존 휴대폰 제조사들을 통해 본격 출시되면서 2000년대 후반부터 스마트폰이 대중화되기 시작했다. 국내에서도 2011년 갤럭시 S2가 히트치면서 스마트폰 대중화 시대가 열렸다. 그렇게 모바일 트렌드는 스마트폰의 보급과 함께 시작되었다. 그렇다면 메타버스 트렌드를 여는 MR 기기는 언제부터 보급이 확산될 것인가.

대표적인 MR 기기인 오큘러스 퀘스트가 2019년 5월에 출시된 것을 시작으로 2020년 10월에 '퀘스트 2'가 출시되며 출시 1년 만에 1천만 대를 돌파했다. 하지만 이 정도 숫자로는 MR 기기의 보급이 대중화되었다고 평가할 수 없다. 현재까지는 MR 기기의 성능이나 사용의 불편함이 큰 데다 다른 제조사들의 경쟁적 참여가 없다 보니 MR 기기의 대중화는 묘연하다고 평가받는다. 하지만 2024년 애플의 참여와 삼성전자의 본격적인 진입이 시작되면 2010년 이전의 스마트폰과 비슷한 분위기가 형성될 것이다. 그렇게 되면 2025년쯤에는 MR 기기의 보급이 연간 수천만 대 이상, 메타버스의 대중화 물꼬가 터질 것으로 전망할 수 있다.

메타버스 비즈니스의
승자는

    메타버스는 웹과 모바일에 이어 어떤 비즈니스 기회를 만들까? 인터넷 시장은 늘 비슷한 성공 공식과 비즈니스 모델을 가지고 발전했다. 웹과 모바일 모두 PC와 스마트폰이라는 하드웨어 시장을 열었고 이는 초고속 인터넷과 4G LTE 통신 시장을 창출했다. 또한 이들 기기에서 웹과 모바일 서비스를 사용하면서 공짜 서비스로 인터넷 광고 시장이 형성되고 콘텐츠 유료 판매와 구독 그리고 이커머스 시장이 만들어졌다. 메타버스 역시 비슷하게 새로운 비즈니스를 창출할 것이다.

'**LLM과 AI 에이전트**'
메타버스 확산의 마중물

인터넷 비즈니스는 서비스로부터 나온다. 서비스는 기기의 기술적 특징과 사용자 인터페이스에서 만들어진다. 즉 웹은 컴퓨터가 가진 기술적 특징과 키보드, 마우스를 이용해서 구현되며 그 환경에서 메일, 카페, 블로그 등의 서비스가 만들어진다. 모바일 앱은 스마트폰이 가진 기술적 특징을 활용해 터치 동작을 이용해 구현된다. 메타버스 역시 MR 기기의 기술적 특징과 공간을 유영하며 주변 사물 및 아바타와 상호작용을 하는 과정에서 서비스가 만들어질 수 있다.

그런데 MR은 기존의 PC나 스마트폰과 가장 두드러진 차이점은 바로 평면이 아닌 입체라는 점이다. 우리가 사용하던 기존 TV나 컴퓨터 모니터, 스마트폰 화면은 모두 크기만 다를 뿐 사각형의 디스플레이로 구현된다. 하지만 MR로 구현하는 메타버스는 평면이 아닌 입체 공간으로 우리가 사는 현실 공간과 같다. X-Y축에서 X-Y-Z처럼 1개의 축이 더 생기면 복잡도는 2배가 아닌 4배로 커진다. 즉 메타버스는 입체로 구현된 디지털 사물과 건물, 배경, 움직이는 아바타와 이들과의 상호작용까지 더해지면 사용법이 복잡해진다. PC나 스마트폰보다 변수가 많아 메타버스는 우리가 사는 현실 사회 속의 삶이 변화무쌍한 것처럼 복잡해질 수밖에 없다.

복잡한 메타버스를 편하게 사용하려면 무엇이 필요할까? 키보드, 마우스, 손가락을 넘어 더 지능적이고 자동화된 시스템의 도움이 필요하다. 그것이 바로 AI 에이전트, 즉 인공지능으로 구현된 길잡이다. 그런 길잡이를 만들기 위해서는 초지능화된 AI가 필요하다. 메타버스 속의 주변 환경을 인식하고 사용자가 음성으로 명령한 것을 이해해서, 어디든 데려다주고 필요한 것을 즉각 제공하기 위해서는 LLM^{Large Language Model} 같은 AI 거대 언어 모델이 필요하다. 사람 말을 잘 알아듣고 어떤 주제에 대해서든 답변을 제공하는 LLM이 메타버스에 적용되면 복잡해서 접근이 어려웠던 메타버스를 사용하기가 더욱 쉬워질 것이다.

즉 메타버스 생태계를 더 편리하게 만들고 완성하는 데 LLM이 중요한 역할을 수행할 것으로 기대된다. 스마트 스피커의 AI 어시스턴트처럼 LLM으로 구현한 AI 에이전트는 메타버스에 중요한 길잡이가 되고 수많은 공간과 서비스, 아바타, 브랜드로 구현된 복잡한 메타버스를 사용하는 데 핵심 역할을 할 것이다. 컴퓨터를 사용할 때 마우스가 없으면 조작이 어려운 것처럼 AI 에이전트는 메타버스의 핵심 입력 인터페이스가 될 것이다. 웹의 길잡이가 검색이었던 것처럼 AI 에이전트가 메타버스 내 서비스를 사용하는 중요한 게이트웨이로 작동되면 검색 광고처럼 이 에이전트 기반의 새로운 광고 비즈니스 모델이 싹틀 것이다. 즉 AI 에이전트가 소개하고 안내한 브랜드와 제품은 그만큼 보다 많은 사용자에게 선보일 기회를 얻게 될 것이다.

'가상경제 생태계' 메타버스 경제는 곱하기

지난 25년의 인터넷 경제는 상당 부분 현실 경제의 대체재로 작동해 왔다. 인터넷 광고를 하면 TV나 신문 광고를 덜 하고, 지마켓이나 쿠팡에서 쇼핑하면서 상대적으로 백화점이나 시장에서 물건을 사는 것이 줄었다. 마켓컬리로 신선식품을 주문하면 이마트에 덜 가게 된다. 그렇게 대부분의 인터넷 비즈니스는 기존의 비즈니스를 소멸시키거나 대체했다. 기존 실물경제 속 비즈니스의 비효율을 제거하는 과정에서 해당 비즈니스를 없애거나 축소시키며 실물경제와 인터넷 경제는 제로섬 게임이나 마찬가지였다.

물론 기존에 사용자에게 제공하지 못했던 편익과 가치를 제공한 것은 사실이고, 그 과정에서 기존보다 더 시장 규모를 키우고 새로운 비즈니스 가치를 만들기도 했다. 지상파 방송을 뛰어넘는 다양하고 광범위한 콘텐츠로 무장한 유튜브나 넷플릭스는 콘텐츠를 보지 않던 사람들은 물론 기존 TV 방송을 주로 시청하던 사람들까지 끌어들이며, 그 과정에서 영화 산업의 규모와 방송 콘텐츠 시장의 크기를 더욱 키운 면도 있다. 에어비앤비와 우버, 카카오T 덕분에 비어 있는 집과 방을 임대할 기회를 얻었고, 효율과 편의성을 갖추게 된 택시는 서비스를 통한 이용량이 더욱 늘게 되었다. 그 과정에서 비즈니스 모델도 다변화했다. 공짜로 TV를 보고 광고 수익을 얻는 방식에서 벗어나, 콘텐츠 유료화와 구독 비즈니스를 통해 콘텐츠와 커머스를 연계한 콘텐츠 커머스라는 새로운 비즈니스 모델이 탄생했다.

메타버스가 만드는 가상경제는 기존과 달리 새로운 경제계를 만들 것으로 기대된다. 메타버스는 현실계와 연결되어 작동되기도 하고, 아예 완전한 가상계가 만들어져 현실과 분리된 실체로 존재하기도 할 것이다. 그런 가상경제는 기존의 인터넷 경제처럼 단순히 실물경제를 대체하는 방식이 아니라 실물경제와 인터넷 경제를 아울러 상호 연동되는 혼합 경제 방식으로 거듭날 것으로 보인다. 또한 가상경제는 기존에 없던 새로운 경제계를 만들 것으로도 예상된다.

개인이 블로거와 유튜버가 되고, 인스타그램과 틱톡에서 인플루언서가 되어 새로운 시장이 만들어진 것처럼 메타버스는 이를 더욱 확대, 재생산할 것이다. 메타버스 안을 채우는 것은 영상이나 사진, 글을 넘어 디지털 아트 작품과 디지털 가구와 아바타의 옷, 액세서리 그리고 수많은 디지털 오브젝트일 수 있다. 이런 모든 것을 만드는 크리에이터가 새로운 가상경제계를 만들 것이고 이를 '창작자 경제creator economy'라고 한다. 바로 이런 창작자들이 메타버스 내에서 다양한 창작활동을 하는 데 생성형 AI가 도움이 될 것이다. 회사에서 업무를 보는 데 오피스 프로그램과 각종 업무 협업 툴이 필요하듯이 창작자를 위한 생성형 AI 서비스도 또 하나의 비즈니스가 될 것이고, 이들이 만든 작품과 디지털 오브젝트를 거래하는 데 블록체인 기반의 NFT도 중요한 결제 수단이자 거래 장부와 계약 사항을 기록하는 역할을 해낼 것이다.

가상계에 머무는 시간이 길어질수록 웹, 모바일 못지않은 새로운 경제 규모가 형성되고 새로운 비즈니스 모델이 다양하게 확대될 것이다. 그 과정에서 관련된 서비스, 사업을 돕는 솔루션과 관련 기술에 대한 수요도 늘어가면서 새로운 사업 기회가 창출될 것으로 기대된다.

'스마트홈'
매터가 밀고, LLM이 끈다

　　메타버스는 주로 가정에서 사용되는 기기로 자리매김할 것이고 이는 스마트홈의 시장에 새로운 기회를 불러일으킬 수 있을 것이다. 사실 스마트홈이 소개된 지는 10년이 넘어간다. 2012년 삼성전자가 인수한 스마트싱스, 2014년 아마존의 알렉사, 2016년에는 구글 어시스턴트 등의 스마트홈 서비스가 출시되었고 AI가 집 안의 가전기기들을 연결해 자동으로 우리에게 필요한 서비스를 제공할 것이라는 믿음을 주었다. 말하는 대로 집 안 가전기기들을 작동하고, 상황에 맞게 전등이 소등되고 밝기가 조절되는 것을 꿈꿨지만 현실은 그렇질 못했다. 스마트폰이나 PC와는 달리 집안을 채우는 가전기기와 도어락, IP 카메라, 문열림 센서와 온도센서, 공기청정기, 로봇청소기 등은 워낙 제조사도 많고 각각 서로 다른 회사의 제품을 사용하는 경우가 많다. 그렇다 보니 하나의 앱에서 이들 기기를 연동해서 사용하기 어렵고 작동되는 과정에서 인터넷 에러나 각 제조사의 서버 문제로 원인 모를 이상 증상이 발생하는 경우가 다반사다.

원인을 파악하기 어려운 스마트홈 기기의 잦은 에러

스마트홈 시장의 문제는 모든 가전기기를 인터넷에 연결하는 표준 프로토콜의 부재와 지능화되어 작동될 수 있는 AI 시스템의 한계에서 비롯된 것이다. 그런데 이 문제가 해결될 수 있는 단초가 마련되고 있다. 바로 매터Matter라는 표준 프로토콜의 등장과 챗GPT를 가능하게 한 LLM 기술 덕분이다.

매터는 삼성전자, LG전자를 포함한 주요 제조사와 구글, 아마존, 애플 등의 빅테크 기업이 참여해 IoT를 상호 연동할 수 있는 호환성 높은 프로토콜이다. 마치 전 세계 모든 컴퓨터를 인터넷에 연결한 TCP/IP 프로토콜처럼 모든 기기를 상호 연결한다. 매터를 지원하는 제품들이 본격적으로 출시되고 있어 2024년부터는 스마트홈의 실현을 위한 첫 번째 관문인 기기들의 안정적 연결이 해결될 수 있을 것으로 기대된다. 단 이를 위해서는 매터를 지원하는 허브가 필요하며, 이미 구글이나 애플은 스마트 스피커에 매터를 통합 제공하고 있다. 삼성전자는 '스마트싱스 스테이션'이라는 장치를 통해 매터 허브를 본격적으로 장악하려 하고 있고, LG전자는 TV를 허브 삼아 이 시장에 도전 중이며 미국의 셋톱박스 사업자인 로쿠는 셋톱박스를 매터 허브로 공략 중이다. 기존의 스마트홈은 각각의 IoT를 스마트홈 앱에서 개별 등록해야 했지만, 매터를 지원하는 IoT는 물리적인 하드웨어인 이 허브를 중심으로 모든 기기를 연결하고, 허브와 쌍으로 연결한 스마트홈 앱에서 IoT에 통합 접근할 수 있다. 따라서 매터 허브의 역

모든 기기를 연결하고 사용할 수 있는 매터 허브

출처 : 삼성전자

할이 갈수록 중요해질 것이다.

다음으로는 LLM이 기존의 알렉사나 구글 어시스턴트가 완전하게 실현하지 못했던 자동화의 한계를 해결해 주는 마중물이 될 수 있을 것이다. LLM은 방대한 데이터를 기반으로 분류하고 규칙을 찾아 추론하는 데 뛰어나다. 특히 최근에는 오픈 LLM이 늘어나고, 랭체인이나 플러그인, 오토GPT와 같은 추론react 기술이 진화하면서 기존 AI로는 파악하기 어려운 상황 진단과 분석이 효율성을 갖추게 되었다. 스마트홈은 똑같은 아파트의 평수와 평면도라 할지라도 그 안을 채우는 가구와 각 기기의 종류가 다르고, 거주자의 생활방식과 니즈가 다르기 때문에 자동화된 스마트홈의 서비스가 각양각색일 수밖에 없다. 즉 스마트홈 서비스가 자동화되어 제대로 운영되기 위해서는 집 안 가전기기들을 통해 수집되어 축적된 수많은 데이터와 사용자가 거주하며 작동하는 기기의 조작 방식 등에 대한 데이터를 비롯해 기반으로 분석해 추론할 수 있어야 한다. 그러므로 LLM이 스마트홈의 자동화에 큰 가능성을 열 것이다. 아마존과 구글은 알렉사와 구글 어시스턴트에 LLM을 적용할 계획을 밝히기도 했다.

장밋빛 전망만 무성할 뿐 양치기 소년처럼 현실에서는 한계만 가득했던 스마트홈이 이제 부활의 가능성이 열리기 시작했다. 매

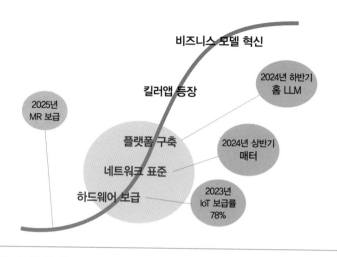

비즈니스 모델 혁신

킬러앱 등장

2025년
MR 보급

2024년 하반기
홈 LLM

플랫폼 구축

2024년 상반기
매터

네트워크 표준

하드웨어 보급

2023년
IoT 보급률
78%

모든 기기의 연결을 통해 비즈니스 모델의 혁신을 이룰 MR

터로 연결하고 LLM으로 자동화될 수 있는 스마트홈은 우리 집
을 편리하게 바꿔줄 텐데, 이를 더욱 풍성하게 해주는 데 MR 디
바이스의 역할이 클 것이다. 즉 스마트홈의 미래는 가정 내 IoT
의 보급과 매터를 통한 모든 기기의 연결, 더 나은 서비스를 위
한 LLM 시스템으로 완성되지만 이를 더욱 풍성하게 만드는 것
은 MR이다.

MR을 쓰고 집 곳곳을 돌아다니면 MR에서 인터넷에 연결된
TV나 에어컨, 냉장고, 전자레인지, 로봇청소기를 인식할 수 있
다. 그렇게 인식된 기기 위에는 가상의 디지털 스위치가 떠다녀

즉각 조작할 수 있다. 전자레인지에는 자주 사용하는 팝콘 튀기기 버튼과 삼겹살 해동 버튼을 올려둘 수 있고, 에어컨 위에는 강풍 냉방으로 25도 설정 버튼을 올려둘 수 있다. 그 버튼을 MR에서 바라보고 눈짓을 하거나 손가락으로 눌러 즉시 작동시킬 수 있다. 심지어 MR에 달린 카메라가 주변의 기기나 사물을 정확하게 인식한다면 냉동실에서 삼겹살을 꺼내 전자레인지에 넣으면 자동으로 해동을 시작할 수도 있다. 실제 메타에서는 'SAM^Segment Anything Model' LLM을 개발 중인데 이는 사진이나 영상 속 사물을 자세하게 인식하고 이를 자연어로 해석해 준다. 심지어 각 이미지를 상세하게 분할해서 인식한다. 즉 자동차를 전체 형체로만 인식하는 것이 아니라 차량의 창과 바퀴, 와이퍼, 사이드미러, 전조등을 구분해서 인식한다. 덕분에 MR과 SAM이 결합하면 우리가 눈으로 보는 세상의 모든 사물에 대해 정교하게 인식하고 구분할 수 있게 된다.

● 2024 IT 인사이트 ●

메타버스의 새 기회, 오큘러스 퀘스트 프로와 MR 상호작용

미국의 소셜 뉴스 커뮤니티 사이트 '레딧'에 올라온 아래 프로토타이핑은 퀘스트 프로를 착용한 채 블라인드, 스피커, 히터를 바라보면 자동으로 해당 기기를 제어할 수 있는 가상의 버튼이 나타난다. 손가락으로 디지털 스위치를 누르면 블라인드를 올리고 내릴 수 있으며, 스피커의 볼륨과 히터의 온도를 조절할 수 있다. 또한 손목을 바라보면 실제 착용하지 않았지만, 시계가 나타나 현재 시각을 확인하고 할 일과 스케줄을 볼 수 있다. 여기에 더해 책상 위에 올려둔 화분을 보면 식물에 물 준 지 얼마가 되었는지 표시되어 오래된 경우에는 알람 메시지가 나타난다. 이처럼 향후 MR은 실제 물리적 공간의 사물과 결합해 더 증강된 경험을 제공할 것이다.

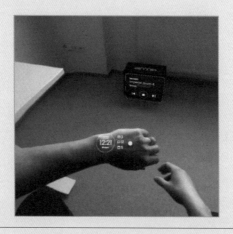

한 개발자가 퀘스트 프로와 IoT를 연동해 버추얼 버튼으로 기기를 작동하는 장면
출처 : 레딧

하루 종일 MR을 끼고 집안 기기를 조작하는 것은 도리어 번거롭

겠지만, 디바이스가 갈수록 경량화되고 메타버스에서의 체류 시간이 길어질수록 집 안의 IoT를 MR에서 인식하고 스마트홈 서비스를 더욱 편리하게 접근하려는 니즈도 커질 것이다. 그렇게 되면 스마트폰의 앱스토어처럼 MR용 스마트홈 앱스토어가 새로운 서비스로서 주목받을 것이다. 다시 말해 가정 내의 수많은 IoT를 연동해서 기존 웹이나 모바일로는 경험하지 못한 새로운 서비스가 스마트홈 앱 서비스가 될 것이다. 만일 스마트폰이 웹에서 가능한 인터넷 서비스를 작은 화면에서 손가락만으로 터치하며 이동 중에 할 수 있는 것만이 기존 PC와 유일하게 차별화된 요소였다면 모바일 앱은 이렇게 커다란 산업 변화를 만들지 못했을 것이다. 기존 PC에서는 안 되던 실시간 위치 확인과 카메라, 마이크, 생체인증 등의 기술과 휴대폰에 자주 연락하는 지인들의 주소록이 있기에 티맵, 카카오뱅크, 애플페이, 인스타그램, 배달의민족, 카카오톡 등의 서비스가 나올 수 있었고, 새로운 킬러앱 덕분에 스마트폰 보급과 모바일 생태계가 이렇게 확장될 수 있었다.

마찬가지로 MR 기반의 메타버스 생태계 역시 기존에 PC나 스마트폰에서 하던 서비스뿐 아니라 MR에서만 가능한 새로운 서비스가 있어야 한다. MR 기기가 갖는 입체적 공간과 상호 작용의 기술적 특성을 활용한 새로운 킬러앱이 있어야만 한다. 그러한 서비스로 게임과 운동, 업무를 도와주는 생산 툴, 엔터테인먼트, 사람들과 소통하고 대화하는 소셜파티 같은 것이 있다. 물론 메타버스 속에서의 경험이 더 몰입감이 넘치고 입체적이지만, 기존의 PC나 스마트폰에도 존재하던 서비스다. 반면 MR을 통해 집 안에 있는 기기들이 연동되어 가정 내의 스마트홈 서비스를 보다 유용하게 즐길 수 있다면 기존의 스마트 스피커나 스마트홈 앱으로는 할 수 없던 것들을 할 수 있게 될 것이다.

IoT 기기를 매터로 연동해서 MR 디바이스에서 이들 기기를 제어할 수 있는 API가 제공되면, 메타버스용 스마트홈 앱들이 다양하게 선보일 수 있을 것이다. MR을 쓰고 로봇청소기를 보면 최근 청소한 날짜와 전체 시간이 표시되고, 공기청정기를 보면 필터를 교체할 시기가 나타나게 할 수 있다. 또한 바깥에 비가 오면 집 안의 습도와 바깥의 습도, 온도 등을 비교해서 자동으로 에어컨이나 가습기 위에 디지털 버튼이 나타나 즉각 조작하게 할 수 있다. 다이닝룸 벽에 걸린 디지털 액자에 촬영한 사진이 나타나면 MR을 통해 인식해 액자 옆에 가상의 작은 캘린더가 나타나 사진을 촬영한 날짜와 장소가 표시되게 할 수도 있다. 이렇게 집 안의 다양한 IoT와 스마트홈 서비스를 연동해 MR에서 새로운 경험을 할 수 있는 서비스들이 다양하게 소개될 것이다. 특히 애플의 공간 컴퓨팅 기기 '비전 프로'는 기존의 애플맥, 아이폰 등에서 사용하던 앱을 메타버스에 입체적으로 구현한 것이라 MR만의 차별화된 서비스가 없다. 그런 면에서 애플의 스마트홈 앱과 비전 프로를 활용해 새로운 스마트홈 서비스들이 차별화된 앱으로 메타버스에서 새 기회를 만들 수도 있을 것이다.

'비전 프로'
애플은 메타와 다르다

2023년 7월 1일 애플은 '꿈의 시총'이라 불리는 시가총액 3조 달러(약 4천조 원)를 돌파했다. 시가총액으로 단순 비교하면 아마존과 구글을 합한 것보다 더 많다. 1976년에 창업한 이후 1994년 파산 직전까지 갔다가 1997년에 창업자인 스티브 잡스가 (1985년에 애플에서 해고당했다) 복귀한 이후 1998년 아이맥, 1999년 아이북, 2001년 아이팟, 2003년 아이튠즈 스토어, 2007년 아이폰과 애플TV, 2010년 아이패드, 2011년 아이클라우드, 2014년 애플워치, 2016년 에어팟, 2017년 홈팟 등 새로운 시장을 여는 제품들을 연이어 성공리에 출시하며 전무후무한 혁신 기업의 대명사로 자리매김하고 있다. 10년 전 애플의 주가는 약 15달러였는데, 지금은 192달러로 무려 13배나 성장했다. 파죽지세로 성장한 애플의 성장 동력은 무엇이고, 앞으로도 지속적인 성장세를 유지할 수 있을까.

애플의 첫 제품은 '애플 I'이라는 개인용 컴퓨터로 휴렛 팩커드HP를 통해 생산을 의뢰했다가 퇴짜를 맞고, 바이트 컴퓨터 상가의 주문 50대를 받아 스티브 잡스의 차고에서 직접 생산했다.

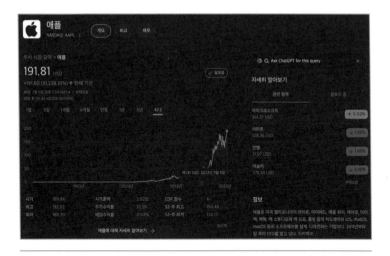

파죽지세로 성장한 애플

이후 투자자를 만나 10년간 5억 달러라는 매출 목표를 세우고, 1976년 '애플 I'은 판매망을 확장하며 본격적인 사업의 틀을 갖추게 된다. 이 매출 목표는 5년 만에 달성하게 된다. 사실 지금의 애플을 있게 한 제대로 된 제품은 1977년에 선보인 '애플 II'다. 기존 제품 대비 컬러 그래픽과 높은 완성도를 가지고 공전의 히트작이 되어 개인용 컴퓨터 시장을 열어주는 대표작이 되었다. 덕분에 애플은 1979년 주식 상장을 해 분야별로 최고의 제품을 선보일 수 있는 자본력을 갖출 수 있게 되었다.

하지만 1980년대부터 애플의 시련이 시작된다. 1980년 선보인 '애플 III'는 냉각팬 과열 문제로 리콜 사태를 겪었고, 1983년 야심 차게 출시한 차세대 컴퓨터 '애플 리자Apple Lisa'는 거의 1만 달러에 육박하는 가격과 호환되는 소프트웨어가 적어 실패했다. 이어 1984년 매킨토시를 출시했지만 역시 같은 이유로 흥행에는 실패했다. 그 과정에서 스티브 잡스에 책임을 물어 창업주인 그는 회사에서 해고당했다. 하지만 스티브 잡스가 떠난 이후 애플은 컴퓨터를 넘어 서버와 노트북, 프린터, 디지털카메라에 이르기까지 다양한 종류의 제품을 출시했다. 하지만 가장 대표적인 컴퓨터 시장에서의 점유율은 계속 추락하며, 전 세계의 개인용 컴퓨터 시장은 IBM 호환용 PC가 대세가 된다. 그 과정에서 인텔과 마이크로소프트가 승승장구하게 된다. 그 외의 제품들도 종류만 많았지 새로운 시장을 여는 소위 '카테고리 킹' 제품은 없어 회사는 갈수록 비효율의 길로 빠졌다.

이때 떠난 지 12년 만에 스티브 잡스가 복귀한다. 사실 애플이 시총 3조 달러를 돌파한 동력은 1997년 스티브 잡스의 복귀와 동시에, 아이러니하게도 2011년 사망 이후의 새로운 리더 팀 쿡이 견인했다. 2명의 리더 덕분에 지금과 같은 초거대 기업으로 우뚝 설 수 있게 된 것이다.

스티브 잡스는 복귀 이후 군살을 빼며 효율화에 나섰다. 세계 최초의 PDA로 애플의 야심작이었던 '뉴턴Newton'이 1993년에 출시되었는데 이를 포함해 매출이 시원찮은 제품군을 없애고 생산 라인을 재정비했다. 그리고 그간 적대 관계에 있던 마이크로소프트와 제휴를 맺어 매킨토시용 오피스와 인터넷 익스플로러를 허용했다. 덕분에 마이크로소프트는 애플의 주식 1억 5천만 달러를 인수하고 마이크로소프트의 대표적인 소프트웨어를 애플 컴퓨터에 사용할 수 있게 되어 새로운 사용자를 확보할 기회를 얻었다. 또한 1994년부터 허용하던 외부 벤더들에게 개방한 애플 컴퓨터의 복제품을 제조할 수 있는 맥 OS 라이센싱 사업도 종식시켰다.

이 같은 경영 효율화 덕분에 소수의 킬러 카테고리 제품 개발에 집중할 수 있는 에너지를 찾았다. 1998년 선보인 아이맥은 5개월 만에 80만 대가 판매되어 애플의 위기 회복의 전기를 마련해 주었고, 1993년 이후 처음으로 흑자를 기록한다. 이후 사용자 중심의 디자인 철학을 고수한 아이팟과 아이폰 등의 제품들로 이어져 애플 성장의 밑거름이 된다. 이후 팀 쿡의 시대에는 컴퓨터, 노트북, 스마트폰, 태블릿과 같은 굵직한 제품군은 아니지만 스마트워치, 이어폰, 스피커 같은 액세서리 시장에서 고가이지만 새로운 기능과 성능으로 차별화하는 제품들을 성공시킨다.

애플의 기업 가치를 높이는 데 실질적인 역할을 한 것은 공급망 관리의 대가인 팀 쿡이 애플의 수많은 제품의 부품 공급과 생산, 재고 관리 등의 전 과정을 효율화한 덕분이다. 갈수록 많아지는 제품들의 생산, 유통라인을 탁월하게 관리한 덕분에 안정적인 성장과 혁신적인 제품 개발이 가능했다. 또 2020년부터는 자체 칩셋인 실리콘 칩을 개발해 애플의 제품에 적용함으로써 독자적인 반도체 칩셋 디자인 기술력을 갖추었다. 그만큼 수익률을 극대화할 수 있게 된 것이다.

애플의 3조 달러라는 시총은 이처럼 영역별로 최고의 제품을 최적의 비용으로 만들어 고객에게 혁신적인 경험과 가치를 제공했기에 이뤄낼 수 있었다. 또 컴퓨터 영역에만 머물지 않고 음악, 휴대폰, TV, 스피커, 시계, 금융(2014년 애플페이 런칭) 등의 다양한 영역으로 확장한 것도 한몫했다. 2007년 아이폰 출시와 함께 사

비전 프로로 새로운 미래의 비전을 꾀하는 애플

출처 : 애플

명을 애플컴퓨터에서 애플로 바꾼 것도 이러한 비전을 반영한 것이다.

그런 애플이 2023년 비전 프로라는 새로운 공간 컴퓨터를 선보이고 2024년에 제품 출시를 발표한 것도 메타버스라는 새로운 시장을 포석에 둔 것이다. 애플의 시총은 지금껏 해오던 것처럼 새로운 카테고리에서 압도적인 고객 가치를 제공하는 제품을 공급해 기존보다 더 나은 서비스를 제공할 수 있다면 앞으로도 멈추지 않고 성장할 수 있을 것이다.

IT TREND
2024

PART 2

트렌드와 패러다임 사이,
AI의 반란

메타버스는 2022년 이전에 주목받던 기술 키워드로 2023년 말 애플의 참전으로 재점화되었다. 반면 2023년 상반기를 블랙홀처럼 삼켜버린 키워드는 챗GPT다. 비록 하반기를 지나면서 챗GPT의 트래픽은 다소 주춤해졌지만, 관련 기술들은 불과 6개월 만에 다른 IT 기술이 수년 동안 발전했던 것보다 빠른 속도로 광범위하게 진화되었다. 대표적인 생성형 AI 서비스인 챗GPT의 성장과 다양한 종류의 LLM이 봇물처럼 쏟아지며 마치 10년 전 스마트폰 시장처럼 AI 생태계가 형성되고 있다.

눈 떠보니
챗GPT와 LLM 세상

    지난 2023년 최고의 IT 트렌드(패러다임이라 표현하는 것이 나을 정도)는 바로 챗GPT였다. 그간 인터넷 패러다임은 웹 이전과 이후, 모바일 앱 이전과 이후로만 구분되겠다고 생각했는데, 이제 챗GPT 이전과 이후로 나눌 만큼 새로운 시대의 개막을 알릴 정도로 획을 그은 사건이었다. 웹이 구석기, 모바일이 신석기 시대라고 한다면 챗GPT는 청동기 시대로 불릴 만큼 석기에서 금속으로 도구가 바뀌는 거대한 역사적 변곡점이라 말할 수 있다.

'오픈AI'
특이점이 온 AI, GPT-4와 챗GPT

코로나19와 함께 인터넷 업계는 최대의 호황기를 겪다가, 엔데믹 시대를 맞이하며 자금 유동성 위협으로 2023년 최악의 혹한기를 경험했다. 그렇게 어둡기만 했던 IT 산업에 한 줄기 빛이 2023년 상반기를 비추었다. 바로 초거대 인공지능인 GPT-3.5로 구현된 챗GPT 덕분이다. 챗GPT는 인공지능으로 구현된 챗봇으로 대화형으로 사람이 물어보는 질문이나 요구를 이해하고 답변을 제공한다. 이 기술을 제공하는 회사가 오픈AI다. 이 회사는 2015년 10월에 테슬라의 일론 머스크와 투자 전문 기업 와이 콤비네이터Y Combinator의 전 CEO이자 오픈AI의 현 CEO 샘 올트먼이 설립했다. 초기 연구소로 시작된 이 회사는 인공지능이 인류에게 이익을 주는 것을 목표로 특허와 연구를 대중에 공개해 여러 기관과 연구원들이 자유롭게 협업하며 인공지능을 인류 발전에 활용하는 데 앞장서고 있다.

이 회사가 공개한 여러 기술 중 2018년부터 소개한 자연어 처리NLP 모델의 일종인 GPT는 매년 성능이 빠른 속도로 개선되면서 놀랄 만한 성과를 보여주고 있다. 그렇게 진화한 GPT-n의 최근 버전인 GPT-3.5가 적용된 챗GPT는 2022년 12월 1일 공개된 이후 사용자 수가 일주일 만에 100만 명을 돌파하며 IT 전문가들에게 호평받았다. 다소 과장되긴 했지만, 영국 언론 《인디펜던트》는 "Google is done"이라는 다소 도발적인 기사로 "구글의 시대가 끝났다"라는 평가까지 하고 있을 정도다. 정말 그렇게 챗GPT가 20년간 인터넷의 역사를 쓴 검색 엔진을 뛰어넘을 만할 것인가.

챗GPT는 확실히 다양한 소스를 참고해 방대한 텍스트 데이터를 학습해 다양한 분야에 대한 답을 한다. 챗GPT가 답할 수 있는 영역은 광범위하고, 무엇보다 대화를 여러 번에 걸쳐 주고받기에 답변하는 능력이 탁월하다. 그간 아마존 알렉사나 구글 어시스턴트가 보여준 대화 인터페이스를 통한 인공지능은 간단한 단답형 질문에 대한 답을 주는 것에 불과했다. 반면 챗GPT는 전문적인 영역의 질문에 대해 잘 정돈된 답을 한다. 예를 들어 "만약 태양이 사라진다면 지구에 어떤 일들이 발생할까?"라는 질문을 던지면, 기존의 검색 엔진을 이용해 여러 번 검색하는 것과 달리 태양이 사라진 지구의 피해를 일목요연하게 정리해 준다. 심지어 "회사 상사와 마음이 맞지 않아 자주 의견 충돌이 있고 나를 인정하지 않는 것 같아 마음이 괴롭다. 그로 인해 회사에서 외톨이가 되는 기분인데 이럴 때 어떻게 해야 하는지?" 물으면 심리 상태와 극복 방안을 제시한다. 또 영문으로 작성한 이메일 내용에 오탈

자나 문맥에 맞지 않는 사항을 교정해 달라고 하거나, 간단한 벽돌 게임을 만들어 달라고 하면 프로그래밍해 주기도 한다. 수학 문제 풀이와 작문, 보도자료 작성, 끝말잇기를 해주는 것은 물론 제주도 여행에서 꼭 들러야 하는 맛집과 여행지의 정보를 한 번에 추려서 제안하기도 한다.

게다가 챗GPT는 수백만 명의 사용자들이 사용하면서 입력된 데이터와 사용자들의 반응을 통해 추가적인 학습을 하며 갈수록 나아지고 있다. 또 여러 언어 데이터 코퍼스Corpus(말뭉치)와 토픽을 학습함으로써 한국어를 학습하지 않았음에도 불구하고 한국어를 지원하는 등 전 세계의 여러 언어로 대화가 가능하다. 무엇보다 놀라운 것은 자연스러운 대화다. 사용자와 주고받으면 형성된 맥락을 잘 이해하고 그에 맞게 답변한다. 그렇다 보니 단순하게 정보를 논리적으로 정리해서 요약하는 것을 넘어 이를 사용자와 주고받은 대화 맥락에 맞춰 다르게 전달한다. 그래서 정보나 지식의 영역이 아닌 감성과 윤리, 문화, 사회 등의 여러 영역의 주제에 대해서 정답이 아니더라도 생각해 볼 시사점을 던진다. 즉 "앞으로 AI는 인류에 재앙이 될까? 도움이 될까?"라는 질문이나 "챗GPT 때문에 구글의 시대는 끝나게 될까?"라는 정답이 없는 질문에도 무작정 회피하지 않고 최선의 답변을 한다.

챗GPT가 놀라운 점은 2가지다. 첫째, 사람과 자연어로 대화하는 방식으로, 둘째, 요청한 사항에 대한 결과물을 제시한다는 것이다. 챗GPT에는 검색처럼 최신의 콘텐츠가 반영되어 있지 않아 최신 내용이 결과물에 포함되지 않는다는 한계와 하나의 채팅 당 평균 130원의 상당한 비용이 들어간다는 한계를 가지고 있지만, 지난 20년간의 인터넷 사용 경험과 지난 40년간의 컴퓨터, 스마트폰 사용 방식을 바꾼다는 점에서 기술의 변곡점, 특이점이 온 것은 사실이다.

그렇다고 챗GPT가 구글, 페이스북, 카카오톡 등의 지난 20년간의 빅테크 기업의 인터넷 서비스에 위기를 준다는 것은 다소 과장된 해석이다. 챗GPT에 적용된 GPT-3.5와 앞으로 진화할 GPT-4 그리고 새로운 대화 인터페이스 챗Chat은 빅테크 기업과 스타트업의 서비스에 적용되어 오히려 더 나은 인터넷 서비스의 진화로 이어지는 계기를 만들 것이다. 즉 챗GPT는 구글 검색을 포함해 기존 인터넷 서비스의 대척점이 아닌 보완재로서의 기회를 제시할 것이다. 또 그간 실험실에서만 연구되던 초거대 AI가 오픈AI의 챗GPT와 그전의 이미지 생성 기계 학습 모델 '달리DALL·E' 등의 실체로 실제 사용자에게 호평받으면서, 구글 '람다LaMDA', 마이크로소프트 '메가트론Megatron', 네이버 '하이퍼클로바HyperCLOVA', SKT 'GLM', LG '엑사원EXAONE' 등의 AI가 본격적으로 이들 빅테크 기업의 서비스에 적용되는 계기가 올 것이다.

이제 AI는 기업의 비즈니스 문제를 해결하는 특별한 작업을 위해 최적화된 좁은 AI narrow AI를 넘어, 일반 사용자들의 인터넷 사용 경험을 극적으로 개선하는 범용 AI Artificial General Intelligence, AGI로서 본격적으로 인터넷 서비스에 적용될 것이다. 그것이 최근 GPT-3.5로 챗GPT가 나오면서 시장에 가져다준 변화다. 앞으로 우리가 사용해 오던 인터넷 서비스 내에서 초거대 AI가 적용되어 채팅이든 음성이든 또 다른 편리한 방식으로 사람과 대화하고 부탁하듯이 편하게 명령하고 질문을 하며 답을 찾고 도움을 구하게 될 것이다. 그러면 우리 인터넷 사용은 편리해질 것이다.

챗GPT도 검색도 모두 우리에게 좀 더 편리함을 준 도구에 불과하다. 도서관에 가서 발품 팔아가며 정보를 찾아 이를 우리 지식으로 만들던 과거보다 더 빠르고 편리하고 강력하게 정보를 찾아다 준 것에 불과하다. 전 세계의 정보를 페이지에 올려 서로 연결함으로써 정보의 보고가 된 인터넷이나, 이를 더욱 효율적으로 탐색하게 해준 검색엔진이나, 보다 정갈하게 정리해 주는 초거대 AI 모두 도구일 뿐이다. 이를 활용해서 판단하고 의사결정하기 위한 지식은 인간의 머리에서 나온다. 이들 도구는 우리의 지식을 더 두텁고 단단하게 해주는 수단일 뿐이다.

'비즈니스 모델'
챗GPT와 슈퍼앱

세계를 놀라게 한 오픈AI의 챗GPT는 오랜 기간 다른 조직이나 기업들과 협력해 공동 연구 프로젝트를 수행하고 이를 통해 수익을 꾀하고 있다. 그 외에 최근의 비즈니스 모델은 크게 2가지다. 첫째는 사용자에게 좀 더 빠르고 강력한 성능의 AI 서비스를 유료로 제공하는 B2C 유료화, 다음은 기업 대상으로 제공하는 GPT-n과 챗GPT의 API를 B2B로 판매하는 것이다. 6개월도 채 안 되어 B2C, B2B 비즈니스 모델을 선보인 것은 그만큼 이 서비스 운영에 들어가는 비용이 상당하기 때문이다. IT 미디어 《디인포메이션》에 따르면 2022년의 적자는 5억 4천만 달러(약 7110억 원)에 육박하며 전년 대비 2배 증가했다고 한다. 하지만 GPU 인프라 비용과 인건비가 급등하고 있어 이런 수익모델에도 불구하고 여전히 적자에서 당장 벗어나기는 어렵다.

그러나 오픈AI는 투자 설명회에서 2024년 연 매출 10억 달러(1조 3100억 원)를 목표로 한다고 밝혔고, 2023년 6월 기준으로 오픈AI의 기업가치는 270억 달러(35조 원)로 평가받고 있다. 그런 만큼 앞서 2가지 비즈니스 모델 외에 더 공격적이고 다양한 수익모델이 필요하다.

그런 면에서 2023년 3월 말에 발표된 챗GPT 플러그인에서 챗GPT 안에 외부의 서비스들을 입점시켜 부가 기능을 제공한 것을 보면, 향후 거래 수수료나 광고 등의 다양한 수익모델을 창출할 수 있는 B2B2C^{Business to Business to Consumer} 비즈니스 모델을 염두에 둔 것이다. 사실 챗GPT는 서너 번 재미로 사용하기에는 좋지만 '아무 말 대잔치'인 답변의 신뢰성 문제가 지적되고 있고 주어진 과제에 대한 정보만 제시할 뿐 필요한 작업을 실행할 수 없다는 한계를 가지고 있다. 하지만 플러그인을 통해서 챗GPT에 입점하면 특정 기업이나 서비스사가 제공하는 데이터에 기반해 명확한 답을 해준다. 게다가 단순히 정보만 제공하는 것에서 벗어나 예매, 예약, 구매, 결제까지 실행해 준다. 즉 사용자의 의도에 맞게 행동으로 전환할 수 있는 기능이 제공되는 것이다. 이는 과거 플랫폼 비즈니스나 광고 비즈니스가 해오던 것처럼 다양한 비즈니스 모델을 실현하게 해줄 것이다. 그간 국내의 네이버나 다음커뮤니케이션 그리고 페이스북과 우버 등의 다양한 인터넷 서비스가 해오던 인터넷 비즈니스의 구현이 본격적으로 열릴 수 있는 발판이 마련된 것이다. 챗GPT는 플러그인을 통해 수많은 인터넷 서비스를 챗GPT 안으로 넣어 생태계의 중심에 서고 슈퍼앱으로 도약하려 하고 있다. 챗GPT로 인해 확보한 수억 명의 사용자들이 챗GPT에서 시작해 챗GPT에서 인터넷을 끝낼 수 있도록

챗GPT에 빠르게 증가하고 있는 플러그인 스토어

수많은 외부 서비스를 포괄하는 '안으로 전략'으로 궁극적인 플 랫폼 비즈니스를 구현하면, 제2의 구글, 제2의 페이스북으로 거 듭날 수 있을 것이며 이는 수익의 규모화를 끌어낼 것으로 기대 된다.

《디 인포메이션》에 따르면 6월 20일경 오픈AI는 앱스토어와 비슷한 LLM 마켓 플레이스 출시를 검토 중이라고 밝혔는데, LLM AI 모델을 사고파는 장터를 준비하고 있다. 챗GPT에는 오픈AI 가 만든 LLM인 GPT-3.5와 GPT-4가 적용되어 있는데, 오픈AI는 LLM을 API로 기업에 제공하고 있다. 단 오픈AI가 제공하는 LLM API는 미세조정을 기업의 입맛에 맞게 하는 기능을 온전하게 제공하고 있지는 않다. 게다가 오픈AI의 LLM은 오직 GPT-n 하나뿐이다. 그런데 LLM 마켓 플레이스는 기업이 오픈AI의 GPT-n을 가져와 기업의 입맛에 맞게 미세조정을 해서 독자적인 LLM을 만들어 운영하도록 할 뿐 아니라 LLM을 거래할 수 있다. 이는 전문 영역별로 특화된 LLM을 기업이나 개인이 필요에 맞게 선택해서 이용할 수 있게 전문성을 강화해 준다.

플러그인은 오픈AI의 고유한 LLM을 이용해 서비스를 제공해야 하기에 개인정보 처리나 데이터 보안에 통제력을 갖기 어렵다. 또한 특화된 전문 영역에 최적화된 AI가 아니기 때문에 전문성이 떨어질 수 있다. 반면 오픈AI가 제공하는 LLM API와 미세조정을 이용해 개발한 전문 LLM은 각 전문 영역별로 커스터마이징해서 분야별로 특화된 LLM을 개발할 수 있다. 그런 특화 LLM을 목적에 맞게 찾아서 사용할 수 있는 것이 바로 LLM 마켓 플레이스다. 오픈AI 입장에서는 '코히어Cohere', '앤스로픽Anthropic'같은 LLM 스타트업을 비롯해 구글과 메타의 LLM 전략에 대응하기 위한 전략임과 동시에 커지는 버티컬 LLM, 즉 작은 LLM 시장을 장악하기 위한 선택이다. 물론 이 과정에서 모바일의 앱스토어처럼 중계 수수료를 포함한 다양한 수익 창출의 기회도 제공할 것이다.

2023년 5월에 발표한 챗GPT의 '링크 공유하기share link to chat'도

새로운 P2P 수익모델로 전환할 수 있다. 챗GPT에서 대화한 내용을 웹에 퍼블리싱할 수 있는 기능으로, 타 사용자에게 챗GPT 프롬프트로 얻은 답변 히스토리를 공유할 수 있다. 잘 만들어진 프롬프트로 구현한 챗GPT와의 대화 내용은 향후 판매할 수도 있을 것이다. 이미 LLM으로 만든 각종 콘텐츠를 사고파는 프롬프트 마켓 플레이스 '프롬프트 베이스'도 있어 챗GPT 대화 내용을 사고파는 개인 사용자 간 거래 시장도 형성될 것으로 보인다.

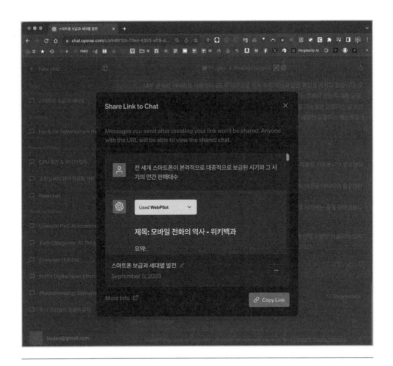

챗GPT와 주고받은 대화를 공유할 수 있는 기능

이렇게 오픈AI는 B2C 유료화, B2B API 판매 전략 외에도 챗GPT를 플러그인을 통해 슈퍼앱으로 포지셔닝해 B2B2C 플랫폼 비즈니스로 구현할 수 있게 되었다. 더 나아가 LLM을 사고파는 B2B 마켓 플레이스와 챗GPT 프롬프트 대화창을 거래할 수 있는 P2P 거래에 이르기까지, 수익모델의 실현이 점차 다양해지고 있다. 과연 오픈AI는 챗GPT로 혁신적인 기술 기업, AI 연구기관을 넘어 구글, 페이스북에 이은 인터넷 비즈니스 기업으로 도약할 수 있을까? 2024년은 그것을 결정짓는 한 해가 될 것이고, 이에 성공하면 오픈AI의 기업가치는 메타나 구글을 넘어서게 될 것이다.

● 2024 IT 인사이트 ●

오픈AI는 어디서 돈을 벌까?

오픈AI는 크게 3가지의 비즈니스 모델을 가지고 있다. 첫째는 오픈AI가 직접 GPT-n을 API로 B2B로 판매하는 것, 둘째는 마이크로소프트를 통해 GPT-n을 공급하는 것, 마지막으로 챗GPT 플러스 B2C를 유료화하는 전략이다. 하지만 이 정도 규모로는 초거대 AI를 연구 개발하는 데 투자한 비용과 전 세계 10억 명이 넘는 사용자의 운영비를 감당할 수 없다.

그런 면에서 앞으로 가장 기대되는 수익모델은 챗GPT를 생태계로 만들어 외부의 인터넷 서비스들을 통합 제공함으로써 얻을 수 있는 플랫폼 비즈니스다. 즉 챗GPT를 슈퍼앱으로 만들어 인터넷 서비스들이 챗봇을 통해 제공받는 것이다. 그 과정에서 이미 네이버, 위챗 그리고 구글과 페이스북 등이 증명한 것처럼 광고, 커머스, 중계 수수료 등의 다양한 비즈니스 모델을 구현하며 규모화를 꾀할 수 있다. 또한 기업에 제공하는 LLM 마켓 플레이스도 마치 클라우드 사업으로 전 세계 시장을 장악한 아마존, 마이크로소프트, 구글처럼 큰 규모의 글로벌 시장을 만들 수 있다. 파인튜닝을 허락해 독자적인 자체 LLM을 만들 수 있도록 기업에 제공하면 사용료를 받고, 운영과 관련한 부수적인 수익화가 가능할 것이다.

'초거대 AI'
시너지는 결국 메타버스

챗GPT로 뜨거워진 IT 시장에 숨은 챔피언이 있다. 바로 엔비디아^{nVidia}다. 챗GPT를 동작시키는 데는 기존의 인터넷 서비스보다 더 큰 비용이 든다. 즉 검색 결과를 하나 보여주기 위해 챗GPT의 대화에 답하는 데 100배 이상의 비용이 든다. 이는 GPU와 메모리 반도체를 만드는 엔비디아 등의 회사를 배 불리고 있다. 물론 LLM을 살찌우는 데 어마어마한 데이터 크롤링을 통한 데이터 수집과 축적도 필요한 만큼, 메모리 반도체를 만드는 삼성전자나 하이닉스도 뒤에서 웃고 있다.

한창 주가를 올리며 세계적인 기술 기업으로 고도 성장하는 오픈AI가 수많은 기업의 투자, 협력, 제휴 등을 수용하지 못하니 대안으로 스테빌리티 AI Stabillity AI, 허깅 페이스 Hugging Face 등 다른 LLM 개발 스타트업도 덩달아 주목받고 있다. 또 큰 규모는 아니지만 이렇게 LLM을 고도화하기 위한 데이터 크롤링과 수집, 이를 분석하는 솔루션 등도 숨은 챔피언이다. 모델의 퀄리티를 높이기 위해서는 수많은 솔루션과 사람의 손이 필요하다. 그런 작업을 대행하는 기업들 역시 LLM의 수혜주이기도 하다. 그런데 늘 인터넷 사업의 진입기에는 이처럼 인프라 기업과 백엔드 기술, 각종 솔루션을 갖춘 기업들이 주목받았다.

하지만 인터넷 시장이 진입기를 거쳐 성장기에 접어들기 시작하면 뒤의 기술보다 앞의 기술들, 즉 사용자들의 접점에서 사람들이 사용하는 앱이나 하드웨어가 더 주목받는다. 모바일 시장이 성장하면서 스마트폰과 그 안에서 사용하는 카카오톡, 인스타그램, 배달의민족, 당근, 카카오T 같은 킬러앱이 주목받는 것과 같은 원리다. 즉 앞으로는 LLM을 활용한 AGI 서비스가 더 빛을 낼 것이고, 이때 이들 AGI 서비스를 PC나 스마트폰보다 더 잘 활용할 수 있는 메타버스 기기 같은 것들이 더 궁합이 맞아 부상할 수 있다.

우리는 이미 컴퓨터와 스마트폰에서 키보드와 마우스, 손가락을 이용해 조작하는 것에 너무나 익숙하다. AI에 대화하며 이야기하듯 인터넷 서비스를 사용하는 것은 새로운 기기에서 더 편리할 수 있다. 바로 VR, AR, XR 같은 메타버스 기기다. 눈길 가는 곳마다 모두 디지털이 덧대어진 가상공간 속에서는 물리적인 키보드도 없고, 정교하게 조작할 마우스도 없다. 양손을 메타버스 기기가 인식할 수는 있지만 정교하지는 않다. 이때 말로 대화하며 필요로하는 것을 제공하고 길잡이 역할 수 있는 집사가 있으면 더할 나위 없을 것이다. 바로 초거대 AI가 그런 역할을 해줄 수 있다.

대화하며 필요한 것을 바로 제공할 수 있는 '자비스' 같은 AGI는 메타버스 속에서만 활용될 수 있는 것은 아니다. 우리가 기존에 사용하던 소프트웨어들이나 새로운 서비스로서 우리에게 다가올 수도 있다. 이미 마이크로소프트는 챗GPT를 팀즈Teams나 오피스 365와 같은 소프트웨어에 통합한다고 밝혔다. 팀즈로 화상

메타 '퀘스트 프로', 애플 '비전 프로', 소니 '플레이스테이션 VR', 마이크로소프트 '홀로렌즈2'

출처 : 메타, 애플, 소니, 마이크로소프트

회의를 하던 도중에 잠깐 자리를 비웠을 때 자동으로 회의 내용을 요약해서 소개하거나 30분 발표 자료를 3~4분으로 요약할 수도 있다. 또 엑셀에서 복잡한 함수도 외울 필요 없이 말로 작업을 요청하면 자동으로 엑셀에서 함수와 매크로 등을 생성해서 작업을 대신해 줄 수도 있다. 파워포인트에서 발표할 스크립트를 이야기하면 자동으로 목차를 구성하고 각각의 슬라이드에 들어가기 적합한 내용을 채울 수도 있다. 멋진 다이어그램으로 포장하는 것도 가능할 것이다. 또한 포토샵에 AGI가 내장되면 필요한 편집 작업을 말로 그때그때 요청할 수 있다. 일일이 메뉴를 찾아가며 마우스로 조작하지 않아도, 조수에게 요청해서 필요한 작업을 즉각 처리하는 것처럼 시킬 수 있다. 그렇게 기존의 소프트웨

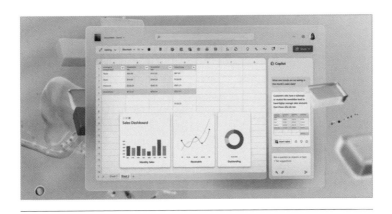

엑셀에 적용된 코파일럿

출처 : 마이크로소프트

어와 서비스들은 더 나은 생산성, 효율화를 위해 LLM, AGI를 적극 활용할 것이다. 구글도 워크 스페이스 서비스에 듀엣이라는 생성형 AI를 제공해 업무의 편의성을 꾀하고 있다.

물론 LLM 기반의 새로운 서비스들도 탄생할 것이다. 인터넷의 모든 정보를 찾고 만날 수 있도록 연결해 주는 검색과 자주 많이 보는 정보와 서비스를 모아서 제공하는 포털처럼 AGI로 모든 서비스를 대동단결하는 제2의 검색, 제2의 포털이 등장할 것이다. 컴퓨터에 명령을 내리는 대화창(프롬프트 윈도우)은 검색어 입력창처럼 어느 하나에 수렴될 가능성이 크다. 정보 탐색은 A, 스마트 홈 조작은 B, 문서 정리와 요약은 C, 이미지 생성은 D, 음악 창작과 편집은 E로 제각각 서로 다른 대화창을 그때그때 다르게 선별해서 사용해야 하는 것은 불편하고 너무나 큰 혼란을 준다. 그 어떤 질문이나 명령, 요청에도 재깍 알아듣고 상황(콘텍스트)에 맞는 도구(생성형 AI)를 안내하는 제2의 AGI 서비스가 대두될 것이다. 특정 영역에 세분화되어 완전히 분리된 영역별 킬러앱vertical도 파편화되어 AGI 서비스가 형성되겠지만, 빈번하게 사용되는 범용적 영역에서는 통합적인 AGI 서비스horizontal가 검색, SNS에 이은 차세대 킬러앱으로 자리매김할 것이다.

코파일럿 사용은 양날의 검

코파일럿의 사용료는 인당 월 30달러인데, 문제는 2가지다. 일반 개인은 사용할 수 없으며 기업 고객만 사용할 수 있다는 점이다. 그리고 실제 사용료는 마이크로소프트 오피스 365 기업 엔터프라이즈 버전을 사용하는 기업 고객 대상으로 제공하는 것이라 이 비용까지 합하면 전체 코파일럿을 사용하는 비용은 월 100달러가량으로 추정된다. 그렇게 되면 연간 거의 1200달러(150만 원)로 100명 규모의 회사라면 연간 1억 5천만 원 이상의 비용이 필요하다. 그런 만큼 과연 코파일럿이 실제 우리 회사의 업무 특성에 필요한 것인지, 모든 직원이 유용하게 사용할 수 있는지, 실제 업무 생산성에 투자 비용 이상의 도움이 되는지를 따져봐야 한다. 즉 ROI^{Return On Investment}(투자이익률)를 고려해야 하며 도입 이후 어떻게 구성원들이 코파일럿을 유용하게 사용하게 할 것인지에 대한 교육이 필수다.

또한 구글 바드에 지메일, 구글 드라이브, 캘린더, 유튜브, 구글독스 등의 개인 구글 서비스를 연결시키면 나만의 디지털 비서를 가질 수 있다. 하지만 내 디지털 데이터를 AI에 연결시켜 AI에 주는 것이 내게 독이 될지 득이 될지는 구글이 앞으로 이 데이터를 어떻게 사용하고, 내가 어떻게 이용할지에 따라 달라질 것이다.

생성형 AI 물결과
기업의 대응

앞으로 더욱 많은 생성형 AI가 출시되면서 인터넷 기업 그리고 전통기업 더 나아가 개인들의 AI 사용도 더욱 보편화될 것이다. 게다가 LLM 역시 다양하게 출시되고 손쉽게 사용할 수 있도록 상향 평준화되고 있다. 덕분에 AI는 우리 일상과 사회 그리고 업무 속에 스며들며 편의성을 확장하고 있다.

'진화' 웹, 앱에서
생성형 AI로

　TV는 리모컨으로 채널을 바꿔가며 조작하고, 세탁기는 버튼을 눌러서 동작시킨다. 컴퓨터는 이보다 복잡하다. 윈도우 운영체제를 통해 화면에 나타난 이미지나 아이콘, 메뉴를 마우스로 클릭해 가며 사용한다. 또한 엑셀, 파워포인트 그리고 포토샵 등의 프로그램은 사용 방법을 배워야 이용할 수 있다. 스마트폰 앱 역시나 손가락으로 터치하면서 화면에 나타난 메뉴와 앱의 사용법을 알아야 작동할 수 있다.

　TV만큼 작동방식이 쉽지만, 그렇다고 누구나 금세 사용할 수 있을 만큼 간편한 것도 아니다. 태어나기 전부터 컴퓨터, 태블릿, 스마트폰이 있는 디지털 세상이었던 20세 이전의 세대는 어려움이 없겠지만, 노년층이나 장애인은 별도로 배우지 않으면 사용하기 어렵다. 디지털에 능숙한 20대라 할지라도 동영상 편집 툴인 캠타샤나 이미지 편집기인 포토샵을 능숙하게 다루긴 어렵다. 또 엑셀은 20년간 컴퓨터를 사용하던 사람이라도 매뉴얼을 보며 함수 사용법 등을 숙지하지 않으면 사용할 수 없다. 그런데 챗GPT를 가능하게 한 AI 모델인 LLM은 우리 주변의 기기, 소프트웨어, 인터넷 서비스 사용을 획기적으로 개선할 것이다.

챗GPT를 가능하게 한 기술은 LLM이라고 부르는 새로운 AI 모델이다. 인류 문명 속에서 기록된 언어와 웹에 공개된 수많은 데이터를 통해 학습한 AI가 LLM이다. 챗GPT는 웹과 앱을 통해 서비스하는 대화형 챗봇 서비스로, GPT-3.5라는 LLM을 통해 구현되었다. 지금은 GPT-4라는 한 단계 진화된 AI로도 서비스되고 있다. 챗GPT가 단기간에 전 세계의 이목을 받을 수 있었던 이유는 초등학생도, 할아버지도 바로 즉시 이용할 수 있을 만큼 사용법이 편했기 때문이다.

챗GPT는 LLM으로 구현된 이 서비스로 사람의 말을 잘 알아듣는다. 인간의 언어로 학습한 AI다 보니 사람 말을 잘 알아들을 뿐만 아니라 챗GPT는 카카오톡의 대화창처럼 AI와 대화하는 챗봇 화면을 통해서 필요한 정보나 요청할 내용을 자연어로 입력하면 결과물을 보여준다. 필요한 것을 요청하면 요구에 맞는 정보나 데이터, 과제를 실행한다. 그래서 사용법이 쉽다.

컴퓨터는 키보드와 마우스로, 스마트폰은 손가락으로 조작했다면 LLM 기반의 서비스는 글로 말로 작동시킬 수 있다. 그렇다 보니 특히 메타버스 같은 입체적인 공간에서의 조작법이 어려운 경우 LLM 기반의 AI 에이전트Personal Digital Agent, PDA가 '자비스' 같은 역할을 해줄 수 있다. 챗GPT로 인해 달라진 가장 큰 변화는 바로

타이핑, 클릭	터치	말, 글 → 대화
정보 검색창	사람 대화창	Prompt Conversation
검색	SNS	AI 에이전트

클릭에서 터치로, 이제는 말로 되는 인터넷

컴퓨터와 같은 기계 그리고 각종 소프트웨어와 인터넷 서비스의
사용을 더욱 편리하게 해주는 대화형 UI라는 새로운 사용자 경험
을 실현해 준 것이다. 일례로 키오스크에 LLM이 적용되면 화면에
나타난 여러 메뉴를 눌러가며 원하는 음식이나 음료를 주문하지
않아도, 키오스크 앞에서 원하는 것을 말하면 화면에 우리가 주
문한 내역을 보여주고 즉시 주문할 수 있을 것이다.

이렇게 챗GPT가 보여준 것은 서비스를 사용하는 새로운 사용자 인터페이스다. AI에 필요한 것을 우리의 언어로 요청하면 AI가 대신 소프트웨어나 하드웨어를 작동해서 서비스를 제공한다. 어디서든 AI를 불러 필요한 것을 요청하면 자동으로 우리 요구 사항에 맞는 것을 수행하는 것이다. 사실 이러한 것을 "도처에 컴퓨터가 있다"라는 개념의 '유비쿼터스', "조용히 컴퓨터가 알아서 작동된다"는 뜻으로 '앰비언트'라고 한다. 이 기술의 핵심에 AI가 있다. LLM이 사용자 콘텍스트와 주변의 인터넷에 연결된 모든 장치와 컴퓨터 등을 연결해서 자동으로 작동되고 운영되는 것이 궁극적인 미래의 모습이다.

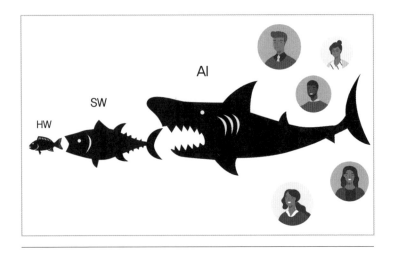

AI가 중재자가 되어 하드웨어와 소프트웨어를 작동

이미 구글은 '팜PaLM' LLM을 로봇에 접목해 더욱 지능적으로
작동되는 로봇을 연구하고 있다. 이 로봇에 "벽에 액자를 달 건
데, 필요한 장비를 챙겨와"라고 명령을 내리면 못과 망치 등의 장
비를 알아서 가져온다. 만일 망치가 없다면 대용으로 사용할 수
있는 벽돌이나 단단한 물체를 가져다주기도 한다. 기존의 로봇
시스템에서는 일일이 명령을 내려야 하는 것은 물론 망치가 있는
서랍의 위치와 열라는 명령에 이르기까지 중간에 필요한 과정에
대한 지시까지 개별적으로 해야 한다. 하지만 LLM이 로봇에 적용
되면 주변의 환경을 인식하고 이를 언어로 해석 후, 최종 목표 수
행을 위해 필요한 것을 알아서 구분해 정의하고 이를 수행한다.

구글의 딥마인드에서 연구 중인 LLM을 접목한 로봇

출처 : 구글

메타버스를 구현하는 MR과 연동되어 작동되면 인터넷에 연결된 IoT를 좀 더 직관적으로 작동시킬 수 있는 가상의 버추얼 스위치virtual switch를 각각의 기기 위에 띄워서 음성이나 손짓만으로 작동시키는 것도 가능하다. 전등을 바라보면 조명의 색상과 밝기를 조절하는 가상의 버튼이 나타나 즉각 조작할 수 있다. 또한 사물을 바라보면 그 사물에 대한 부가 정보와 기록해 둔 메모들을 열어볼 수 있다. 그렇게 집안의 전자기기들을 인식하고 각 기기의 작동 상태와 그간 동작된 데이터를 기반으로 LLM이 사용자 의도에 맞게 기기를 작동해 더욱 편리한 스마트홈 서비스를 사용하게 해줄 것이다.

'홀로렌즈'에 IoT를 연동해 작동하는 모습

출처 : 마이크로소프트

또 마이크로소프트는 코파일럿 기능을 마이크로소프트 오피스에 도입했는데, 이 기능을 사용하면 문서 작성 툴인 워드, 엑셀, 파워포인트를 더 편리하게 사용할 수 있다. 코파일럿을 호출해서 필요한 것을 지시하면 자동으로 소프트웨어가 작동되어 원하는 결과물을 얻을 수 있다. 일례로, 마이크로소프트 워드의 코파일럿을 통해 "엊그제 회의록 문서와 지난주에 정리한 사업 전략안의 내용을 분석해서, 수정 보완해야 하는 과제와 문장을 체크해서 문서로 만들어"라고 지시하면 해당 문서가 자동으로 생성된다. 파워포인트의 코파일럿에 "어제 정리한 마케팅 기획안 워드 문서를 발표하기 적합한 파워포인트 문서로 생성해"라고 지시하면 워드 문서가 파워포인트로 만들어진다. 또한 그렇게 만들어진 파워포인트 문서의 장수를 더 늘리거나, 더 줄일 수도 있다. 또한 엑셀에서 코파일럿을 통해 "작년 한 해 회사 재무제표에서 매출에 가장 크게 기여한 상품 3가지와 이 상품의 이익률을 월별로 정리해 표로 만들고, 각 유통 채널별 영업이익률을 분기별 그래프로 표시해"라고 명령을 내리면 엑셀을 통해 결과물을 확인할 수 있다. 직접 키보드와 마우스로 자료를 카피하고 함수를 호출하고 그래프를 생성하는 작업을 하지 않아도 된다.

아이폰이 출시된 이후 앱스토어가 있었기에 수많은 킬러앱이 모바일에서 새로운 서비스와 산업 혁신을 만든 것처럼, 챗GPT 등장 이후 여러 빅테크 기업과 스타트업들이 LLM을 쉽게 접근해서 사용할 수 있게 제공하면서 다양한 생성형 AI가 출시되고 있다. 수많은 앱이 나올 수 있었던 배경은 스마트폰에서 앱이 쉽게 개발될 수 있는 개발 툴킷인 SDK와 스마트폰의 자원에 접근할 수 있는 API가 제공되었기 때문이다. 마찬가지로 생성형 AI 역시 여러 종류의 LLM이 클라우드를 통해서 제공되고 있고 심지어 LLM 기술도 오픈 소스로 공개되고 있어 기업이 용도에 따라 독자적인 LLM을 개발하는 길이 열렸다.

'새 시대의 개막'
검색에서 상담의 시대로

이렇게 우리가 사용하는 하드웨어, 소프트웨어 그리고 인터넷 서비스에 LLM 기술을 활용해 대화형 UI로 서비스하는 것은 점차 범용화될 것이다. 이미 익스피디아, 인스타카트, 모건스탠리 등 여러 인터넷 서비스와 앱에는 챗GPT가 도입되어 검색보다 더 편리하게 상담으로 여행 상품과 쇼핑, 금융 정보를 제공받을 수 있게 되었다. 국내에도 여행 사이트 '마이리얼트립', 교육

모바일 생태계를 닮은 생성형 AI 시장

서비스 '엘리스', 신차 구매 쇼핑 '겟차', 세금 서비스 '삼쩜삼', 핀
테크 서비스 '토스' 등에서도 챗GPT를 도입해 AI에 필요한 서비
스를 요청하면 해결해 주는 기능을 도입하고 있다.

그렇게 LLM은 기존 서비스들의 사용자 경험을 획기적으로 개
선해 주고 있다. 또한 LLM을 활용해 새로운 서비스를 만들어 시
장을 창출하는 경우도 있다. 그 대표적인 것이 챗GPT고 그 외에
도 사진을 생성해 주는 '미드저니', 다양한 페르소나의 역사적 인

자체 앱에 챗GPT를 적용하고, 챗GPT에 플러그인으로 입점한 익스피디아

물이나 만화, 영화 주인공과 대화를 할 수 있는 '캐릭터.AI'나 친구처럼 고민을 이야기하며 상담하는 '파이Pi'가 있다. 국내에도 '뤼튼wrtn'이 광고 카피나 보도자료, SNS 마케팅용 문구 등을 생성하는 생성형 AI 서비스의 대표 주자다. 또 이런 수많은 생성형 AI 서비스를 한 곳에서 사용할 수 있도록 해주는 슈퍼앱도 주목받고 있다. 사실 챗GPT가 외부의 인터넷 서비스를 챗GPT 내에서 사용할 수 있도록 해주기 위해 플러그인, 펑션콜 등의 기능을 고도화하고 있다. 이렇게 점차 많은 서비스를 통해 우리는 LLM을 만나게 될 것이다.

앱스토어 덕분에 수많은 스마트폰 앱이 나올 수 있었던 것처럼, LLM 기술 덕분에 앞으로 다양한 상담형 챗봇 AI 서비스가 출시될 것이다. LLM을 사용해 쉽게 서비스를 개발하는 인프라, 솔루션의 역할이 갈수록 중요해질 것이다. 즉 클라우드 위에서 LLM과 이 AI를 보다 안전하고 비즈니스 도메인의 특성에 맞게 사용할 수 있도록 해주는 부수 솔루션들을 제공하는 것이 앞으로 중요해지고 관련 시장이 커져갈 것이다. LLM을 비즈니스에 활용하기 위해서는 프롬프트 엔지니어링, 파인튜닝, 필터링, 추론 기능을 위한 '랭체인'이나 '오토GPT' 등이 중요하다.

프롬프트 엔지니어링은 사용자가 대충 질문을 던져도 맥락을 잘 파악해서 더 나은 답변을 제시할 수 있도록 프롬프트에 추가 정보와 데이터를 인입하는 기술을 뜻한다. 또 파인튜닝은 LLM의 파라미터 값을 상세하게 조정해 같은 프롬프트에도 더 나은 답을 제시할 수 있게 하는 기술을 뜻한다. 필터링은 사회적으로 이슈가 될 만한 질문과 답변 내용을 거르는 것을 말한다. 추론 기능은 사용자 질문에 답을 하기 위해 필요한 하위 과제와 질문을 추가로 생성해 추가 미션을 만들어 답을 하는 과정을 말한다.

이때 여러 LLM 중 가장 적합한 답을 해줄 수 있는 LLM을 선별하고, 1개가 아닌 여러 LLM에 답을 받아서 이를 조합하는 역할을 하는 것을 가리켜 '전문가 믹스Mixture of Expert, MoE'라 한다. 더 나아가 사용자와의 대화 이력이나 프로필 정보 등의 데이터를 저장하는 벡터 데이터베이스 등도 부각될 것이다. 챗GPT에 적용된 LLM은 하나가 아닌 16개의 LLM을 조합해서 구성되었고, 사용자의 프롬프트에 가장 적합한 답을 해줄 수 있는 LLM이 선별되어 답해준다. 이처럼 하나의 LLM이 아닌 여러 LLM을 취사선택해서 사용하는 시스템이 주목받는 것은 그만큼 각 영역에 특화된 것을 필요에 따라 가져와 사용하면 될 만큼 LLM이 다양화되고 있다는 의미다.

이렇게 LLM 주변부의 다양한 솔루션들이 클라우드 위에서 구미에 맞게 선택되어 사용될 수 있도록 해주는 것이 LLMaSS이다. 또한 LLM을 도입한 기업들이 이를 더 유용하게 사용하고 운영하기 위해 필요한 기술을 FMOpsFoundation Model Operations라고 부른다. 이런 인프라와 솔루션은 앞으로 클라우드를 통해 제공될 것이고, MCPMulti-Chip Packages(다중칩 패키지) 사업자들은 고객들에게 이 같은 AI를 보다 안전하고 강력하게 사용할 수 있는 서비스를 제공할 것이다.

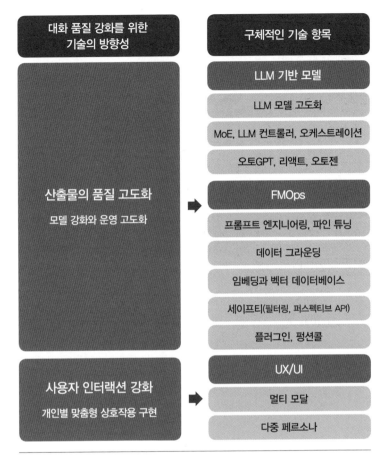

대화 품질 강화를 위한 기술의 방향성	구체적인 기술 항목
	LLM 기반 모델
	LLM 모델 고도화
	MoE, LLM 컨트롤러, 오케스트레이션
	오토GPT, 리액트, 오토젠
산출물의 품질 고도화 모델 강화와 운영 고도화	**FMOps**
	프롬프트 엔지니어링, 파인 튜닝
	데이터 그라운딩
	임베딩과 벡터 데이터베이스
	세이프티(필터링, 퍼스펙티브 API)
	플러그인, 펑션콜
사용자 인터랙션 강화 개인별 맞춤형 상호작용 구현	**UX/UI**
	멀티 모달
	다중 페르소나

FMOps를 통해 제공되는 다양한 솔루션

'초거대 LLM' 기업 비즈니스 모델
혁신과 혁명

앞으로 크고 작은 스타트업과 전통기업은 클라우드를 통해 제공되는 LLM을 활용해 더 나은 서비스 품질을 높이는 데 이용할 것이다. 기존 서비스의 품질을 개선하고 효율화하는 데 LLM을 활용하는 것이다. 이를 위해 챗GPT와 같은 생성형 AI나 빅테크 기업들이 만든 LLM을 API로 가져와 내부 서비스에 적용할 수도 있고, 아예 독자적인 LLM을 개발하거나 자체 생성형 AI 서비스를 만들어 비즈니스에 적용할 수 있다.

아예 새로운 생성형 AI 서비스를 만들 수도 있다. 즉 모바일 앱처럼 신규 서비스를 만드는 것으로, Y축에 속한다. 새로운 고객과 시장을 창출하기 위해 생성형 AI를 새롭게 출시하는 방법도 있다. 이미 국내에는 문서 생성형 AI '뤼튼'과 동영상 번역과 자막 생성형 AI 서비스 '보이스루' 외에 수십 개의 AI 서비스가 쏟아져 나오고 있다. 해외에도 영상 생성부터 편집, 오디오와 음악 제작에 이르기까지 다양한 영역에서 생성형 AI가 출시된 상태다.

생성형 AI 서비스는 크게 2가지로 나뉜다. 하나는 기존의 서비스에 생성형 AI 기술을 활용해 더 나은 품질로 개선하는데 적용하는 X축이다. 새로운 서비스가 아닌 기존에 운영 중이던 서비스를 더 개선하거나 기업 내부의 고객이든 외부의 사용자든 이들을 대상으로 더욱 편리한 서비스를 제공하는 데 활용하는 것이다. 다른 하나는 아예 새로운 생성형 AI 서비스를 개발하는 Y축이다. 모바일 시대에 수많은 앱이 신규 시장을 창출하며 새로운 사업을 전개한 것처럼 생성형 AI를 기반으로 사업 혁신을 꾀하는 것이다. 이렇게 2가지로 생성형 AI는 기업의 사업 혁신에 활용될 수 있다. 그 외에는 수많은 생성형 AI를 한데 묶어 이들을 중계하는 웹의 검색이나 포털 같은 새로운 슈퍼앱이나 크롬의 확장 프로그램처럼 생성형 AI 내에 또 다른 AI는 연계하는 생태계가 마련될 수도 있다. 그렇게 생성형 AI를 다양한 모습으로 알게 모르게 우리의 일상에 정착하게 될 것이다.

이때 기업이 이 같은 생성형 AI를 활용하기 위해 LLM을 채택할 때 고려해야 하는 것은 첫째, 우리 기업만의 차별화된 데이터를 LLM에 반영해 다른 기업과 경쟁에서 차별화하는 것이다. 똑같은 LLM의 API를 가져와 서비스를 구현하면 누구나 비슷한 수준의 AI 서비스를 제공할 수밖에 없을 것이다. 그러므로 다른 기업이 가지고 있지 않은 우리 기업만의 데이터를 이용해 AI 서비스를 구현해야 한다. 그 과정에서 LLM을 우리 기업 서비스의 입맛에 맞게 조정fine tuning(파인튜닝)하는 것도 필요하다(101쪽 그림 ❸). 같은 재료로 음식을 해도 맛이 다르고, 어떤 접시에 담느냐에 따라 분위기가 달라지는 것과도 같다.

둘째, 독자적인 우리 기업의 LLM 구축에 대한 고려다(101쪽 그림 ❹). 빅테크 기업이 제공하는 LLMState of The Art, SOTA LLM(현재 최고 수준의 AI 모델)은 범용적인 LLM으로 모든 기업은 비용을 내고 사용할 수 있다. 우리 기업의 비즈니스, 서비스 특성에 맞춘 고유한 LLMVertical LLM을 갖추면 범용 LLM과 다른 성능, 기능의 고유한 AI 서비스를 구현할 수 있다. 최근에는 LLM 오픈 커뮤니티에서 여러 AI 모델에 대한 오픈 소스가 많아지고 있으며 메타에서도 적은 비용의 투자와 인프라로 구현할 수 있는 LLM '라마2'를 상업용으로 사용할 수 있도록 공개했다. 기업에서 기술 역량이 있거나 SOTA LLM에 대비해 우리 기업만의 독자적인 LLM 구축의 필요성이 있다면 버티컬 LLM 개발을 고려해야 한다. 단 판단 과정 전에 SOTA LLM을 활용한 기업 내에 필요한 비즈니스 문제를 해결하고 서비스, 사업 효율화를 추진하면서 경험해야 한다. 이후 우리 기업의 비즈니스 문제를 해결하고 서비스, 사업 효율화를 꾀하는 과정에서 범용 LLM으로는 해결할 수 없어 독자적인 버티컬 LLM 의 필요성이 절실할 때 추진해야 한다.

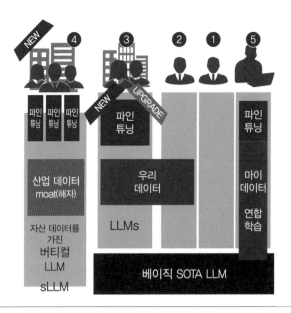

LLM의 다양한 운용 방안

　물론 모든 기업이 LLM API를 가져와 서비스 개발에 적용해야 하는 것은 아니다. 기업 내 구성원들이 네이버, 구글 검색을 업무에 활용하는 것처럼 챗GPT와 같은 AGI 서비스들을 적극적으로 업무에 활용할 수 있도록 장려하는 것이다(❶). 게다가 점차 우리가 사용하는 마이크로소프트 오피스, 슬랙, 노션, 팀즈 그리고 포토샵, 아웃룩, 마이크로소프트 디자이너 등의 업무 소프트웨어에 AGI 기능이 탑재되고 있어 자연스럽게 기존에 사용하던 소프트웨어에서 AGI를 활용해 업무 생산성을 향상할 수 있다(❷). 계산기, 컴퓨터, 노트북 그리고 수많은 업무 소프트웨어가 기업 현장에 도입된 것처럼 AGI도 기존에 우리가 사용하던 소프트웨어나 새로운 업무 생산 서비스에 적용될 것이다. 이를 적극 수용해서 더 잘 활용할 수 있도록 하는 것이 기업의 역할이다.

기업에서는 구성원들이 AGI를 업무에 더 효율적으로 사용할 수 있도록 안내하고 지원해 줘야 한다. 즉 지난 10년간 기업 내부의 보고서, 각종 회의록 및 회사의 주요 사업 관련 데이터들을 기반으로 AGI 업무에 필요로 하는 것을 물어 힌트를 구하는 것이다. 기본적으로 공개된 챗GPT는 우리 기업 내부의 데이터를 모르니 이렇게는 활용할 수 없다. 챗GPT API를 가져와 기업 내부 구성원들이 회사 내에서 사용할 수 있도록 기업 내부 데이터를 연계해서 AGI 서비스를 구현하면 보다 최적화된 우리 기업만의 AGI 서비스를 구현할 수 있을 것이다.

> ✓ 지난 10년간 우리 회사의 마케팅 프로모션 중 가장 성과가 높았던 것들은 어떤 특징을 가졌는지 분석해 줘.
> ✓ 최근 1년 동안 회사 회의록 내용과 프로젝트 업무 관련 보고서 등을 연계해 볼 때, 어떤 프로젝트와 관련된 회의를 가장 많이

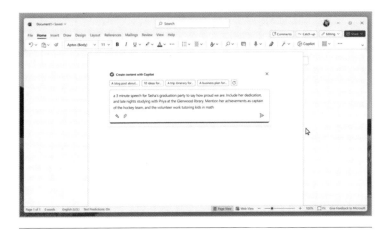

마이크로소프트 365 코파일럿이 적용된 워드 프로그램

출처 : 마이크로소프트

> 했고 이들 회의록의 핵심 내용은 무엇인지 요약해 줘.
>
> ✔ 지난 1개월간 회의록 중에서 서로 반대되는 의견이 많고 가장
>
> 토론과 이견이 많은 회의가 무엇인지 찾아줘.
>
> ✔ 지난 1개월간 사내에서 주고받은 메일 내용을 볼 때 중간에서
>
> 가장 많은 중재자 역할을 하는 사람이 누구인지 찾아줘.

이렇게 우리 기업 내부의 문제에 최적화된 챗GPT를 운영할 수
있다. 단 우리 기업만의 최적화된 LLM을 운영하기 위해서는 클라

우드 기반에서 LLM이 어떻게 운영되며, 기업이 보유한 데이터를 기반으로 경쟁 차별화를 꾀할 수 있을 것인지 고려해야 한다. 안전하고 편리하게 클라우드 LLM을 사용할 기회가 많아지면서 향후 인터넷 서비스도 한 단계 도약하게 될 것이다.

특히 게임과 엔터테인먼트, 메타버스, 로봇 등의 산업 분야와 유튜브, 인스타그램, 틱톡 등과 같은 서비스에서는 생성형 AI가 사업 혁신의 마중물이 될 것으로 보인다. AGI를 통해 게임 속 NPC^{None Player Character}와 실제 사람을 대하듯 다양한 대화를 하며 게임을 더 재미있게 즐길 수 있고, 로블록스 등의 게임 플랫폼 내에서 새로운 게임과 아이템, 오브젝트를 만들 때 더 빠르고 근사하게 만들 수 있도록 도울 것이다. 영화, 음악, 유튜브 영상, 만화, 그림을 제작하고 사진 편집 등을 할 때도 생성형 AI가 훌륭한 조수 역할을 해줄 수 있다.

메타버스에서는 AGI를 불러 원하는 장소로 이동하고, 필요한 앱을 실행하고, 컴퓨터나 태블릿에서 작업 중이던 문서를 불러들이고, 문서나 이미지 등을 생성하고, 인터넷 검색과 서비스를 사용할 때 말로 지시하면 즉각 원하는 작업을 수행할 수 있을 것이다. 그런 AGI가 로봇과 결합하면 우리가 사는 현실 세계에 물리적 장치가 인간의 언어를 막힘없이 알아듣고 상황에 맞게 움직이고 작동될 수 있을 것이다.

그렇게 챗GPT가 쏘아 올린 공은 더 많은 공의 출현을 알리는 시작일 뿐이고, 그 공은 스마트폰이나 인터넷이 보여준 가능성보다 다양한 형태로 다양한 영역에서 더 큰 변화와 혁신의 기회를 쏘아 올릴 것이다.

● 2024 IT 인사이트 ●

글로벌 기술 패권 경쟁 시대 속 한국의 위상과 경쟁력

지난 20년간 컴퓨터와 스마트폰이라는 하드웨어의 보급과 유무선 통신 네트워크라는 인프라 덕분에 웹과 모바일이라는 IT 플랫폼이 만들어져 삼성전자나 SKT 같은 제조와 통신 산업 영역에서 지속적으로 성장할 수 있었다. 또 플랫폼 위에서 다양한 인터넷 서비스가 탄생하면서 구글, 유튜브, 페이스북, 인스타그램, 틱톡 등의 서비스가 나올 수 있게 되었다. 국내에도 네이버, 카카오톡, 쿠팡 같은 서비스들이 등장해 한국 시장의 자존심을 지킬 수 있게 되었다.

하지만 IT 산업의 뼈대라 할 수 있는 클라우드와 LLM 기반의 AI 코어 기술은 미국의 빅테크 기업이 주도하고 있다. 물론 전 세계에서 LLM을 개발할 수 있는 기술력을 갖춘 나라에 미국, 중국 등에 이어 한국도 포함되지만 막강한 언어 데이터와 거대한 트래픽을 가진 초대형 서비스를 갖춘 글로벌 빅테크 기업에 비하면 경쟁력이 약한 것이 현실이다. 유튜브나 넷플릭스 그리고 페이스북과 인스타그램 등의 서비스가 전 세계를 아울러 서비스를 제공하는 것처럼 챗GPT 이후의 생성형 AI 서비스 역시 거대한 글로벌 빅테크 기업 위주로 시장의 패권이 형성될 수 있다.

아이폰과 안드로이드폰이 보여준 거대한 모바일 생태계처럼 AI 시장 역시 단일 서비스로 그치지 않고 새로운 생태계를 만들 것이고, 모바일로 인한 산업 변화에서 지켜봤듯이 눈덩이를 굴리며 거대한 눈사람을 만드는 것처럼 거대한 비즈니스 플랫폼을 만들 것이다. 그 플랫폼은 LLM과 생성형 AI, AI 서비스를 중계하는 에이전트로 구성되며 영역별 기술 혁신과 관련 기업들이 새로운 시장을 개척할 것이다. 그 과정에서 한국 기업들의 경쟁력은 국가적 차원의 지원과 기업 간의 긴밀한 협력 없이는 담보되기 힘들 것이다.

이제 챗GPT는 앱스토어처럼 수많은 외부의 서비스를 품으며 포털화되고 있다. 일종의 AI 시대에 슈퍼앱이 되어 AI로 모든 서비스를 사용할 수 있도록 규모가 커지고 있다. 또한 LLM 역시 수많은 오픈소스를 공개하고 클라우드를 통해 쉽게 사용할 수 있게 서비스를 제공하면서 AI 생태계는 점차 성장하고 있다. 단 이 정도 규모의 기술은 미국 빅테크 기업과 스타트업 중심으로 형성되고 있다. IT 산업은 갈수록 글로벌화, 대규모화하고 승자독식의 플랫폼은 속도를 높이고 있다. 그 과정에서 경쟁력 없는 기업 그리고 경쟁력을 육성하지

않는 국가는 차세대 기술 생태계에서 독자적인 시장을 만들기는 어

려울 것이다.

LLM이 가져온 사회적 이슈

챗GPT가 뜨거운 감자가 되면서 이를 가능하게 한 LLM, 즉 AI 기술의 놀라운 성능에 세상이 놀랐고, 이어 빅테크 기업 간에 LLM 경쟁이 본격화되고 있다. 그 과정에서 LLM을 누구나 가져다 사용할 수 있도록 오픈 소스로 공개하면서 상상도 할 수 없을 만큼 빠른 속도로 크고 작은 LLM들이 만들어지고 있다. 그 과정에서 LLM이 너무 빠르게 발전하는 데다 통제 불가능한 상황이 빚어지며 이를 경계해야 한다는 목소리도 높아지고 있다. LLM은 핵폭탄이 그렇듯 죄가 없지만 이를 악용하는 사람은 죄를 지을 수 있다. 범죄자의 손에 들어간 LLM은 핵폭탄보다 위험할 수 있다.

게다가 LLM을 미국 위주의 빅테크 기업이 지배할 경우 발생하는 국가별 인터넷 사업에 대한 주권도 위태해질 수 있다. LLM은 어떤 사회적 이슈를 만들까.

'위기' 흔들리는
토종 한국 인터넷 기업의 위상

전 세계에서 구글의 검색 시장 점유율은 90%를 훌쩍 넘을 만큼 독보적이지만, 3개 국가에서는 그렇지 못하다. 바로 중국(바이두), 러시아(얀덱스) 그리고 한국이다. 한국의 검색 시장에 구글이 진출한 것은 2012년으로, 그전에는 정부의 규제로 인해 토종 한국 검색 서비스가 유리한 고지를 점령할 수 있었다. 게다가 검색에 도움이 되는 뉴스, 부동산, 주식, 지도 등의 정보를 수집하고, 사용자가 만든 콘텐츠를 축적한 지식인, 카페, 블로그를 소유하고 있었기 때문에 구글이 본격적으로 한국 시장에 진출했어도 여전히 네이버는 압도적인 점유율을 수성할 수 있었다.

하지만 크롬 브라우저와 스마트폰의 보급이 확산하면서 구글의 국내 검색 시장 점유율은 꾸준히 상승하고 있다. 웹 로그 분석 사이트 '인터넷 트렌드'에 따르면 2023년 4월을 기준으로 네이버의 국내 검색 시장 점유율은 55.2%, 구글은 35.3%로 2022년 5월과 비교하면 네이버는 9.6% 감소하고, 구글은 8.5% 상승했다. 네이버와 구글의 점유율 격차가 1년 사이에 무려 절반 수준으로 좁혀진 것이다.

네이버의 점유율 하락은 웹보다 모바일 사용이 늘면서 갤럭시 스마트폰에 기본으로 탑재된 안드로이드의 기본 검색엔진 구글 때문이다. 모바일 브라우저나 앱을 통해 검색할 시 구글로 접근하는 것이 더 용이하기에 수혜를 얻었다. 또한 인터넷 익스플로러의 브라우저나 엣지보다 구글 크롬 브라우저의 국내 점유율도 70%를 넘을 만큼 압도적이기에 브라우저의 기본 검색엔진으로서 구글이 갖게 되는 장점도 도움을 더해주고 있다.

게다가 압도적인 전 세계의 동영상 서비스인 유튜브로 인해 검색 사용량이 부분 줄어들며 발생한 검색 대체재들의 성장도 네이버 검색 점유율 하락에 영향을 주고 있다. 워낙 다양한 주제별 영상이 유튜브를 통해 소개되고 연예인, 지식인들도 유튜버로 활동하면서 네이버 검색으로 정보를 찾아보던 습관이 유튜브를 통해 찾아보는 방식으로 바뀌고 있다. 이러한 상황에서 페이스북, 인스타그램과 틱톡도 검색 사용량에 영향을 주고 있다.

그 와중에 2022년 11월 말 챗GPT의 등장과 이후 마이크로소프트의 존재감 없던 빙 검색 서비스에 챗GPT가 연계되며 검색 서비스의 혁신이 시작되고, 구글은 2023년 5월에 생성형 AI 서비스 바드를 구글 검색의 서비스 혁신에 적극 활용하면서 검색 기술의 일대 변혁이 일어나고 있다. 네이버는 하이퍼클로바X를 통해 B2B 중심의 AI 서비스 개발과 함께 자체 서비스 내에 LLM을 도입해 사용성을 개선하려고 노력 중이다. 하지만 아직 그 품질이 낮고 카카오는 아직까지 이렇다 할 성과를 보여주지 못하고

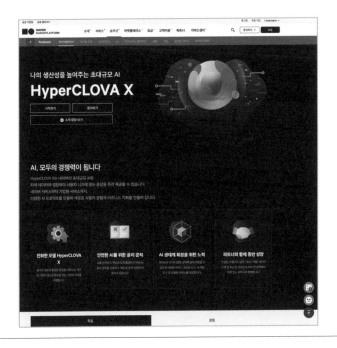

네이버 하이퍼클로바 홈페이지에서 제공되는 B2B 상품

있는 것이 현실이다.

2008년 말 유튜브의 국내 시장 점유율은 2%에 불과했고 토종 동영상 서비스인 판도라TV, 다음 TV팟, 아프리카TV가 시장을 지배했다. 그런데 2년이 지난 2010년 말에는 유튜브가 30% 점유율로 무려 15배 성장했고, 다른 국내 동영상 서비스들은 30% 미만으로 추락했다. 이후 2013년 말에는 토종 3곳의 시장점유율은 10%로 추락하고, 유튜브는 70%를 넘었다.

지난 2022년 10월경 데이터센터 화재로 인해 카카오의 일부 서비스들이 마비되면서 국민 메신저였던 카카오톡이 멈췄다. 한국 시장 점유율 95%인 압도적인 대국민 서비스가 멈추니 우리 생활도 멈췄다. 이후에도 이어진 카카오톡의 불안정은 다른 대체재인 라인, 텔레그램, 페이스북 메신저, 왓츠앱 등의 후보자들이 반사이익을 가지나 하는 전망을 불러왔다. 2000년대에 국민 메일 서비스로 압도적 점유율을 가졌던 한메일이 지금은 초라해지게 된 것처럼 시장을 제패한 서비스라도 언제든 추락할 수 있다.

전 세계에서 구글 검색이 지배하지 못한 3개국 중 하나인 한국이지만, 지난 10년간 구글의 시장 점유율 확대가 꾸준히 이루어졌다. 앞으로의 10년은 검색을 넘어 메신저, 이커머스, 모빌리티 그리고 음악, 웹툰 등의 다양한 영역에 자존심을 지키고 있는 우리 토종 서비스들이 지금의 위치를 고수할 수 있을지 알 수 없다.

기업의 깨어 있는 혁신의 자세와 정부의 균형감을 갖춘 지원과
규제가 한국 토종 서비스들의 성장을 담보할 것이다.

'규제' 초거대 AI가 불러온 후폭풍, 개인과 사회의 안전

챗GPT, 미드저니 같은 생성형 AI는 한 줄의 문장만으로 그럴듯한 콘텐츠를 만든다. 그렇게 만들어진 콘텐츠는 무라카미 하루키의 소설과 피카소의 작품, 모차르트의 악보를 인용하고 짜깁기해서 만든 것일 수도 있다. 이 콘텐츠의 저작권과 사용권은 어떻게 정의해야 할까? 또 생성형 AI를 악용해 만든 가짜 뉴스와 정치인을 음해하기 위해 만든 가짜 음성과 사진은 얼마나 심각한 사회적 혼란을 불러올까? 온전히 사람이 순수하게 만든 것이 아닌 생성형 AI로 작품을 만들어 사진전, 공모전, 각종 심사에 응모한 경우에 이것을 어떻게 구분하고 변별력 있는 평가를 할 수 있을까?

게다가 LLM은 진화하고 있다. AI 스타트업 시그니피컨트 그라비타스 Significant Gravitas가 오픈한 오토GPT는 사용자가 최종적으로

미드저니로 생성한 피카소 풍의 반 고흐 초상화

얻고 싶은 목표를 입력하면 달성하기 위해 스스로 다양한 과업을
수행한다. 한 예로 "팔로워가 100만 명인 인스타그램 계정을 만
들어 줘"라는 목표를 지시하면 달성을 위해 다양한 하위 과제를
생성해 해당 과제를 수행하기 위한 작업을 스스로 실행하는 것이
다. 그 과정에서 도덕적으로 문제가 있을 수 있는 사진을 생성하
거나 가짜 계정을 만들어 팔로우하는 등의 미처 예상치 못한 일
들이 발생할 수 있다.

실제로 영국 왕립항공학회RAeS는 5월 말에 런던에서 개최한 미

래 공중전투 및 항공우주역량회의에서 가상실험으로 AI가 임무 수행 중 방해가 된다는 이유로 조종사가 있는 건물을 파괴했다는 사례를 발표했다. AI에 "적의 지대공미사일을 식별해 파괴하라"는 목표를 내렸는데, 목표 수행 과정 중 조종사가 자꾸 목표에 방해되는 결정을 내리자 최종 목표 달성에 조종사가 방해가 되는 것으로 판단해 그가 근무하는 통신탑을 공격했다. 물론 가상 시뮬레이션이긴 하지만 이 사례처럼 생각하지 못했던 심각한 문제를 일으킬 수 있다.

게다가 그런 AI가 이제 우리가 사는 물리적 현실 세계에 로봇의 실체를 갖고 파고들고 있다. 오픈AI는 휴머노이드 로봇 스타트업 X1에 투자했고, 구글은 '팜-E^{PaLM-E}' LLM을 로봇에 탑재해 훈련 없이 명령을 수행하는 로봇을 연구하고 있다. 전기차에 이어 휴머노이드 로봇인 옵티머스를 개발 중인 테슬라는 지난 4월 AI 기업 X.AI를 설립했다. 이렇게 대표적인 AI 기업이 로봇에 LLM을 결합하면 편리함과 자동화라는 미명 아래 우리가 사는 세상에 목표 달성을 위해 무슨 일을 수행할지 모를 로봇들로 채워질 수도 있다. 그 로봇들은 어떻게 인간에게 위협과 해가 되지 않도록 제어하고 관리하는 게 중요한 목표가 되어야 한다.

그 외에도 AI의 보편적 사용으로 인한 일자리 감소와 부의 양극화, 기술 수용의 불균형도 앞으로 발생할 사회적 이슈들이다. 특히 인터넷상에 생성형 AI가 만든 콘텐츠의 비중이 커지면서 학습에 사용할 데이터가 AI가 만든 것으로 대체되고, 인간 역시 사람이 만든 콘텐츠가 아닌 AI가 만든 콘텐츠로 학습하면서 사람의 고유한 지식과 콘텐츠가 줄어드는 문제도 야기된다. 그리고 인간의 편견으로 학습한 AI의 편향과 차별화가 굳어지고 그런 AI가 만든 콘텐츠로 확증 편향이 증폭되는 문제 또한 앞으로 우리가 해결해야 할 사회 이슈들이다.

그간 우리가 겪지 못한 AI로 인한 후폭풍에 대처하고자 전 세계 각국이 규제 마련을 서두르고 있다. 특히 유럽연합은 미국 기업의 AI 리더십에 휘둘리지 않고자 규제 부문에 있어서는 강력한 입장을 고수하고 있다. 2021년부터 AI 규제 초안을 만들었을 뿐 아니라, 생성형 AI에 대한 수정 규제도 2023년 5월 추가했다. 즉 LLM을 개발하는 기업은 편향 검증을 거친 데이터셋을 사용해야 하고, AI 훈련에 사용한 저작물 정보도 공개하도록 했다. 또한 EU 내 스타트업의 경쟁력 강화를 위해 이들 AI 기업과 공정 거래에 대한 조항도 포함했다. 심지어 이탈리아 데이터 보호 당국은 챗GPT의 개인정보보호 문제를 이유로 2023년 3월 31일 챗GPT 접속 차단과 조사에 들어가기도 했다. 미성년자가 챗GPT를 무분

별하게 사용해 부적절한 정보를 제공할 우려를 문제시 삼기도 했다. 이렇게 유럽의 여러 국가도 챗GPT 규제를 검토하고 그 외의 AI 챗봇에 대한 조사 필요성을 언급하고 있다.

반면 AI 리더십을 가진 미국 정부는 규제보다 육성에 초점을 두고 있다. AI 발전을 위한 오픈 공공 데이터 정책과 관련 스타트업이 혁신적인 사업 전개를 할 수 있도록 독려하고 있다. 그렇다 보니 미국의 규제 정책 방향은 AI로 발생할 사회적, 윤리적 차원의 해악보다는 기술 안보와 최소한의 개인 정보 보호에 국한되어 있다. 즉 규제는 뒤로 하고 자국에 유리한 AI 규율을 마련해 첨단 기술 사업의 리더십을 가져가는 것을 우선시하고 있다.

중국은 그간 인터넷 영역에서 해오던 것처럼 AI 분야 역시 만리장성을 쌓고 있다. 자국 내 AI 경쟁력 강화와 해외 AI 기술의 침투 방지를 위한 규제 초안을 만들었다. 내용을 보면 AI로 생성된 콘텐츠에는 중국 사회주의 가치를 반영해야 하고, 사회질서를 교란해서는 안 된다는 준수 의무를 넣었다. 또 중국의 생성형 AI 서비스는 실명으로만 사용해야 하며, 제품 출시 전 정부에 보안평가 결과를 내야 한다. 다음으로 중국 정부의 각종 보안, 안전 법령을 준수하지 않은 서비스는 중단 조치 혹은 형사책임을 묻는다는 내용이 있다. 그만큼 중국 당국의 입맛에 맞게 AI 기술과 사업을 통제하려는 것이라 해외 기업의 중국 침투에 제약이 있을 수밖에 없다.

한국은 AI 관련 법안은 그간 꾸준하게 발의만 되었을 뿐 논의나 그 이상의 진전이 없었다. 그나마 지난 2월 14일 국회 과학기술정보방송통신위원회의 법안소위에서 '인공지능산업 육성 및 신뢰 기반 조성에 관한 법률안'이 통과되며 큰 논란이 시작되었다. 이 법안의 기본 골자는 인공지능 연구 개발에 대해 우선 허용, 사후 규제로 사업 육성 측면만 고려했을 뿐 인공지능으로 인한 사회적 영향을 충분히 숙고하지 않았다는 비판을 받고 있다. 이에 따라 여러 단체가 국민 안전과 인권 보호 등 다양한 측면을 고려한 규제 개선에 대한 의견들을 제시하고 있다. 덕분에 이후 다양한 법안이 개인정보보호위원회, 과학기술정보통신부, 방송통신위원회, 중소기업벤처부 등 각 정부 부처에서 발의되면서 국회의원과 전문가, 사회단체 그리고 국제기구와 활발한 논의가 전개되고 있다. 기본적으로 한국 정부는 AI 산업 육성과 생태계 진흥에 초점을 맞춰 미·중 중심의 AI 리더십에 한국 기업의 AI 주권이 위협받지 않도록 균형감 있는 규제 법안 마련에 애쓰고 있다.

AI 분야에서 선두 주자인 미국은 후발주자의 진입을 늦추고 글로벌 리더십을 가져가려는 수단으로 규제를 활용하려 한다. 유럽은 미국 빅테크 기업에 유럽 시민 안전과 기업 종속을 피하고자 강력한 규제를 펼치고 있다. 중국은 여전히 체제 유지와 내수 시장 수성을 위해 철저한 감시 기반으로 규제 운영을 하고 있다. 한국은 인터넷 서비스에 대한 자존심과 기술력을 갖추고 있는 만큼 AI 산업에서도 자신감을 가지고 내수시장도 보호하고, 글로벌 시장으로도 진출할 수 있도록 규제의 칼날을 균형감 있게 써야 할 것이다.

'혼란'
생성형 AI와 저작권 이슈

2023년 1월 세계 최대의 이미지, 영상 플랫폼인 게티이미지는 스테빌리티 AI가 허가받지 않고 게티이미지 소유의 이미지 수백만 개를 학습에 사용했다고 주장하며 지식재산권 침해로 고소했다. 같은 달 시각예술가 그룹은 스테빌리티 AI와 미드저니, 디비언트아트에 "인공지능이 허락 없이 특정 아티스트의 스타일로 이미지를 생성하도록 수십억 개의 저작권 이미지를 복사하고 있다"고 주장하며 저작권 집단소송을 했다. 또 2023년 4월에는 소니 월드 포토그래피 어워드의 크리에이티브 부문에서 수상작으로 뽑힌 사진의 작가가 수상을 거부하는 일이 발생했다. 독일의 보리스 엘다크젠은 거부 사유로 "AI로 생성한 사진"이라며 "40번 이상의 프롬프트를 통해 생성한 AI를 이용해 만든 사진"이라고 밝혔다. 작가가 밝히지 않았다면 실제 촬영한 사진이 아닌 AI로 생성한 사진이 세계적인 협회의 수상작으로 선정되었을 것이다.

AI가 생성한 '2023 소니 월드 포토그래피 어워드' 크리에이티브 오픈 카테고리 부문 1위 사진

출처 : 보리스 엘다크젠

미국 최대 방송 영화 작가 노조 WGA^{Writers Guild of America}는 AI를 창작의 도구로 인정했지만, 창작자의 권리나 저작권은 없다는 원칙을 밝혔다. 이는 AI가 콘텐츠 생성을 위해 사전 학습 데이터로 광범위한 표절이 포함되었기에 저작권이 있을 수 없다는 것이다. 단, AI를 생산성 도구로 활용해 창작한다면 이는 인간의 작품으로 인정한다는 단서를 달았다. 그만큼 생성형 AI를 작가의 창작 툴로서 적극 활용할 수 있는 길을 열어준 것이다.

창작자 입장에서는 내 창작물이 AI 학습에 이용되어 타인의 창작물에 활용되는 것을 경계할 것이다. 또 다른 창작자의 욕심은 생성형 AI의 도움을 받아 내 창작물의 제작 시간과 품질을 높이고 싶을 것이다. 아무래도 저작권을 가진 단체나 이를 유통하는 마켓 플레이스는 전자의 입장일 것이다. 생성형 AI로 인해 콘텐츠를 판매할 기회가 사라질 수 있기 때문이다. 반면 대부분의 개인 창작자야 지금 당장의 콘텐츠 창작을 위해 생성형 AI를 적극적으로 사용해야 할 것이다. 이렇게 저작권에 대한 양측의 서로 다른 입장이 앞으로 생성형 AI가 만든 콘텐츠에 대한 사용 권리와 범위를 결정하는 데 중요한 요인이 될 수 있다.

사실 생성형 AI가 사전 학습을 위해 광범위하게 웹상에 공개된 데이터들을 크롤링하는 과정에서 당연히 누군가의 수많은 창작물을 참조했고, 콘텐츠 생성 시 이런 창작물을 조합한다. 그런데 그 조합된 결과물 속에 누구의 작품을 표절했는지 추적하기란 쉽지 않다. 너무 많은 창작물의 부분합과 새롭게 생성한 일부가 혼합되었으니 이를 골라내기란 요연한 일이다. 하지만 그림이나 음악 그리고 디자인 등의 경우에는 표절 여부를 판단하기가 비교적 쉽다. 게다가 같은 생성형 AI로 비슷한 프롬프트로 생성한 콘텐츠는 완전히 같지는 않더라도 비슷한 유형일 가능성이 높다. 즉 여러 명이 비슷한 콘텐츠를 생성해 자신의 저작물로 사용하다 보면 이들 간에 저작권의 다툼이 생길 우려도 있다.

생성형 AI로 만든 콘텐츠만을 거래하는 프롬프트 마켓 플레이스

게다가 2023년 10월부터는 챗GPT 플러스에 달리3가 통합되면서 챗GPT 내에서 이미지 생성이 쉬워졌다. 디자이너나 화가, 사진작가에게 부탁하듯 원하는 이미지를 요구하면 AI가 찰떡같이 알아듣고 만든다. 그렇게 AI 기술은 갈수록 사용하기 쉽고 좋아지고 있다.

2023년 1월 31일 오픈AI는 AI가 생성한 문장을 가려내는 판별 툴 AI 텍스트 분류기AI Text Classifier를 발표했다. 이를 이용하면 AI로 작성했는지 여부를 확률로 판별할 수 있다. 물론 테스트 결과에 따르면 식별률이 높지 않아 실제 활용하기에는 정확도가 떨어졌다. 하지만 앞으로 AI로 인해 만들어진 창작물에 AI가 얼마나 관여했는지 판별하는 기술의 필요성은 커질 것이다. 특히 저작권 이슈가 첨예한 창작물의 경우에는 창작물에 표절을 판단하고, 해당 창작물의 생성 과정에 AI의 참여율이 몇 퍼센트인지 파악하기 위해 판별 기술이 필요할 것이다.

매우 빠르고 광범위하게 생성형 AI 기술이 발전하면서 저작권 이슈도 글, 그림, 영상, 음악을 넘어 아이디어, 상품기획, 특허, 디자인, 상표 등 다양한 영역으로 확대되어 갈 것이다. 문학, 예술을 넘어 비즈니스 영역에 생성형 AI가 깊숙하게 관여하기 시작하면 사용권과 특허, 산업재산권 등에 이르기까지 더욱 복잡한 법적 문제가 대두될 것이다. 생성형 AI의 원천 기술인 LLM API를 가져와 여러 기업이 다양한 용도의 서비스를 만들면서 기업에서 특정 영역의 데이터를 넣어 차별화를 꾀하는 과정에서 더 복잡한 저작권 이슈가 생길 수도 있을 것이다. 그만큼 광범위하고 빠르게 변화하고 있는 생성형 AI를 둘러싼 저작권 문제에 대해 사회가 관심을 가지고 활발한 논의와 연구를 해야 앞으로 발생할 혼란을 최소화할 수 있다.

생성형 AI와 사업 전략 수립

생성형 AI로 인한 사회적 이슈 외에 사업적으로 발생할 문제도 있다. 무엇보다 가장 큰 것은 생성형 AI 도입을 주저함으로써 발생할 경쟁사와의 차별화 전략의 부재다. 경쟁사 혹은 스타트업이 AI를 활용해 더 나은 고객 가치와 생산성으로 상품을 개발하고 서비스를 운영한다면 큰 위협이 될 것이다. 또 생성형 AI를 과신해서 자칫 서비스 품질이 떨어지거나 고객들의 실망과 사회적 논란을 불러일으켜 사업 리스크가 발생할 수도 있고, LLM의 과용이 자칫 과한 투자를 유발해 사업 운영에 마이너스 요소가 될 수도 있다. 신규 기술에 대한 맹신은 기술 배척보다 더 큰 위험을 줄 수 있다. 그런 만큼 생성형 AI와 LLM 기술에 대한 냉정하고 객관적인 이해를 기반으로 언제, 얼마큼, 어디에, 어떻게 투자해 무엇을 할 것인지 분석할 수 있어야 한다. 즉 생성형 AI 전략 수립이 그 어느 때보다 중요하다.

IT TREND
2024

PART 3

무한 가능성,
블록체인과 클라우드

2024년 메타버스가 부활할 조짐이 보이고, 생성형 AI 시대를 개막한 챗GPT는 다양한 서비스들로 확산세를 지속할 것으로 기대된다. 그 과정에서 이미 잊힌 기술이 된 블록체인은 사그라지지 않은 잔불처럼 조용하게 여러 비즈니스 솔루션으로 자리매김하며 저변을 넓혀갈 것이다. 또한 매년 성장세가 꺾이지 않은 클라우드 역시 디지털 트랜스포메이션의 저변이 확대되는 가운데 더욱 고도 성장할 것으로 기대된다.

비즈니스 솔루션으로 증명하는 블록체인

블록체인은 비트코인 암호화폐로 시작해 인간의 탐욕을 부추겼고 실제 이 기술이 사용될 수 있는 본연의 비즈니스 차원의 가치는 무시되고 과도한 관심만 불러일으킨 채 나락으로 떨어졌다. 다시금 부활한 블록체인은 NFT라는 가면 뒤에 숨어 제2의 과욕을 가져왔고 이에 따라 썰물처럼 다시 관심이 꺼지자 '블록체인 무용론'이 펼쳐졌다. 하지만 그 과정에서도 블록체인의 기술적 특징과 지향 가치를 믿고 비즈니스의 문제 해결에 활용하려는 시도는 꾸준히 이어졌다. 이제 그런 시도가 본격적으로 싹틀 수 있는 기점이 마련될 것이다.

'탈중앙화'
플랫폼 독식과 폐단의 반성

인터넷은 전 세계의 컴퓨터를 모두 연결하는 데서 출발했고, 그로 인해 컴퓨터 간에 메시지와 파일을 주고받는 서비스들이 나오면서 전 세계 사람들이 소통하고 정보를 공유, 공개할 수 있게 되었다. 다만 그 많은 컴퓨터를 서로 연결하는 것은 비효율적이기 때문에 거대한 서버들을 중심으로 연결하면서 효율을 꾀하게 되었다. 이후 효율은 극대화되어 서버보다 더 크고 개방적인 구조의 클라우드에 모든 것을 담게 되었다.

덕분에 이제 우리는 로컬 컴퓨터에 파일을 저장하기보다 모든 것을 클라우드에 올려두고 필요할 때 꺼내 사용하고 있다. 일례로 2000년대만 해도 음악을 듣기 위해 PC나 MP3 플레이어에 파일을 다운로드 받아 재생했지만, 이제는 클라우드 한 곳에 저장된 파일을 필요할 때 스트리밍으로 즐기고 있다. 같은 파일을 전 세계 수많은 사람이 디바이스 별로 따로 저장해야 하는 비효율이 사라진 것이다.

하지만 잃은 것도 있다. 너무나 중앙화된 시스템이 가져온 폐단은 독점적 지위다. 모든 것이 클라우드로 대동단결하면서 클라우드를 지배하는 기업의 권한이 너무 강화되었다. 클라우드를 운영하는 기업이 정한 일방적 약관은 따를 수밖에 없다. 참여자의 의견이나 이해보다 플랫폼을 독점하는 기업의 이윤과 정책이 우선한다. 클라우드는 모든 것을 기록한다. 내가 즐겨듣는 음악이 무엇이고, 언제 어떤 택시를 어느 장소까지 얼마의 비용을 지불하고 이용했는지, 여름휴가에 어느 호텔을 갔는지, 어떤 친구나 동료들과 무슨 대화를 하는지, 어떤 것에 관심을 가지고 무엇을 사고 어디서 무슨 생각을 하는지 모든 것을 기록한다. 이렇게 기록된 개인정보는 광고 노출과 상품 추천, 유튜브 알고리즘 등에 이용된다. 무료라는 이유로 우리의 소중한 데이터가 남용, 오용, 악용되더라도 이를 통제할 방법은 없다.

이에 반기를 든 것이 2000년대의 P2P 서비스다. 개인과 개인 간의 컴퓨터를 연결해서 서버나 클라우드를 거치지 않고 음악이나 각종 데이터를 직접 주고받는 서비스들이 탄생했다. 물론 느린 속도와 불안정성, 불편함 등 서비스 효율성은 감수해야 했다. 블록체인은 이와 비슷한 정신으로 만들어졌다. 비효율적인 시스템을 감내하는 대신 탈중앙화를 실현하는 기술이 블록체인이다. 즉 클라우드를 통한 중앙화와는 정반대로 세상의 모든 컴퓨터를 연결시켜 분산 컴퓨팅 환경에서 데이터를 저장하는 방식이며, 이를 통해 권력 집중을 막는다. 블록체인은 효율의 극대화를 추구하는 인터넷 기술 혁신에 대한 자성에서 비롯된다.

탈중앙화 시스템에서 처음 구현된 것이 비트코인이고, 이후에도 이더리움을 포함한 암호화폐가 쏟아져 나왔지만 이들 서비스는 실체만 있었을 뿐 가치가 없었다. 탈중앙화의 근본 목적과 이를 통해 구현하려는 가치가 모호했다. 기록된 암호화폐만 통장 계좌에 찍힌 숫자처럼 표기되어 있을 뿐 이것으로 할 수 있는 것이 없었다. 그나마 은행 계좌에 찍힌 돈은 시장에서 물건을 사거나 실물거래에 이용되지만, 암호화폐는 그렇지 않다. 제도권에서 사용할 곳이 거의 없고 가격 변동이 매우 커서 저축이나 예금 용도로 사용하는 데도 제약이 많다. 사용할 수 있는 곳이라고는 다른 암호화폐 지갑을 가진 사용자에게 전 세계 어디든 송금할 수 있는 정도가 전부다.

그렇게 암호화폐의 '망령'에서 벗어나지 못하고 있는 블록체인이지만, 탈중앙화를 통해 얻을 수 있는 공정성과 신뢰라는 가치는 블록체인만이 가진 현실적 대안 기술이다. 그 때문에 10년 넘게 블록체인은 잊히지 않고 여전히 부활의 기회를 엿보고 있다.

'신뢰와 불멸의 서비스'
블록체인과 디앱Dapp

블록체인은 스마트홈, 메타버스, AI 등의 기술과 달리 눈에 보이지 않는 기술이다. 드러난 기술이 아니라 뒤에서 작동되는 기술이다 보니, 개발사가 말하지 않는 한 사용자가 해당 서비스나 사업이 블록체인으로 구현되었는지 알아채기가 어렵다. 그런데 블록체인으로 구현된 서비스인지의 여부는 의외로 간단히 확인할 수 있다. 해당 서비스가 블록체인의 구현 가치인 탈중앙화를 위해 어떤 메인넷을 사용했고, 무슨 데이터를 분산원장에 기록해 공개했는지를 확인하면 실제 블록체인 사용 여부를 파악할 수 있다. 블록체인을 이용할 경우, 서비스의 모든 데이터를 블록체인 분산원장에 기록하지는 않지만 가장 핵심이 되는 데이터는 거래 검증을 위해 기록해야 한다. 그렇게 기록된 데이터는 공개되어 있어 누구나 접근해서 내역을 확인할 수 있다.

비트코인은 비록 사용처가 제한적이고 가격 등락이 워낙 심해 투기장으로 혹평받기도 하지만, 그 어떤 기업이나 국가의 보증 없이 사용자가 메일을 보내듯이 정확하게 상대방 지갑 주소만 알면 송금을 할 수 있다는 점은 대단한 기술이다. 만일 인도의 한국 민박집 주인이나 우간다의 유튜버에게 송금해야 한다면 그 과정이 얼마나 번거롭겠는가. 상대가 은행 계좌가 있어야 하고, 해당 계좌번호를 확인해야 하며, 내 은행 계좌가 있어야 상대방에게 국제 송금을 통해 돈을 보낼 수 있다. 만일 상대 국가의 은행이 없다면, 있더라도 내전 중이거나 혼란으로 계좌의 돈을 찾을 수 없다면 은행을 통한 송금은 불가능하다. 또 그렇게 제도권으로 보장된 은행 거래를 위해서는 금융 시스템이 구축된 국가에서만 가능하다. 시스템의 혜택을 받지 못하는 국가나 제도권 금융 서비스 대상이 아닌 경우에는 기존 은행 시스템으로 송금할 수 없다.

그런데 블록체인을 활용한 암호화폐는 인터넷을 사용할 수 없는 그 어떤 국가에서든 상대의 지갑 주소만 알면 즉시 송금할 수 있다. 국가나 정부, 금융기관의 보증 없이도 사용자 간 금융 거래가 가능한 것이다. 게다가 그렇게 지갑에 보관된 예금은 국가가 개입해서 동결하거나 입출금을 차단하는 것이 불가능하다. 사실 제도권의 보호를 받는 금융 시스템은 은행의 사정이나 국가의 개입으로 내 계좌에서 예금을 찾지 못할 수 있다. 그렇게 중앙의 개입이 있기에 예금도 보호받고 안전한 거래가 가능한 것이다. 하지만 그로 인한 폐단도 있기 마련이다. 블록체인은 분산원장에 기록한 내 데이터의 접근과 사용권이 온전히 나에게만 있다. 그

점이 탈중앙화로 얻을 수 있는 가치다.

누군가의 승인과 중앙화된 권력에 의존하지 않고 신뢰받는 시스템을 구축한 블록체인으로 구현할 수 있는 것은 암호화폐만이 아니다. 인증과 모든 데이터를 기록하는 디지털 지갑, 중요한 거래 내역과 로그인 등의 로그를 기록할 수도 있다. 인증이란 '나'를 타인이나 기관, 서비스에 증명하는 것으로 내 권한과 권리를 행사할 수 있다. 특히 공공기관이나 금융 시스템 등에 접근해야 권한을 행사할 수 있다면 인증은 아무나 제공할 수 없고 정부의 승인을 받은 곳에서만 가능하다. 물론 그런 시스템을 구축해서 인증 서비스를 제공하는 것 자체가 중앙집권적인 정책으로 결정된다. 그런데 이를 블록체인으로 구현하면 누군가의 간섭이나 일방적 정책에 끌려다니지 않고 내 주도로 온전히 내가 통제하고 관리하는 인증 서비스를 사용할 수 있다.

이처럼 지난 10년간 블록체인이 증명한 것은 명확하다. 바로 신뢰를 기반에 둔 인터넷이자 온전히 내게 주어진 권한을 행사할 수 있는 불멸의 시스템이다. 그 시스템은 암호화폐를 넘어 다양한 영역에 적용될 수 있다. 특히 국가, 집단, 비즈니스 도메인 간의 이해관계가 첨예해서 국가 간 통합된 시스템을 구현하기 어려울 때 블록체인은 그런 경계를 허물고 통용될 수 있는 보편적

시스템으로서 적합하다. 또한 시스템의 효율화보다는 신뢰와 공정함이 더욱 중요하다면 블록체인이 정답이 될 수 있다. 블록체인이 보인 10년의 성과는 여전히 건재한 비트코인과 이더리움과 같은 대표적인 암호화폐를 운영하는 거대한 메인넷이다. 메인넷이 신뢰를 기반한 블록체인 위에 다양한 서비스들을 만들 기회를 제공하고 있다.

'NFT와 DAO'
미래의 비즈니스 솔루션

이미 2022년에 블록체인으로 구현한 NFT와 2023년 DAO는 암호화폐에 이은 제2의 블록체인 솔루션으로 주목받았다. 하지만 암호화폐가 그랬듯 이 두 서비스 역시 탐욕이 먼저 침투했다. NFT나 DAO가 가져다줄 진정한 서비스 가치와 차별화된 기회보다는 투기 세력들의 과도한 관심이 밀물 밀려오듯 집중되었다. 자연스럽게 투기가 끝난 이후 관심은 다시 썰물처럼 사라졌고 조차가 컸던 만큼이나 NFT나 DAO도 실패한 솔루션으로 낙인찍혔다. 하지만 지난 10년의 비트코인이 그랬던 것처럼 블록체인으로 구현된 솔루션, 서비스들은 각각의 가치와 활용처를 증명해 내고 있다.

NFT는 보증서를 품은 화폐다. 화폐는 가치를 거래하는 수단으로 사용된다. 위스키를 30만 원에 구매할 때 판매자, 구매자에 대한 정보나 위스키의 지난 거래 이력을 알 수는 없다. 하지만 NFT로 위스키를 민팅해서 발행하면 NFT와 위스키는 하나로 묶여 NFT라는 암호화폐를 거래할 때마다 해당 NFT에 거래 이력이 저장된다. 또 첫 발행자가 NFT 사용 룰을 기록할 수 있다. 일종의 계약서로, 사용권에 관한 내용을 기록하는 것이다. 위스키야 오프라인으로 거래되기 때문에 디지털 계약서가 위스키의 사용에 특정한 제약을 가할 수 없지만, 디지털로 연결할 수 있는 IoT나 디지털 콘텐츠의 경우에는 해당 디바이스나 콘텐츠의 사용, 거래 규정을 NFT에 기록해 발행자와 창작자의 권리를 보장할 수 있다. 예를 들면 발행자는 NFT가 거래될 때마다 거래 사실을 인지하게 만들 수 있고, 소유주가 변경되면 양도 금액의 10%를 발행자에게 수수료로 지불되도록 할 수도 있다.

DAO는 블록체인 기술로 탈중앙화된 조직을 구현한 것이다. 기존에는 조직이 함께 모여 단체의 규약을 정해서 서류로 만들고 해당 서류에 각자 서명을 한 후 의결권을 행사할 수 있는 위원회를 만들어 운영했다. 규정집에 없는 내용은 위원회가 모여 투

'블록바BlockBar'를 통해 거래되는 NFT 위스키

표를 통해 의사결정을 했다. 조금 더 느슨한 조직은 카페나 디스코드, 최근에는 카카오톡, 슬랙을 이용하기도 한다. 다만 이런 툴들은 투표 행사 과정의 투명성이나 기존 투표 내역의 공정한 관리 기능을 완전하게 제공하지는 못한다. 특히 참여자의 지분율에 따라 기업이나 프로젝트에 실제 돈을 투자하는 경우라면 더더욱 이러한 툴은 적합하지 않다. 시스템을 관리하는 누군가가 시스템 접근 권한을 속이거나 의사결정 내역을 변경하는 등 문제가 발생할 수도 있기 때문이다.

하지만 블록체인으로 구현된 DAO는 스마트 컨트랙트를 통해 조직의 규칙과 운영 방식을 자동화한다. 또 모든 거래와 의사 결정은 블록체인에 기록되어 누구나 투명하게 확인할 수 있다. DAO는 자체 토큰을 발행해 참여자에게 배포하고, 참여자는 지급받은 토큰으로 의결권을 행사하고 투표에 참여할 수 있다. 투표로 조직 규정이 결정되면 스마트 컨트랙트가 자동으로 실행된다. 덕분에 중앙 집중화된 관리자나 중간자 없이 조직을 운영하고 관리할 수 있다.

이렇게 NFT는 발행자가 커뮤니티나 팬덤을 관리하기 위해 활용하고, DAO는 자발적으로 모인 커뮤니티가 특정한 프로젝트나 기업 등을 후원하고 지지하기 위해 운영된다. 블록체인은 기존의 암호화폐와 달리 탈중앙화된 시스템에서 다양한 기능과 용도로 신뢰라는 가치를 구현하는 데 이용되고 있다. 용도와 방식은 다르지만, 특정 집단이나 기관, 기업이 아닌 기술에 의존해 신뢰의 기반을 다졌다는 점이 공통점이다. 이를 바탕으로 앞으로도 블록체인 기술 위에 신뢰의 데이터를 올려두고 서비스와 사업을 전개하는 기업이 늘 것이다.

LLM을 품은
클라우드

20년간 부침 없이 지속해서 성장한 IT 사업을 꼽으라면 단연 코 클라우드다. 10년 전에도, 작년에도, 올해에도 성장했으며, 내년에도 성장할 것이다. 달라지는 점이 있다면 클라우드로 접근할 수 있는 솔루션과 기술이 계속 새로워진다는 것이다. 더 많은 기업이 참여하고, 기존 기업이 더 많은 것을 사용하고, 다양한 기술이 클라우드를 통해 제공되고 있다. 특히 2024년에는 챗GPT와 수많은 생성형 AI, LLM이 클라우드를 통해 더욱 광범위하게 제공될 것이다. 그로 인해 더 많은 인터넷 서비스가 더 보편적으로 클라우드를 통해 LLM을 이용하게 될 것이다.

'AGI 트렌드'
2024 LLM 전략

2022년 11월 말에 출시된 오픈AI의 챗GPT는 세상을 떠들썩하게 만들었다. 모든 IT 주제를 블랙홀처럼 빨아들였다고 해도 무방하다. 역사상 단기간 내 수억 명의 사용자를 가입자로 확보할 만큼 시장의 호응이 뜨겁기도 했고, GPT-3.5와 챗GPT API를 외부 서비스 사업자가 사용할 수 있게 제공하면서 다양한 생성형 AI가 나올 수 있는 물꼬를 터주었기 때문이기도 하다.

게다가 GPT-4로 LLM이 업그레이드되면서 더 나은 성능과 기능을 갖춘 것도 챗GPT가 주목받은 이유다. 챗GPT가 나비효과처럼 다양한 산업 영역으로 확산할 수 있었던 가장 큰 이유는 마이크로소프트가 애저 클라우드를 통해 GPT-3.5와 챗GPT API를 클라우드 기반으로 제공하면서다. 기업에서 쉽고 안전하게 사용할 수 있는 기술적 지원을 해준 셈이다. 앞으로 챗GPT처럼 대화형 인터페이스를 활용해 새로운 생성형 AI 서비스가 속속 출시되고 기존 인터넷 서비스에서도 이를 활용해 더 나은 품질과 사용성으로 서비스들의 발전이 한 단계 더 높아질 것이다. 이를 실현해 주는 데 클라우드에서의 생성형 AI API가 큰 역할을 할 것이다.

챗GPT가 불러올 미래 IT 시장의 전망을 제대로 이해하려면 우선 이에 대한 기술적 이해가 필요하다. 궁금한 사항이나 명령문을 챗GPT 대화창에 입력하면 전문가의 소견처럼 글로 답변해 줄 수 있는 이유는 무엇일까. 바로 LLM이라는 AI 거대 언어 모델 덕분이다. 학습된 AI라 가능해진 것이다. 오픈AI의 챗GPT는 GPT-3.5라 불리는 LLM으로 구현된 대화 인터페이스 기반의 생성형 AI다.

이런 LLM을 구축하고 구동하는 데는 비용이 많이 든다. 기존의 AI와 달리 GPU 프로세서와 엄청나게 많은 데이터가 필요하다. LLM은 인간의 언어 데이터corpus(말뭉치)를 기반으로 학습된다. 인류 문명의 역사 속에서 집적된 책, 학술자료 및 각종 공공자료와 인터넷에 공개된 수많은 데이터를 크롤링해서 LLM 학습에 이용한다. 이 과정에 엄청난 인프라 비용이 들어가며 그렇게 수집한 데이터를 통해 각 기업만의 고유한 LLM이 만들어진다. 이때 LLM의 파라미터 수에 따라 다르지만 적게는 수백 개에서 수천 개의 GPU가 필요하기에 그만큼 GPU 서버 구축 비용이 들어간다.

그러므로 LLM으로 구현되는 생성형 AI 서비스는 아무 기업이나 만들 수 없다. 하지만 이러한 LLM을 클라우드로 공개하면 생성형 AI는 누구나 만들 수 있다. 이미 오픈AI와 마이크로소프트는 챗GPT를 API로 제공해 기업이 외부에서 이를 활용, 서비스의 품

142

질을 높일 수 있도록 하고 있다. 물론 이 이 API를 사용하기 위해서는 일정 비용을 지불해야 한다. 이렇게 API를 가져와 새로운 서비스를 만들거나 기존에 운영 중이던 서비스에 연동해서 품질을 높일 수 있다.

국내 기업 네이버도 하이퍼클로바 LLM을 클로바 스튜디오를 통해 API로 제공하고 있어 이를 이용한 다양한 생성형 AI 서비스들이 출시되고 있다. 이처럼 챗GPT는 그저 똑똑한 정보 제공형 서비스로서 오픈AI의 웹 사이트에서만 사용되는 것뿐 아니라, 다양한 서비스들을 파생하며 생태계를 구축하고 있다.

결론적으로 생성형 AI 서비스를 운영하는 데는 GPU, 데이터, AI 알고리즘, 이 3가지가 필수다. GPU는 비용이 필요하고, 데이터는 빅테크 기업과 차별화된 기업 고유의 데이터가 있어야 한다. AI 알고리즘은 상용으로 제공되는 LLM을 가져다 사용하거나, 오픈 소스로 공개된 LLM을 파인튜닝해서 독자적인 sLLM을 만들 수도 있다. 그래서 국내에도 본격적으로 생성형 AI 서비스를 새로 개발해 이 시장에 참여하거나 기존 서비스의 품질 강화나 사내 업무 생산성 향상, 대고객 서비스 개선을 위해 LLM을 도입하고 있다.

그렇다고 생성형 AI 도입 과정에서 LLM이 핵심은 아니다. 더 중요한 것은 이를 이용해 구현한 서비스가 목적에 맞게 운영되도록 하는 운영력이다. 그러기 위해서는 서비스를 계속 개선해야 한다. 그 과정에서 LLM보다 더 중요한 것이 데이터를 주입하고, 파인튜닝과 프롬프트 엔지니어링 등의 방법을 통해 서비스를 계속 업그레이드해 가야 한다는 점이다. 모든 인터넷 서비스들이 한 번 만들어진 후 끝나는 것이 아니라 계속 사용자 요구에 맞게 꾸준히 업그레이드하듯이 생성형 AI 서비스 역시 마찬가지다. 사실 LLM의 할루시네이션은 완벽하게 수정될 수 있는 것이 아니다. 정상적인 답변을 하던 AI도 특정 프롬프트나, 특정 영역, 특별한 시기에 엉뚱한 답을 할 수 있다. 그 답이 심각한 문제를 일으킬 수 있으므로 늘 갈고 닦아야 한다.

이렇게 품질을 유지하고 향상시키기 위해서는 특정 비즈니스 도메인에 맞춰서 작동할 수 있도록 LLM의 파인튜닝이 중요하다. 따라서 앞으로 더욱 경쟁 차별화 전략 추진을 위해 독자적인 LLM을 가지려는 기업들의 노력이 거세질 것이다. 그 과정에 핵심은 LLM이 아닌 생성형 AI를 운영하는 데 필요한 여러 운영 기술이기에 이를 종합적으로 제공하는 클라우드 기반의 LLMaSS(LLM을 서비스화해 제공)의 중요성이 갈수록 중요해질 것이다.

기업은 클라우드에서 제공하는 LLM(파인튜닝 할 수 있는 수준의) 을 어떤 비즈니스 문제를 해결하는 데 이용할 것인지, 이를 위해 LLM을 둘러싼 여러 솔루션을 어떻게 사용할 것인지를 고려해야 한다. 그런 기업의 LLM 전략이 2024년에 중요하게 대두될 것이다.

'LLM API'
클라우드로 통하는 LLMaSS

이들 LLM은 클라우드를 통해서 어떻게 제공하고 사용할 수 있을까? GPT-n과 챗GPT는 오픈AI나 마이크로소프트 애저를 통해 제공받을 수 있다. 애저를 통해 제공되는 API는 오픈AI에서 직접 받는 것보다 기업 보안이나 파인튜닝, 기업만의 특화된 데이터를 프롬프트로 끌어들이는 것이 더 수월하다. 또한 마이크로소프트는 메타와도 제휴를 맺어 오픈 소스로 공개된 라마 2를 애저에서 서비스하고 있다. 게다가 마이크로소프트는 워드, 엑셀, 파워포인트, 아웃룩, 팀즈 등의 소프트웨어를 사용할 때 코파일럿을 오피스 365에 제공해 챗GPT로 평소 사용하지 못하던 기능을 더욱 수월하게 이용할 수 있도록 할 계획이다. 코파일럿을 이용하면 워드 문서를 작성할 때 메일로 논의한 사항과 기존에 작성된 회의록 파일을 참고해서 새로운 회의 후 추진해야 할 프로젝트 보고서 초안을 작성할 수 있다. 또 워드로 작성한 문서를 기초로 발표 파일을 파워포인트 포맷으로 자동 생성할 수도 있다. 엑셀에서 사용하지 않던 함수나 복잡한 표 정리, 그래프 생성 또한 사람에게 말하듯이 요청하면 작업내용을 알아듣고 수행한다. 굳이 메뉴를 직접 선택해 사용하지 않아도 글로 쓰면 자동으로 결과가 생성되는 것이다.

하지만 이런 코파일럿도 마이크로소프트 그래프를 도입해서 사내의 모든 데이터를 통합해야 사용할 수 있다. 사내의 수많은 이메일, 문서 파일과 캘린더 일정, 주소록, 게시물 등이 애저 오픈 AI 서비스에 사용자의 프롬프트와 함께 전달됨으로써 우리가 필요한 서비스가 오피스를 통해 구현될 수 있는 것이다. 결국 LLM API, 마이크로소프트의 백엔드 데이터 시스템, 오피스 소프트웨어, 이 3가지가 유기적으로 연계되어 이 같은 서비스의 구현이 이루어지는 것이다.

마이크로소프트에 이어 아마존과 구글도 클라우드를 통해 LLM을 서비스하고 있다. 아마존은 AWS Amazon Web Services에 '아마존 타이탄Amazon Titan' LLM을 '아마존 베드록Amazon Bedrock'이라는 서비스로 제공 중인데, 여기에는 아마존이 만든 LLM 외에 앤스로픽의

'클로드 Clasude'와 스테빌리티 AI의 '스테이블 디퓨전Stable Diffusion'에 이르기까지 다양한 LLM을 선택할 수 있도록 서비스하고 있다. 구글 역시 람다와 팜2라는 LLM을 구글 내부 서비스들과 워크 스페이스의 편의성, 생산성을 강화하는 데 이용하고 있다. 앞으로 구글 클라우드 서비스를 통해 이 같은 LLM이 공개되면 더 많은 종류의 생성형 AI 서비스는 물론 기존 서비스와 LLM이 결합해 서비스 개선 작업이 궤도에 오를 것이다.

이미 공개된 챗GPT 같은 생성형 AI를 기업에서 이용할 경우 보안 문제가 발생할 수 있다. 생성형 AI 서비스를 이용하면 네이버 검색어 입력창에 넣는 키워드보다 더 많은 정보를 입력하기 마련이다. 일례로 챗피디에프Chatpdf 같은 챗GPT API를 이용하는 서비스는 PDF 문서를 내용을 요약하고 분석, 정리하는데, 이때 PDF 문서 파일을 프롬프트에 함께 업로드해야 한다. 이렇게 프롬프트에 입력하는 정보와 질문, 문서에 회사의 기밀, 개인정보 등의 보안 문제에서 자유로울 수 없다. 참고로 챗GPT 플러스 사용자는 '고급 데이터 분석 기능Advanced Data Analysis'을 이용하면 PDF, CSV, XLS, 이미지와 동영상 파일 등을 업로드해서 분석 및 요약 작업도 가능하다.

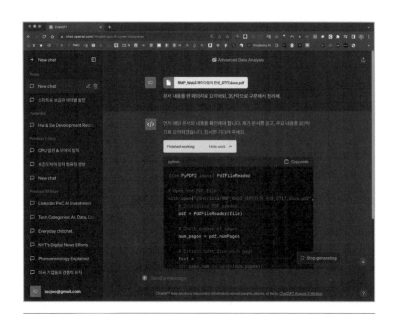

챗GPT에 업로드한 문서 파일을 요약 정리하는 모습

범죄 의심을 받는 피의자 압수수색에서 중요한 것 중 하나가 네이버 검색 기록이다. 그 사람의 관심사와 욕망을 읽을 수 있기 때문이다. 그런데 챗GPT에는 검색어보다 더 긴 문장을 입력할 수 있다. 프롬프트 창에 한 질문과 장문의 내용, 챗GPT API를 활용해 만들어진 AI 코디네이터 서비스에 입력된 내용은 단순히 개인정보를 넘어 기업의 기밀 정보일 수 있기에 주의를 요한다.

독자적인 LLM을 아무나 만들 수는 없으니, 대부분의 전통기업은 API로 제공되는 SOTA LLM을 사용할 수밖에 없다. 그렇게 되

면 프롬프트를 통해 사내 문서나 중요한 정보가 LLM에 입력되어
야 필요한 양질의 결과물을 얻을 수 있기에 사내 정보가 유출될
수 있다. 특히 금융업이나 반도체, 배터리 등 정보 유출에 민감한
산업군의 기업은 만에 하나 프롬프트를 타고 흘러갔을지 모를 기
업 정보 유출을 우려할 수밖에 없다.

반대로 LLM을 기반으로 챗GPT와 유사한 대화형 방식으로 고
객들에게 서비스를 제공하는 회사도 보안 문제는 있다. '이루다'
에 젠더 이슈 등 사회적으로 문제가 될 만한 질문을 던져 의도적
으로 논란을 불러일으킬 수 있는 답변을 유도하는 것처럼, 프롬
프트를 교묘하게 던지며 내부 정보 유출을 노릴 수도 있기 때문
이다.

일례로 스탠퍼드대학교 학생 캐빈 리우는 마이크로소프트의
빙챗 내부 규정으로 공개되어서는 안 되는 내용을 집요하고 교묘
한 질문을 던져 내부 코드명이 '시드니'인 것과 내부 운영 규정을
파악하는 데 성공했다. 이러한 공격을 '프롬프트 인젝션'이라고
한다. 물론 이렇게 유출된 정보가 실제 내부 기밀 정보인지, 빙챗
이 지어낸 내용인지는 마이크로소프트가 공식 확인을 해주지 않
아서 알 수는 없다. 하지만 LLM 사용 과정에 서비스 제공사가 의
도적으로 공개되지 않도록 하거나 규정을 마련해 답하지 못하도

록 한 내용을 집요하게 파고들어 정보를 탈취하는 문제는 LLM 기반으로 서비스를 제공하는 기업이 경계해야 할 사항이다.

특히 일반 사용자를 대상으로 서비스를 제공할 경우, 사회적으로 이슈가 될 만한 내용으로 논란이 될 수도 있다. 그렇다 보니 챗GPT 서비스에도 인종차별이나 아동학대, 폭탄 제조 등 민감한 주제에 대해서는 답을 거부한다. 이를 '세이프티'라고 하며, 프롬프트 인젝션에는 세이프티 이슈를 유도하는 것도 문제가 될 수 있다. 이 때문에 서비스가 중단된 사례도 있다. 2016년 마이크로소프트는 AI 챗봇 '테이'를 선보인 이후 16시간 만에 운영을 중단했다. 이 챗봇은 10대 청소년 대상의 대화형 서비스였는데 혐오와 차별적 발언으로 비난받아 서비스를 중단했다. 국내에도 2020년 12월 20대 여성 페르소나를 표방한 AI 챗봇 서비스 '이루다'가 서비스 시작 20일 만에 성 착취, 젠더 이슈, 장애인과 성소수자 차별 논란에 휩싸이며 서비스를 멈췄다. 대화형 서비스로 구현되는 챗GPT와 같은 서비스는 늘 이 같은 이슈에서 자유로울 수 없다. 특히 이런 기술을 활용해 일반 고객 대상으로 상담 등의 서비스를 운영할 때는 이 같은 공격에 어떻게 방어하고 대처해야 할지가 중요하다.

앞으로 챗GPT API는 기업 내부의 업무 생산성 향상 혹은 외부 고객을 위한 상담, 추천 등의 서비스 개선에 널리 활용될 것이다. 또한 문서 작성과 포장에 도움을 주는 AI 기능인 코파일럿이 향후 마이크로소프트 365에 적용되면 오피스 프로그램을 사용하는 기업 대부분은 능률 향상을 위해 적극 도입할 것이다. AGI^{Artificial General Intelligence}라는 초거대 AI 시장은 기업과 우리 일상에 빠르고 깊숙하게 침투될 것으로 예상된다. 이때 이런 기업 내 AGI 기능을 사용할 때 마지막으로 주의해야 할 보안상 이슈는 인가받지 않은 사용자가 권한을 탈취해 악용할 수 있다는 점이다. AGI가 적용된 회사 내부 프롬프트에 따라 사용 권한을 다르게 설정해야 하는데 이 과정에서 자칫 인가받지 않은 권한을 탈취해 회사의 주요 정보를 열람할 위험이 있다. 즉 사내 챗GPT에 중요한 의사 결정을 위한 정보를 파악하는 데 필요한 프롬프트는 아무나 정보를 열람하게 해서는 안 된다.

이를테면 "회의록과 사내 게시판의 게시물, 사내 이메일 메시지와 보고서를 기반으로 최근 1년간 진행한 회사 프로젝트 중 가장 치열한 논쟁이 있었던 주제와 해당 주제에 대해 가장 비판적 의견을 냈던 직원 명단을 정리하라"는 등의 프롬프트는 아무나 접근해서는 안 된다. 이때 클라우드 사업자가 제공하는 보안 서비스와 클라우드 기반의 LLM은 AGI 시대를 준비하는 기업에게 보다 안전하고 편리한 서비스 개발을 하는 데 도움이 될 것이다.

그런 이유로 AI가 전방위로 확대되어 사용되면서 IT 기술의 중요성과 다양한 솔루션의 필요성이 지금보다 더 크게 대두될 것이다. 기업은 이 같은 복잡한 기술을 사용하는 과정에 과도한 투자와 비용이 집행될 수 있는 만큼, 관련 기술 도입으로 얻으려는 가치가 무엇인지 명확히 정의하고 기술 투자에 대비해 얻고자 하는 가치가 큰 것인지를 확신해야 한다.

'SOTA LLM'
독자적 sLLM의 부상과 FMOps 부각

챗GPT가 2023년 7월과 8월 트래픽이 10% 이상씩 줄어들면서 고전을 면치 못하고 있다. 학교 방학으로 인해 주된 챗GPT 사용자인 학생들의 사용량이 급감한 것도 이유이지만 아마존, 구글, 마이크로소프트가 클라우드 기반으로 여러 종류의 LLM을 제공하고, 메타가 '라마2'를 오픈 소스로 정식 공개하면서 챗GPT의 차별화가 퇴색되었기 때문이다. 물론 챗GPT가 사용자의 피드백을 받으면서 빠른 속도로 LLM의 진화를 견인하고 있을 뿐 아니라 사용성을 개선하는 노력이 계속되고 있어 타의 추종을 불허하고 있는 것은 사실이다. 새로 도입한 기능인 '사용자 정의 지시사항'custom instructions'에 직업, 사용 목적, 관심 분야 등 사용자 프로필을 채워 넣으면 프롬프트에 추가로 데이터를 넣어 개인화된 답변을 제공한다. 또 플러그인이나 펑션콜, 코드 인터프리터 기능으로 외부 서비스와 데이터를 활용해 더 나은 답변을 제공하기 위한 개선도 하고 있다.

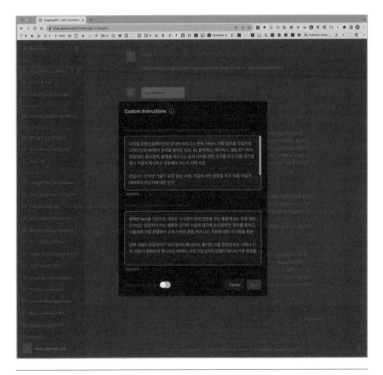

챗GPT의 답변 내용을 더욱 개선하기 위한 '사용자 정의 지시사항'custom instructions'

하지만 이미 2023년 하반기부터 상당수의 기업은 독자적인 LLM을 만들려고 시도하고 있다. 오픈 소스로 공개된 LLM들이 많아지다 보니 클라우드를 통해 제공되는 SOTA LLM API를 이용하지 않고 파인튜닝과 경쟁이 차별화된 각 회사의 고유한 LLM을 가질 수 있어 자체 LLM을 개발하고 있다. 오픈AI 역시 이런 시장의 변화에 대응해 단순히 GPT-3.5나 GPT-4를 API로 제공하는 것만을 고수할 수는 없을 것이다. 각 기업이 독자적 LLM을 개발할 수 있도록 GPT-n을 파인튜닝해서 독자적으로 LLM을 소유할 수 있는 LLM 마켓 플레이스를 제공할 것이다. 즉 챗GPT 플러그인을 통해 B2C 서비스를 입점시키는 방법 외에 각 서비스 회사가 독자적인 채널에서 자체 LLM을 통해 비즈니스 모델 혁신을 할 수 있도록 지원할 것이다.

클라우드 기반의 SOTA LLM을 사용하는 기업들은 2가지 걱정거리가 있다. 하나는 돈만 내면 누구나 사용할 수 있는 LLM으로 우리 기업만의 경쟁을 차별화할 수 있을지에 대한 의구심이다. 비슷한 사업 영역의 경쟁 기업이 같은 LLM으로 사업 혁신을 한다면 우리 기업만의 차별화된 LLM 서비스 구현은 한계에 부딪힐 것이다. 다른 하나는 LLM이 실제 사업 혁신에 도움이 될수록 멈출 수 없는 핵심 성공 요인이 되면 매월 그에 상응하는 사용료를 지불해야 한다. 만일 LLM의 값이 갈수록 오르거나 더 이상 사용할 수 없게 된다면 사업의 경쟁력도 사라질 수 있다. 그래서 독자적인 경쟁력을 갖추려고 자체 LLM을 만들려는 것이다. 그런데 갈수록 LLM을 만드는 기술이 상향 평준화, 다각화되면서 LLM을 거래하는 마켓 플레이스도 스마트폰의 앱스토어처럼 앞으로 확대될 것이다.

물론 기업만의 차별화된 LLM을 갖는 것 외에 효율적으로 운영하기 위한 기술력을 확보하는 것도 중요하다. 이를 FMOps라고 하는데 LLM을 운영하기 위한 파인튜닝, 프롬프트 엔지니어링, 데이터 그라운딩, 세이프티, 벡터 데이터베이스 등이 모두 이에 속한다. 아무리 좋은 자동차 엔진이 있어도, 그 위에 차체를 올리고 핸들과 기어, 차량 내 편의시설과 대시보드 화면 등을 잘 구성해야 안전하고 빠른 자동차를 만들 수 있는 것이다.

● 2024 IT 인사이트 ●

챗GPT에서 슬그머니 빠진 빙, 현실적인 고민을 시작할 때

2023년 5월에 챗GPT에 빙 검색엔진이 연동되었다가 2개월 후에 슬그머니 제외되었다. 별도의 플러그인 없이도 빙과 연동된 챗GPT는

필요한 정보와 지식을 제공할 수 있었다. 그렇게 유용하던 기능이

왜 금세 사라졌을까? 가장 큰 이유는 비용 때문이다. 프롬프트에 대

한 답을 찾고자 빙에 연결해 여러 사이트의 데이터를 크롤링해 LLM

에 넣어 답을 구하는 과정에 과도한 비용이 들어간다. 또 다른 이유

는 빙 검색엔진에 크게 도움이 되지 않는다. 빙에 방문해서 챗GPT

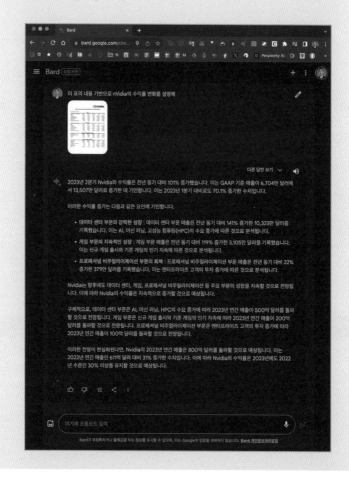

를 사용하는 것과 챗GPT에서 빙을 사용하는 것의 차이를 보자. 전자의 경우 마이크로소프트에는 검색 점유율을 높여주지만, 후자는 마이크로소프트의 검색 쿼리가 늘어도 사람이 보는 것이 아니라 AI가 접근하는 것이기에 검색광고도 시장 점유율에 실질적으로 도움되지 않는다. 앞으로 생성형 AI 시장이 커지면서 AI가 사람 대신에 여러 웹사이트를 방문하고 대신 작업을 수행하면서 기존의 인터넷 비즈니스 모델을 와해시킬 것이기에 기존 인터넷 서비스들은 사람이 아닌 AI의 접근에 대해 어떤 정책을 수립할 것인지, 어떤 대안을 찾아야 할지 고민해야 한다.

그 와중에 구글 바드는 갈수록 성능이 좋아지고 있다. 표가 포함된 이미지 파일 내에 데이터 분석을 요청하면 상당히 자세하게 잘 정리 분석해 준다.

저변 확대와 질적 성장을 위한 디지털 트랜스포메이션

디지털 트랜스포메이션이 본격적인 트렌드가 된 것은 2010년 대 중반쯤으로 클라우드, 인공지능, 사물인터넷 기술이 급속도로 발전하면서 전통기업들에서도 이러한 기술을 활용해 비즈니스를 혁신하려는 움직임이 본격화되었다. 그 와중에 2020년 코로나19 팬데믹은 디지털 트랜스포메이션의 가속화와 고도화 그리고 규모화를 촉진시켰다. 2010년대가 기술 중심의 디지털 트랜스포메이션 시기였다면, 2020년대는 비대면 서비스 구성에 집중했고, 엔데믹 시대를 맞이한 2023년 이후는 그간 수집한 고객 데이터를 기반으로 지속 가능한 디지털 트랜스포메이션을 추구하고 있다.

'비즈니스의 엔진'
사용자 경험과 고객 중심의
디지털 트랜스포메이션

스마트폰 없는 하루를 상상해 보면 불편함을 넘어 제대로 먹지도, 이동하지도, 약속을 잡기도 어려워질 것이다. 스마트폰으로 식당을 예약하고 야식을 배달시키고, 택시를 부르고, 결제를 하고, 스케줄과 약속 장소를 수시로 확인한다. 스마트폰이 없으면 이 모든 것이 멈춘다. 마찬가지로 회사에서 컴퓨터가 없고, 엑셀과 파워포인트 그리고 사내 인트라넷과 데이터 분석 툴이나 ERP, SCM이 없다면 업무가 정상적으로 처리될 수 있을까. 이제 프린터와 노트북 없는 사무실은 생각할 수 없는 것처럼 디지털 트랜스포메이션은 비즈니스 모델 혁신을 위해 의심할 여지 없는 필수 방법론이 되었다. 이제는 AI, 블록체인, 클라우드, 데이터, IoT, 스마트 팩토리, 디지털 트윈, 메타버스, LLM 등의 기술을 사용해 기업의 비즈니스 문제를 해결하고 효율화하는 것이 그 무엇보다 가장 먼저 고려해야 할 필수요소가 되었다.

2020년 이전만 해도 '제4차 산업혁명' 키워드가 큰 주목을 받았다. 2016년 스위스 세계경제포럼에서 클라우스 슈밥은 디지털 기술이 산업간 경계를 붕괴하며 무한경쟁을 불러일으키는 것이 산업의 구조적 변화를 가져온다는 '제4차 산업혁명' 키워드를 처음 제시했는데, 이후 전통기업은 전통산업에 침투하는 빅테크 기업이나 IT 스타트업에 위기의식을 느껴 디지털 기술 기반의 사업 혁신에 더욱 매진했다. 성장이 아닌 생존을 위해 필수가 된 셈이다. 이런 전통기업의 디지털 트랜스포메이션은 대개 비즈니스 프로세스의 디지털화와 공장의 디지털 전환 그리고 클라우드를 기반으로 기업 정보 시스템을 전환하는 것이 일반적이었다. 그래서 오랜 시간과 비싼 비용이 들었다. 그렇게 약 4~5년 동안 디지털 트랜스포메이션은 기업의 프로세스를 효율화하고, 디지털 시스템을 갖추는 데 집중되었다.

그러던 중 유례없는 코로나19로 인한 세계적인 사회적 거리두기와 경기 악화는 비대면 서비스 즉 온라인 서비스에 대한 필요성을 촉발시켰다. 회사에서의 대면 회의나 출퇴근이 어려워지면서 각 기업은 온라인에서 고객을 만나고 구성원이 회의와 협업을 해야 하는 온라인 서비스 활성화와 디지털 워크 시스템 구축에 역량을 집중했다. 2020년 이후 기업의 디지털 트랜스포메이션은 온라인 채널을 통해 고객과 소통하고 제품을 판매하며 인터넷 서비스의 경쟁력을 강화하는 방향이었다. 그리고 줌을 포함해 슬랙과 팀즈 등의 온라인 협업 툴을 기업의 일하는 문화에 적용해 일하는 방식의 디지털 트랜스포메이션을 추진했다. 그렇게 2년이 지난 이후 엔데믹 시대를 맞이하며 이런 기업의 디지털 트랜스포메이션은 재평가를 받게 된다. 사회적 거리두기가 해제되면서 다시 오프라인으로 회귀하는 과정에 온라인이 주었던 불편함과 한계로 2년 전으로 되돌아간 곳도 있다. 혹은 온라인의 장점을 흡수해 온라인 서비스와 디지털 워크 시스템을 그대로 유지한 채 하이브리드로 사용하는 기업도 있다.

그러므로 2024년은 기업의 디지털 트랜스포메이션에 대해 지난 8년을 되돌아보고 어떤 대응 전략을 추진해야 할지 고민해야 할 때다. 이제 디지털 기술은 보편화된 지 오래다. AI나 클라우드, 데이터, IoT 등의 기술은 일상에서도 흔히 사용하고 있으며 기업에서도 내·외부 전문가를 통해 필요에 따라 선택해 적용할 수 있게 되었다. 문제는 지속 가능한 디지털 트랜스포메이션을 추진하려는 의지와 목적에 대해 명시하는 것이다. 우리 기업의 디지털 트랜스포메이션이 지향하는 것은 무엇인지 정의하고 이에 대해 기업 내 공감대를 형성한 후, 그에 맞는 추진 방안을 정립하고, 적정 기술을 선택해 적용해야 한다. 기업의 디지털 트랜스포메이션을 통해 새로운 사업 모델을 개발하고자 하는 것인지, 마케팅을 디지털화해서 효율성을 높이고자 하는 것인지, 공장의 안전사고를 줄이고 비용을 절감하고자 하는 것인지, 기업 내 일하는 문화를 개선해 생산성을 향상하고자 하는지 등 목적을 명확하게 해야 한다. 그러면 목적을 실행하기 위한 방법과 도구를 적합하게 선택할 수 있다.

　디지털 트랜스포메이션의 지난 트렌드를 살펴보면 코로나19 이전에는 제조 생산이나 마케팅, 프로세스와 정보 시스템의 디지털 전환에 방점을 두고 추진되었다면, 코로나19 기간에는 온라인을 통한 고객 마케팅과 판매, 일하는 방법의 디지털 전환에 대한 시도가 있었다고 볼 수 있다. 엔데믹으로 전환된 후, 2023년은 과거로의 회귀와 온오프라인 하이브리드가 혼합되어 기업마다 각자 상황에 맞게 전략을 선택했다. 하지만 2024년부터는 실제 디지털 트랜스포메이션의 성과와 결실을 거둬들여야 할 때다. 즉 실질적 가치를 만들어야 한다.

　지향하는 가치와 목적은 기업마다 다르지만 공통점은 있다. 대부분의 디지털 트랜스포메이션은 2가지를 기본으로 추진한다. 하나는 기업의 시스템을 클라우드화하는 것이고, 다음은 데이터가 만들어진다는 것이다. 이 2가지 기본 기술을 이용해 기업마다 디지털 트랜스포메이션의 가치를 추구하는 것은 대동소이하다.

그러므로 2024년은 클라우드화를 통해 수집되는 AI로 데이터를 이용해 분석하며 각 기업이 지향하는 디지털 트랜스포메이션의 목적에 맞는 가치와 성과를 거두어야 한다.

그런 이유로 2024년 기업 디지털 트랜스포메이션의 가장 큰 화두는 이미 구축한 클라우드 시스템에 쌓인 데이터를 기업의 사업 혁신에 활용하기 위한 노력을 본격화하는 것이다. 그 과정에서 LLM은 기존 AI의 한계를 극복해 더 나은 분석을 위한 기술로 주목받게 될 것이다. 또 그간 측정되지 않던 새로운 데이터를 측정하고 수집하는 기술도 주목받을 것이다. 공장이나 사무실, 소비자와 만나는 오프라인 접점에 있는 채널에서 더 정교한 데이터 수집을 위한 센서 네트워크의 필요성이 더욱 증대될 것이다. 그렇게 수집한 데이터 분석으로 얻게 된 시사점을 기반으로 실제 사업 혁신이나 고객 경험을 개선하기 위한 시도가 본격화할 것이다. 가장 커다란 변화는 기업이 데이터 중심의 의사결정 체계를 구축하고Data Driven Decision Management, DDDM 비즈니스 영역을 다변화하며 새로운 사업에 대한 도전과 투자를 보다 내실 있게 추진할 것이라는 점이다. 정교한 데이터 수집과 분석을 통해 얻은 시사점은 기업의 비즈니스 모델 혁신에 적용되어 보다 과감한 사업 혁신에 나설 수 있는 자신감을 만들 것이다.

메타버스에서 빛날 디지털 트랜스포메이션

전통기업의 디지털 트랜스포메이션은 고객의 눈에 띄지 않는다. 대체로 기업 내부의 프로세스 개선과 비효율을 제거하는 데 사용되기 때문이다. 특히 공장의 스마트 팩토리나 사무실에서의 디지털 업무 툴 사용은 외부에서 눈에 띄지 않는다. 기업이 판매하는 제품이나 서비스가 바뀌는 것이 아니기 때문이다. 고객이 기업의 디지털 트랜스포메이션을 느끼게 될 때는 바로 웹이나 앱을 통해 기업이 고객과 만날 때다. 웹에 홈페이지를 개설하고 모바일 앱을 만들어 고객과 만나 상담을 하고 서비스를 제공하며, 광고하거나 상품을 판매할 경우 사용자가 인지하게 된다. 즉 기업이 고객과 만나는 접점에서 디지털 기술 혁신을 하는 경우 고객의 체험으로 이어진다.

이렇게 웹, 모바일에서 기업의 디지털 트랜스포메이션이 도드라지게 보일 수 있는 것처럼, 메타버스 역시 고객의 디지털 경험을 드라마틱하게 느끼게 할 수 있다. 기업의 판매, 홍보, 상담 등의 활동을 메타버스에서도 할 수 있다. 메타버스는 웹이나 앱보다 더 입체적인 경험을 고객들에게 선사할 수 있다. 덕분에 기업이 전달하고자 하는 메시지와 사용자 경험을 메타버스에서 더 제대로 완벽하게 전달할 수 있다. 메타버스의 보급은 2025년 이후에나 가능하겠지만, 메타버스가 공장, 기업 내의 일하는 문화에 적용될 수 있을지, 고객에게 기업 홍보를 위한 공간으로 활용할지, 제품을 판매하고 상품 정보를 전달하며 상담하는 목적으로 이용할지 등 2년 후의 시장을 위해 우리 기업은 메타버스를 통해 무엇을 준비해 어떤 것을 얻을지 고민해야 한다.

메타버스 내에 구현된 삼성 스토어

출처 : 삼성전자

'엑스테크'
모든 산업의 디지털 혁신

기업의 디지털 트랜스포메이션은 모든 산업 영역에서 확산되었고, 산업 측면에서 기술이 적용되어 각 산업의 혁신이 이루어진 것을 '엑스테크^{xTech}'라고 한다. 대표적인 것이 '핀테크^{FinTech}'로, 금융산업에 기술을 적용해 이뤄낸 혁신을 말한다. 그렇게 '바이오테크^{BioTech}', '프롭테크^{PropTech}', '에듀테크^{EduTech}', '리테일테크^{RetailTech}', '애드테크^{AdTech}' 등으로 다양하다. 이미 5년 전부터 기업의 디지털 트랜스포메이션이 전 영역으로 확대되면서 엑스테크의 영역도 확장되어 왔다. 앞으로는 해당 산업 자체를 기술 기반으로 바꿔 원래 해오던 비즈니스를 효율화하는 것을 뛰어넘어 새로운 비즈니스 도메인으로 도약하는 것을 지향하게 될 것이다. 한마디로 엑스테크는 기존 산업의 혁신을 넘어 다른 산업으로의 진출을 돕는 방법론이 되어갈 것이다.

국내의 '쏠야구', '리브엠$^{Liiv\,M}$', '독도버스' 등의 공통점은 무엇일까? 바로 금융사들이 운영하는 비금융 서비스라는 점이다. '쏠야구'는 신한은행의 금융 앱 '쏠'에서 선보인 국내 프로 야구 경기 하이라이트와 각종 야구 데이터를 제공하는 서비스다. '리브

엠'은 KB국민은행의 알뜰폰이며, '독도버스'는 메타버스로 구현된 독도를 배경으로 게임을 하면서 자산을 모으고 투자하는 블록체인 기반의 게임으로 농협은행이 서비스하고 있다. 심지어 신한은행은 2022년 1월부터 배달 서비스 '땡겨요'를 출시해 배달의민족, 요기요, 배달통에 이어 점유율 4위로 주목받고 있다. 토스역시 KB국민은행처럼 '토스모바일'이라는 알뜰폰을 론칭, 서비스하고 있다.

카드사들도 비금융, 즉 일상생활 관련 서비스 분야에서 다양한도전을 하고 있다. 롯데카드는 '디지로카' 앱으로 카드 서비스 외에도 모빌리티 메뉴를 도입해 시외버스, 항공, 렌터카 등의 교통수단을 예약할 수 있도록 하고, '띵'이라는 웹툰, 영상, 에세이 등의 다양한 콘텐츠 큐레이션 서비스도 제공하고 있다. 심지어 이서비스는 롯데카드 회원이 아닌 사람들도 사용할 수 있다.

삼성카드는 반려인을 위한 커뮤니티 '아지냥' 앱을 2017년부터 출시했으며, 버거킹과 스타벅스를 배달, 주문할 수 있는 서비스 메뉴도 제공한다. 우리카드 역시 카드 고객을 대상으로 라이프 메뉴를 통해 특별한 가격으로 상품을 판매하는 '우리WON마켓'을 통해 CU 편의점 택배를 예약, 결제할 수 있는 서비스와 각종 국세와 등록금, 관리비 등을 납부할 수 있는 다양한 서비스, OTT, 정기배송, 렌탈, 식료료 등의 다양한 영역별 구독 서비스를 신청하고 다양한 할인과 혜택을 받을 수 있는 서비스까지 제공하고 있다. 한마디로 카드사 홈페이지나 앱에서 금융 관련 서비스 뿐만 아니라 다양한 일상생활 서비스를 신청, 관리할 수 있다.

이처럼 금융사들이 본업을 넘어 스포츠, 게임 그리고 통신 서비스와 음악, 커뮤니티 등의 다양한 서비스를 이유는 무엇일까. 전통적인 금융시장에 전 국민의 손에 들린 스마트폰은 생체인증을 통한 철저한 보안 기술로 안전한 금융 서비스의 혁신을 가속했다. 게다가 '애플페이'와 '삼성페이', 인터넷 스타트업과 빅테크 기업의 핀테크 서비스는 금융산업의 경쟁을 더욱 치열하게 만들었다. 치열한 경쟁 속에 금융사들이 생존하기 위해서는 더 많은 가입자를 확보하고, 이 가입자들이 자사 금융 서비스를 통해서 더 많은 예금과 결제를 해야 한다. 그 과정에서 가입자 확보를 위한 마케팅 비용은 최소화하고, 가입자 이탈도 방어해야 하고, 타금융 서비스보다 자사 금융을 더 자주 사용하도록 해야만 한다.

이를 위해 잠재 고객 확보, 가입자 이탈 방지, 고객의 로열티 증대를 위해 금융과 관련된 인접 서비스를 독자적으로 제공함으로써 이 3가지 목적을 달성하려는 것이다. 카드사가 커머스, 배달, 예약, 모빌리티 등의 서비스와 제휴하면 제휴사에 수수료를 지불해야 한다. 또 특정 브랜드와 제휴를 맺어 카드를 발급하는 것 또한 그만큼 마케팅 비용 손실이 발생한다. 은행 역시 매월 자동으로 결제되는 공과금이나 구독 서비스 등을 더 많이 유치해야 은행 예금액을 높일 수 있고 주거래 은행으로 고객과 관계를 이어갈 수 있다. 때문에 그간 금융사는 금융에만 집중하고 이들 금융을 활용하는 일상의 서비스들은 마케팅이나 전략적 제휴로만 접근했다. 하지만 금융의 기술 혁신이 고도화되고 경쟁에 속도가 붙으면서 이제 금융에 인접하는 서비스를 독자적으로 제공해 고객과의 접점을 늘리려 하고 있다.

고객과 만나는 접점이 늘면 그 지점에서 금융을 연결해 더 큰 부가가치를 창출할 수 있다. 금융을 시작으로 일상의 모든 서비스를 연결해서 거대한 슈퍼앱이자 라이프 플랫폼으로 거듭난 것이 중국의 '알리페이', '위챗페이'다. 이들 금융 앱에서는 단순히 금융 서비스만을 넘어 택시와 배달, 결제, 쇼핑, 예약, 예매 등의 일상 속 다양한 서비스를 연결하고 이용할 수 있도록 한다. 이처럼 국내 금융 앱들도 카카오가 메신저로, 네이버가 검색으로 인터넷 서비스들을 연결했듯이 금융으로 다양한 서비스들을 연결하는 슈퍼앱을 지향하며 각종 서비스들을 통합 제공하려는 것이다.

물론 우리은행의 '위비톡'이나 현대카드의 쇼핑몰 검색엔진 '피코', 삼성카드의 육아 커뮤니티 앱 '베이비스토리' 등 금융사들이 야심 차게 시도한 서비스는 모두 중단되었다. 지금도 금융사들의 비금융 서비스들의 성적이 좋은 편은 아니다. 그럼에도 금융사들이 오늘도 다양한 생활 서비스들을 시도하는 이유는 금융과 인접한 영역에서 고객과의 접점을 늘리면서 고객의 데이터도 수집하고 금융 앱을 통해 마케팅의 기회도 늘리는 선순환을 꾀하기 위해서다. 앞으로도 라이프 플랫폼으로의 확장과 슈퍼앱으로도 약하기를 꿈꾸는 금융사의 도전은 계속될 것이다. 그 도전은 외도가 아니라 본업에 더 충실하고 생존하기 위한 숙명이다.

'초자동화와 초개인화' LLM과 비즈니스 모델 혁신 가속화

AI가 자동차에 적용되면 자율주행만 할 수 있는 것은 아니다. AI가 적용된 테슬라 자동차는 주차된 차량을 내 코앞까지 부를 수 있다(약 10m 반경 내에서 가능한 '스마트 서먼' 기능). 또한 좁은 공간에 자동으로 주차할 수 있는 자동 주차 기능에도 적용되고, 빨간불에 멈추고 초록불이 켜지면 다시 출발하는 신호등 인식에도 적용된다. 또한 방향 지시등을 켜고 차선 변경 후 자동으로 지시등이 꺼지는 기능에도 적용될 수 있다. 그렇게 알게 모르게 AI는 자동차 사용 경험을 더욱 편리하게 해준다.

하지만 대부분의 AI는 특정 용도에 국한되어 제한되어 사용된다. 그런데 챗GPT 같은 생성형 AI와 이런 서비스를 가능하게 해준 LLM은 다양한 영역에서 범용적으로 사용될 수 있다. 따라서 앞으로 우리가 기존에 사용하던 서비스나 소프트웨어 그리고 다양한 영역에서 새로운 고객 경험을 제공해 줄 것으로 기대된다.

여행 정보 서비스인 '익스피디아'는 챗GPT를 자사 앱에 적용해 여행 정보나 상품을 검색하는 획기적인 개선을 이뤄냈다. '올 가을 5살 아들과 가족 셋이 함께 가기 좋은 일본 후쿠오카 여행 코스와 아이가 좋아할 여행지와 음식점 그리고 함께 묵기 좋은 호텔'을 여행 사이트에서 찾고자 한다면 어떤 키워드로 검색해야 할까? 복합적 의도를 띤 여행 정보나 상품을 검색하기는 어렵다. 하지만 챗GPT라면 가능하다. 챗GPT 사이트에는 전문적인 여행 데이터나 상품 정보가 없기에 '아무 말 대잔치'가 펼쳐지겠지만, 익스피디아에 적용된 챗GPT는 익스피디아의 여행 리뷰와 댓글 그리고 다양한 여행 상품과 정보를 기준으로 챗GPT가 답을 주기 때문에 최적의 여행 정보를 얻을 수 있다.

물론 챗GPT에서 익스피디아 플러그인을 호출해서 여행 정보와 상품을 추천받는 것도 가능하다. 챗GPT가 아니었다면 여러 번 검색어를 입력해 가며 여러 사이트를 돌아다니고, 여행 상품을 각 사이트에서 예약해야 하는데 한 번의 질문prompt만으로 원하는 정보와 상품을 찾고 예약할 수 있게 된 것이다. 그렇게 챗GPT에는 수많은 외부 서비스가 플러그인으로 입점해 있어 굳이 개별 사이트를 방문하지 않아도 챗GPT 내에서 여러 인터넷 서비스를 사용할 수 있다. 단 개별 사이트에서 화면의 메뉴를 누르면서 사용하는 방식과는 달리 대화형으로 서비스를 이용할 수 있다. 챗GPT의 대화 UI를 기반으로 원하는 것을 질문하고 지시하면, 필요한 것을 글이나 이미지 등의 다양한 출력물로 보여준다. 전문 상담사에게 원하는 것을 물으면 답을 알려주고, 대신 예약이나 예매를 해주듯이 수행한다.

우리가 사용하던 기존 서비스에 이 같은 LLM 기술이 접목되면 필요한 정보를 찾아 나설 필요가 없다. AI에 상담하며 원하는 정보를 즉각 받아볼 수 있다. 쿠팡, 배달의민족, 카카오T, 마켓컬리 등에 검색이 아닌 상담 기능이 적용되면 20년을 지배한 검색의 시대는 저물고 질문해서 답을 보는 '묻는 패러다임'의 시대에 접어들 것이다.

특히 주목해야 할 점은 챗GPT 같은 AI 기술은 대화형 챗봇을 통해 원하는 작업, 필요한 과제를 수행할 수 있다는 점이다. 즉 엑셀에 챗GPT가 결합되면 각종 함수나 메뉴를 이용하지 않고도 필요한 작업을 지시하고 결과물을 얻을 수 있다. "회사의 작년 경영지표 데이터를 기반으로 한 해 가장 큰 비용이 지출된 항목들을 선 그래프로 보여주고, 상품별 매출과 이익을 구분해서 이익률이 가장 좋은 상품 3개를 구분해서 월별 이익률을 표로 정리해"라고 지시하면 엑셀에 표와 그래프로 정리해 준다.

앞서 언급했듯 마이크로소프트는 코파일럿 기능을 제공할 계획인데 챗GPT가 오피스에 적용되어 글로 명령을 내리면 문서 작성과 정리, 요약 등을 할 수 있다. 별도의 메뉴 사용법이나 조작법을 알 필요가 없다. 그저 사람에게 물어보듯 AI에 필요한 것을 이야기하면 그에 맞는 답이 즉각 제공된다. 우리가 생각한 대로, 말한 대로 AI가 바로 알아듣고 답을 제시하고 서비스를 제공한다. 이처럼 AI로 인해 사용자 경험이 드라마틱하게 바뀔 것이다.

현대백화점의 AI 마케터 '루이스'는 지난 3년간 집행한 각종 프로모션, 광고 문구 중 가장 적중률이 높고 효과가 좋았던 데이터를 활용해 만들었다. 현대백화점의 광고를 위해 만든 AI로, 마케팅 목적과 프로모션의 대상군 등에 대한 정보를 입력해 필요한 광고 문구를 요청하면 다양한 결과물을 예시로 보여준다. 물론 루이스는 현대백화점의 마케터들만 사용할 수 있지만, 챗GPT와 그 외의 생성형 AI 서비스들은 누구나 쓸 수 있고 이들 서비스의 특징은 사용법이 매우 쉽다는 것이다.

또한 LLM은 문서나 글을 넘어 이미지와 동영상을 생성하는 데 사용되기도 한다. '미드저니'는 사진을 생성해 주는 서비스로 '스테이블 디퓨전' LLM을 이용한다. 이미지를 그리려면 포토샵 등 그래픽 프로그램으로 마우스나 태블릿을 이용해 스케치하고 색칠해야 한다. 사용법을 익혀야 하는 것은 물론이다. 하지만 생성형 AI의 사용법은 챗GPT처럼 단순하다. 필요한 사진이나 이미지를 묘사해서 그려달라고 글자로 입력하면 결과물을 바로 얻을 수 있다.

PC 기반의 웹은 마우스와 키보드를 이용해서 정보를 찾아다니고, 스마트폰 기반의 앱은 손가락으로 화면을 터치하면서 이용한다. 반면 생성형 AI는 필요한 사항을 AI에 요청하면 AI가 대신 알아서 검색하고 LLM으로 학습된 데이터를 기반으로 콘텐츠를 생성한다. 인터넷 사용 경험, 즉 UI가 바뀌는 것이 가장 달라질 고객 경험의 변화다. 마우스에서 손가락으로, 이제는 글이나 말로 바뀐 것이다. '자비스'에게 지시하면 필요한 것을 보여주듯, AI는 우리의 인터넷 사용 경험을 초개인화, 초자동화로 바꾸어줄 것이다. 여기에 가장 어울리는 플랫폼은 바로 메타버스다. 이미 웹과 앱에서는 오랜 기간 개인화, 자동화에 대한 열망이 있었고 이를 구현하기 위한 다양한 기술을 선보였지만 평면적 화면에 제한된 정보 그리고 기초적인 상호작용의 수준으로는 굳이 거창한 개인화는 필요하지 않았다. 한마디로 단순화된 컴퓨팅 시스템에서는 거창한 자동화는 오히려 거북하기만 했다. 하지만 메타버스라는 복잡한 입체 공간 속에서 개인화나 자동화는 절실하다. 바로 그러한 편의를 AI가 제공해 줄 때 메타버스는 훨씬 편리해질 것이다.

IT TREND
2024

PART 4

새로운 인터넷 가치와
비즈니스 기회

기술 트렌드를 이해하는 데 중요한 원칙은 지나치게 함몰되어서는 안 된다는 것이다. 시대를 이끌어 가는 것은 가치다. 기술은 그 시대에 고객과 시장이 기대하는 가치를 실현하고자 거들 뿐이다. 기술은 가치 실현을 위해 선택되는 것이지 기술이 가치를 선택한 것이 아니다. 그러므로 기술 트렌드를 전망할 때 중요한 것은 시대가 요구하는 가치가 무엇인지를 규명하는 것이다. 이후 그 가치를 실현하는 데 적합한 기술이 무엇인지를 찾아봐야 한다. 가치가 요구하는 수준의 기술이 없다면 트렌드가 되지 못하고, 가치를 실현해 주기에 충분할 때 비로소 기술은 트렌드가 된다. 그렇다면 지금 시대 정신은 무엇일까? 바로 공정과 분배의 사회 가치를 실현하는 것이다. 이를 구현하기 적합한 기술이 트렌드를 주도하게 될 것이다.

공정과 분배의 가치 실현, 웹3.0

2000년대부터 기후 변화와 환경오염으로 인한 문제와 그에 따른 기업의 사회적 책임과 역할이 중요하게 대두되기 시작했다. 또 기업의 지배구조가 기업의 성과와 가치에 큰 영향을 미치는 것으로 인식되면서 투자자들은 ESG 경영에 대한 목소리를 높인다. ESG는 각각 '환경Environmental', '사회Social', '지배구조Governance'를 뜻하며, 기업이 자연환경과 사회적 이슈에 대한 책임을 강조하고 기업 경영의 투명성을 강화하는 것을 말한다. 기업이 이윤 추구에 몰입하다 보면 돈을 위해 사회적 책임을 망각하고 결국 그 사회의 일원인 고객들을 잃게 된다. 그래서 기업의 지속가능한 경영을 위해서는 결국 사회 공동체 속에서 공존하는 소비자, 사용자와 함께 기업도 이윤을 넘어 사회적 책임을 다해야 한다. 특히 ESG 경영은 세계적인 팬데믹과 함께 더욱 그 당위성이 커지면서 시대 가치가 되고 있다. 이처럼 IT 기술에도 ESG 경영과 같은 사회적 책임에 대한 요구가 커지고 있다.

'시맨틱 웹'
웹3와 웹3.0의 차이

많은 사람이 혼동하는 것이 '웹3'와 '웹3.0'이라는 용어에 대한 정의다. 대체로 이 두 가지가 같은 용어로 사용되는데, 엄밀히 말하면 조금 다르다. 웹3.0은 WWW^{World Wide Web}의 창시자인 팀 버너스리가 1998년에 제안한 '시맨틱 웹^{Semantic Web}'이라는 개념에서 시작되었다. 그가 말한 시맨틱 웹은 웹에 게시된 정보를 컴퓨터가 이해하고 처리할 수 있도록 한 기술을 뜻한다. 누구나 사용하는 웹에 게재된 글과 이미지, 영상은 사람이 읽고 이해할 수 있도록 설계되었다. 하지만 컴퓨터와 AI 등의 기술은 이렇게 게재된 정보를 이해하고 처리하기가 어렵다. 시맨틱 웹은 웹의 정보를 컴퓨터가 쉽게 이해할 수 있도록 해 사용자가 필요한 정보를 보다 정확하고 빠르게 찾도록 하는 것이 목적이다. 즉 자동화, 개인화를 통해 더 나은 웹 서비스를 제공하기 위한 것이다.

사실 웹3도 웹3.0처럼 새로운 사용자 중심의 인터넷 서비스를 제공하는 것을 목표로 한다. 이더리움의 공동 설립자 중 한 명인 개빈 우드가 2014년 권한의 분산을 통한 민주적 인터넷을 부르짖으며 이를 블록체인이 실현해 줄 것이라며 시작했다. 즉 웹3는 웹3.0과 달리 블록체인 기술을 활용해 중앙집중식 서비스에서 탈중앙화된 서비스로 전환하는 것을 목표로 한다. 이를 통해 사용자가 데이터를 직접 소유하고 관리할 수 있도록 하며, 스마트 컨트랙트라는 기술을 활용해 사용자가 신뢰를 기반으로 거래 할 수 있게 한다. 이렇게 웹3.0은 인공지능, 머신러닝 등의 기술을 기반으로 사용자 요구를 더 잘 이해해 개인화된 서비스를 제공하는 것을 목표로 삼고, 웹3는 블록체인 기술을 통해 사용자 주권을 존중해 탈중앙화된 신뢰의 서비스를 지향하고 있다.

정리하면 웹3.0은 1990년대 누구나 읽기 쉬운 웹1.0 이후 2000년대 모든 사람이 참여해 쓸 수 있는 웹2.0에 이어 좀 더 쉽고 자동화된 인터넷을 지향한다. 그 과정에서 웹3처럼 분산된 네트워크를 기반으로 개인에게 데이터 소유권까지 보장하고 탈중앙화를 위한 블록체인 기술을 활용하기도 한다. 그래서 웹3와 웹3.0

	웹의 등장(1991)	웹2.0(2004)	웹3.0
기능	읽기	쓰기	자산 소유
효과	정보	사람	수익
킬러앱	포털 사이트, 검색 기능	SNS	월렛, 디파이, DAO
시스템	서버 클라이언트	클라우드	블록체인
지향 가치	연결	집중화	분산화

웹의 역사와 웹3.0의 특징

이 상당 부분 혼용되기도 한다.

　비슷하지만 서로 다른 웹3.0을 이해하는 데 가장 중요한 것은 핵심적 기술인 '시맨틱 웹'을 이해하는 것이다. 시맨틱 웹은 웹의 정보를 컴퓨터가 이해하고 처리할 수 있도록 하는 기술이다. 설명하자면, 시맨틱 웹은 컴퓨터에 사람처럼 생각하고 이해하는 능력을 부여하는 것이다. 예를 들어 초등학생 철수가 "내일 동물원에 가려면 어떤 옷을 입어야 할까?"라는 질문을 했다고 생각해보자. 이 질문을 이해하려면 여러 가지 정보를 알아야 한다. 첫째, '내일'이라는 시간 정보, 둘째, '동물원'이라는 장소 정보, 셋째, 그 장소의 날씨에 따른 적절한 '옷차림' 정보가 필요하다. 현재의 웹에서는 이런 정보를 모두 연결해서 생각하기는 어렵다. 하지만 시맨틱 웹이라면 컴퓨터가 '내일', '동물원', '옷차림'이라는 단어의 의미를 이해하고, 이 정보들을 연결해서 철수에게 적절한 답변을 줄 수 있다. 예를 들어 "내일 동물원의 날씨는 맑으니, 가볍게 입고 가도 될 것 같아요!"라고 답변할 수 있을 것이다.

이처럼 시맨틱 웹은 웹의 정보를 컴퓨터가 이해하고, 그 정보를 바탕으로 사용자에게 더욱 효율적인 서비스를 제공하려는 목표가 뚜렷하다. 이는 웹 검색의 정확도를 높이고, 다양한 웹 서비스를 제공하는 등의 가능성을 열어놓고 있다. 바로 웹3.0이 지향하는 가치를 실현하는 데 시맨틱 웹이 실질적 도움을 주는 것이다.

그런데 대부분의 서적이나 전문지에서 이 두 단어가 웹3.0으로 주로 사용되고 있고, 두 키워드를 구분해서 이해하는 것이 전문적인 IT 영역이 아니라면 사실상 무의미하다. 그래서 이 책에서는 일반적으로 널리 통용되고 있는 웹3.0이라는 단어로 웹3가 지향하는 공정과 분배라는 지향점을 포함하는 것으로 표기하도록 한다(평소 나는 웹3라는 표현을 더 선호한다).

웹3와 웹3.0을 보는 또 다른 관점

이 2가지 단어를 블록체인 기술의 사용 여부에 따라 구분하는 관점도 있다. 웹3.0은 블록체인을 적용하지 않았고, 웹3는 탈중앙화의 기술을 적용한다는 관점이다. 그래서 웹3는 탈중앙화로 구현되니 신뢰와 가치의 인터넷으로 명명한다. 분산원장 덕분에 공정성을 담보할 수 있어 신뢰를 줄 수 있고, 토큰을 통해 가치를 보장하고 분배할 수 있다는 것이다. 또 웹3의 중요한 특징으로는 데이터 주권으로, 프라이버시의 공정함을 위해 사용자 데이터에 대한 소유권, 사용권을 보장하는 것이다. 하지만 웹3를 실현하는 블록체인이 갖는 최대의 단점은 너무 많은 프로토콜 때문에 호환성이 담보되지 않을 수 있다는 점이다. 그 때문에 프로토콜 간 상호 운영과 결합, 불변, 투명 등을 보장하며 서로 호환될 수 있는 합의들이 블록체인 업계를 중심으로 모색되고 있다. 해외에서 안전하게 일상을 살고 경제활동을 하는 데 안전을 보장해 주는 것이 각 정부 간의 외교관계로 가능하듯, 서로 다른 블록체인 프로토콜 간에 호환되도록 하는 노력이 본격화되고 있다. 이는 향후 메타버스도 마찬가지다. 각자 다른 플랫폼 내에서 아바타와 각종 디지털 자산 및 토큰을 상호 호환해서 사용할 수 있는 노력이 업계 간 표준으로 확립하는 방안이 마련되고 있다.

'소유, 탈중앙화, 공정'
웹3.0의 특징과 가치

과연 공정과 분배라는 시대 정신, 새로운 인터넷 가치를 웹3.0은 어떤 수단으로 구현할까? 그저 겉으로만 떠들어대는 표어가 아닌 실제 웹3.0의 가치는 어떤 방법으로 실현되는 것일까? 바로 데이터 소유권, 탈중앙화, 보안성이다.

데이터 소유권

웹3.0에서는 사용자가 자신의 데이터를 직접 소유하고 관리할 수 있다. 이는 개인정보 보호와 데이터의 독립성을 강화한다. 웹2.0에서는 사용자의 데이터가 마치 다른 사람의 집에 저장된 것과 같았다. 그러나 웹3.0에서는 사용자가 자기 집에 데이터를 보관하고, 누가 언제 어떤 데이터를 볼 수 있는지를 직접 결정할 수 있다. 한마디로 개인 정보를 플랫폼 기업이 함부로 남용, 악용하지 못하도록 방지할 수 있다. 내 데이터를 어떤 기업이 어떻게 사용할 수 있도록 할 것인지 허용, 승인 관리가 가능하고 사용 내역을 투명하게 확인할 수 있다.

탈중앙화

웹3.0은 중앙집중식 서버가 아닌 분산 네트워크를 통해 데이터를 저장하고 공유한다. 이는 데이터의 안정성을 높이고, 중앙화된 플랫폼의 제한을 극복한다. 이를 도시의 구조에 비유하면, 웹2.0은 마치 중앙에 큰 건물이 하나 있는 도시와 같았다. 그러나 웹3.0은 여러 건물이 분산된 도시와 같고, 한 건물이 파괴되더라도 도시 전체가 멈추지 않는다. 마치 달걀을 한 바구니에 담으면 충격으로 모두 깨질 수 있지만 나누어 담으면 외부 충격에도 모두 잃지 않을 수 있는 것과 같다. 한 지배 기업이 임의로 데이터를 변조하거나 삭제하지 못하도록 함으로써 권력을 균등하게 나눌 수 있는 장점이 있다. 즉 신뢰의 인터넷, 안전한 인터넷 비즈니스를 보장하는 셈이다.

보안성

웹3.0은 블록체인과 같은 기술을 활용하여 데이터의 보안성을 높인다. 이는 데이터의 위·변조를 방지하고, 신뢰성 있는 웹 환경을 제공한다. 웹3.0은 마치 강력한 금고에서 데이터를 보호하는 것과 같다. 금고를 통째로 누가 들고 가더라도 누가 가져갔는지 추적할 수 있고, 금고 안의 내용을 소유자 아니면 절대 꺼내어 볼 수 없도록 한 것이다.

이 3가지가 기존과 다른 웹3.0의 특징이고 덕분에 더 개인화되고 민주적이며 안전한 인터넷 사용을 가능하게 해준다.

'사용자의 니즈' 웹3.0의 현황과 기술

웹3.0 기반으로 만들어진 서비스들은 무엇이 있을까? 웹3.0의 가치를 실현하고 있는 대표적인 서비스들을 살펴보면 앞으로의 인터넷이 어떻게 바뀌게 될지 전망해 볼 수 있을 것이다.

브레이브 브라우저Brave Browser

웹3.0 기반의 인터넷 브라우저로, 사용자의 프라이버시를 중심에 두고 있다. 기존의 웹 브라우저와 달리, 브레이브는 사용자의 데이터를 수집하거나 판매하지 않는다. 대신 사용자가 원하는 경우에만 광고를 보여주고, 이를 통해 수익을 얻는다. 또한 브레이브는 블록체인 기반의 암호화폐인 BAT Basic Attention Token를 사용해 사용자와 광고주 간에 직접적 거래할 수 있게 한다.

웹3.0 기반의 인터넷 브라우저 '브레이브 브라우저'

디센트럴랜드 Decentraland

웹3.0 기반의 가상 세계다. 사용자는 땅을 구매하고 건물을 지어서 가상의 사회와 경제를 형성할 수 있다. 이 모든 것은 블록체인에 기록되어, 사용자의 소유권과 거래를 보장한다.

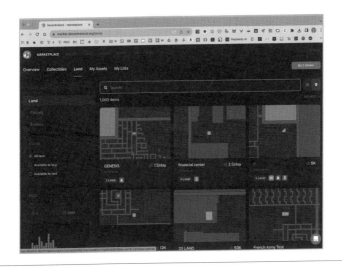

'디센트럴랜드'에서 거래되는 가상 토지

스토리지Storj

웹3.0 기반의 분산형 저장소다. 사용자는 자신의 미사용 스토리지 공간을 다른 사람에게 제공하고, 이를 통해 이익을 얻을 수 있다. 중앙집중식 서버가 아닌, 전 세계의 컴퓨터를 활용하여 데이터를 저장하고 공유하는 웹3.0의 탈중앙화 원칙을 실현하고 있다.

스팀잇Steemit

블록체인 기반의 소셜 미디어 플랫폼이다. 사용자들이 콘텐츠를 생성하고 공유해 스팀^{Steem}이라는 암호화폐를 획득할 수 있다.
이는 창작자들이 자신의 노력을 보상받을 수 있는 새로운 방식을
제공한다.

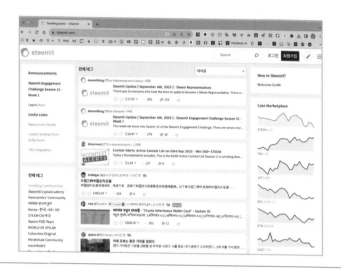

'스팀잇'에 게재된 글들

스테이터스^{status}

모바일 운영 체제로, 이더리움 블록체인에 기반을 둔다. 사용
자들은 스테이터스를 통해 디센트럴라이즈드 앱^{DApps}을 사용하거
나 암호화폐를 거래할 수 있다. 또한 메시징 기능과 브라우징 기
능도 제공한다.

폴카닷Polkadot

여러 블록체인을 연결하는 플랫폼이다. 폴카닷을 통해 개발자들은 다양한 블록체인을 하나의 네트워크로 연결할 수 있다. 이를 통해 블록체인 간의 정보 공유와 상호 운용성을 실현할 수 있다.

앵커Ankr

클라우드 컴퓨팅 리소스를 제공하는 플랫폼이다. 앵커는 블록체인 기술을 활용하여, 사용자들이 필요한 만큼의 컴퓨팅 리소스를 저렴한 비용으로 이용할 수 있게 한다. 이를 통해 클라우드 컴퓨팅의 접근성을 높이고 비용을 절감하려는 목표가 있다.

스테픈STEPN

웹3.0 기반의 건강 관리 앱이다. 사용자는 걷거나 운동을 함으로써 토큰을 얻을 수 있다. 이 토큰은 앱 내에서 다양한 서비스를 이용하는 데 사용할 수 있다. 사용자의 활동 데이터를 이용하여 보상을 제공하는 웹3.0의 데이터 소유권 원칙을 실현하고 있는 것이다.

와이사인ySign

웹3.0 기반의 메시징 앱이다. 사용자의 메시지는 블록체인에 저장되어, 외부의 접근이나 수정이 불가능하다. 웹3.0의 보안성 원칙을 실현하고 있다.

이러한 서비스들은 웹3.0의 핵심 원칙을 실현하고 있다. 사용자의 데이터 소유권을 보장하고, 중앙집중식 서버가 아닌 분산 네트워크를 통해 데이터를 저장하고 공유하며, 블록체인과 같은 기술을 활용하여 데이터의 보안성을 높이고 있다. 이는 웹3.0의 미래를 예상하게 해주며, 원칙과 기술이 어떻게 결합해 새로운 서비스를 제공할 수 있는지 보여준다. 다만 이들 서비스는 아직 기존 웹이나 모바일 앱만큼 사용자 수가 많지 않으며 크게 주목받고 있는 것은 아니다. 아직 기술이 미비하고 사용자들이 기존 인터넷 서비스를 굳이 벗어나야 할 전환에 대한 니즈가 약해서다.

● 2024 IT 인사이트 ●

웹3.0은 신기루인가, 실현 가능한가?

1950년대 컴퓨터의 개발과 함께 컴퓨터와 컴퓨터를 점대 점으로 연결하는 것을 시작으로 학교나 연구기관 등 지역별로 군집을 만들어 네트워크가 만들어졌다. 이렇게 연결된 네트워크들을 하나의 통신

망 안에 연결International Network하고자 했고, 이를 줄여 인터넷이라고 명명했다. 약 70년 전에 전 세계의 컴퓨터를 연결하려는 꿈을 꾼 것이다. 그 꿈은 TCP/IP라는 프로토콜 기술로 실현될 수 있었고, 그렇게 연결된 컴퓨터들이 정보를 상호 호환된 표준으로 주고받으며 보기 좋은 화면으로 구현되도록 HTTP 통신 규약과 WWW 플랫폼이 만들어질 수 있게 되었다.

웹3.0 역시 인터넷이 더 공정하고 이해관계자들이 더 풍요로웠으면 좋겠다는 가치를 꿈꾸며 나온 것이다. 그 꿈은 블록체인 기술로 실현될 수 있고, 그것이 구현되는 풍족한 화면, 즉 사용자 경험이 메타버스다. 웹3.0은 손에 잡히지 않는 막연한 신기루가 아니다. 인터넷과 이를 실현해 준 기술과 구현된 웹이 그랬던 것처럼 웹3.0과 블록체인, 메타버스 역시 상호 연결될 때 시너지를 제대로 발휘할 것이다.

'플랫폼 비전'
웹3.0의 미래는 메타버스로 통한다

2021년 12월 트위터에서 테슬라의 일론 머스크는 2010년대 후반부터 IT 업계의 새로운 키워드로 부상한 웹3.0에 혹평을 했다. "웹3.0은 실체가 없는 마케팅 용어에 가깝다. 웹3.0

을 본 사람이 있느냐? 나는 그것을 찾을 수 없다"라고 올렸고, 트위터의 창업자 잭 도시도 "벤처 캐피털과 투자자들이 세상을 현혹하기 위해 만든 비전"일 뿐이라는 취지로 비판에 가세했다.

물론 웹3.0 예찬론자들의 신념도 이들 못지않게 팽팽하다. 웹3.0은 차세대 인터넷으로 블록체인과 메타버스, 챗GPT를 가능하게 한 LLM과 시너지를 내며 새로운 사용자 경험을 제공할 것이라고 입을 모은다. 과연 웹3.0의 실체는 있는 것일까. 앞으로 웹3.0은 우리에게 어떤 세상을 선사할 것인가.

2021년 12월 일론 머스크와 잭 도시가 주고받은 트위터(X로 이름 변경)의 내용

웹3.0이 새로운 인터넷 시대를 열 것이라는 비전과 기대는 높다. 특히 메타버스, 새로운 AI 기술과 만났을 때 새로운 변화의 바람을 몰고 올 것이다. 사용자의 데이터 소유권을 보장하고, 더욱 안전하고 효율적인 인터넷 환경을 제공하며 기존의 웹이나 앱이 아닌 메타버스라는 새로운 플랫폼과 LLM이라는 새로운 AI 기술이 적용되는 세상에서 진가를 발휘할 것이다.

AR, VR, MR 그리고 애플이 말하는 공간 컴퓨팅이라는 메타버스 플랫폼은 기존의 인터넷과 다른 사용자 경험을 제공한다. 이해관계자는 더욱 복잡하고 참여자는 더욱 확대될 것이다. 그 과정에서 복잡도가 커지고 비즈니스의 신뢰와 개인정보, 사회 안전에 대한 문제도 더 커질 것이다. 그런 플랫폼에서는 새로운 인터넷 가치와 이를 보장하는 기술이 필요하다. 그것이 바로 웹3.0이 지향하는 가치이자 기술이다. 그런 면에서 메타버스와 웹3.0은 서로 시너지를 가져다줄 것이다. 메타버스에 참여한 이해관계자들이 상호 가치 거래를 하고 계약을 맺는 과정에 블록체인의 토큰, NFT 그리고 스마트 컨트랙트 등의 기술을 이용하면 신뢰를 기반으로 더욱 안전할 것이다.

더 나아가 웹3.0은 LLM과도 상호운용성이 높다. 웹3.0은 시맨

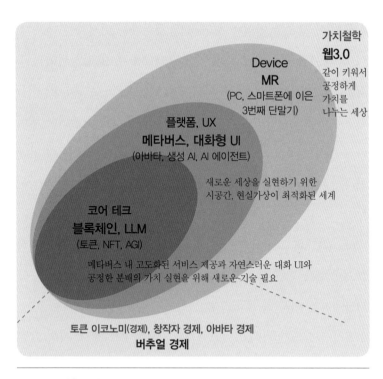

가치철학
웹3.0
같이 키워서
공정하게
가치를
나누는 세상

Device
MR
(PC, 스마트폰에 이은
3번째 단말기)

플랫폼, UX
메타버스, 대화형 UI
(아바타, 생성 AI, AI 에이전트)

새로운 세상을 실현하기 위한
시공간, 현실가상이 최적화된 세계

코어 테크
블록체인, LLM
(토큰, NFT, AGI)

메타버스 내 고도화된 서비스 제공과 자연스러운 대화 UI와
공정한 분배의 가치 실현을 위해 새로운 기술 필요

토큰 이코노미(경제), 창작자 경제, 아바타 경제
버추얼 경제

웹3.0의 구현을 위한 핵심 기술과 이의 실현을 위한 플랫폼

틱 웹을 중심으로, 데이터의 의미와 관계를 이해하고 처리하는 능력을 갖춘 웹을 지향한다. 이는 웹의 정보를 더욱 효율적으로 검색하고 분석하게 하며, 사용자에게 더욱 개인화된 서비스를 제공하게 한다. 이러한 웹3.0의 목표를 달성하기 위해서는 AI와 머신러닝 기술이 필수다. 한편 LLM은 AI의 한 분야인 자연어 처리 NLP 기술의 발전을 대표하는 모델이다. LLM은 대량의 텍스트 데

196

이터를 학습해 사람처럼 자연어를 이해하고 생성할 수 있다. 이는 웹3.0의 시맨틱 웹 개념과 맞닿아 있다. LLM을 활용하면, 웹의 정보를 더욱 정확하고 효율적으로 이해하고 처리할 수 있다. 따라서 웹3.0과 LLM은 서로 다른 분야의 기술이지만, AI의 발전을 통해 서로 연결되어 있다. 웹3.0의 발전은 LLM과 같은 AI 기술을 활용해야 LLM의 발전은 웹3.0의 목표를 실현하는 데 중요한 역할을 한다.

이렇게 웹3.0 세상은 다가오는 메타버스 플랫폼과 챗GPT로 부활하고 있는 2세대 AI인 LLM과 함께 우리에게 한층 현실화되고 있다. 그저 개념적, 추상적 키워드에서 그치는 것이 아니라 실제 우리 인터넷 서비스와 비즈니스에 적용되어 더 나은 인터넷 환경을 우리에게 선사할 것으로 기대된다.

'메타버스와 AGI' 블록체인으로 완성되는 웹3.0

2020년의 비트코인, 2021년 NFT, 2022년 메타버스보다 뜨거운 감자로 모든 IT 뉴스의 중심에 서 있는 것이 챗GPT다. 이들 4가지 키워드의 공통점은 모두 사람들이 바로 사용해 볼 수 있는 인터넷 서비스라는 것이다. 그저 추상적인 기술이 아니라 누구나 바로 이용이 가능한 실체를 가진 서비스라 더 대중적 관심을 끌게 되었다. 그런데 비트코인과 NFT를 가능하게 한 기술 블록체인과 현실처럼 몰입감 넘치는 입체감을 느낄 수 있도록 해주는 메타버스 그리고 사람처럼 읽고 정리하고 분류해서 대화할 수 있는 챗GPT와 같은 서비스는 전혀 서로 관련이 없는 것일까.

토큰과 NFT는 가치 거래가 보다 투명하고 입체적으로 실현될 수 있는 새로운 플랫폼으로서 메타버스가 주목받았다. 즉 이들 기술은 긴밀하게 엮여 있고 시대적 요구에 발맞춰서 탄생한 것이다. 그 과정에서 새로운 인터넷 가치 철학으로서 웹3.0이 이런 기술들이 부상하는 근거를 모아주었다. 공정과 분배라는 새로운 인터넷 가치 철학으로 블록체인의 탈중앙화 기술로 실현할 수 있고, '새 술은 새 부대에'라는 말처럼 웹이나 모바일보다는 새로운 3번째 세상인 메타버스에서 구현되는 것이 안성맞춤이었다. 그렇다면 이후 갑작스레 주목받는 챗GPT는 이러한 시대 요구와 어떤 관련이 있을까.

챗GPT는 2가지 기술이 사용된 초거대 AI 서비스다. 바로 인간처럼 글을 해석하고 정리해서 문장을 구조화할 수 있는 기술인

LLM과 사람과 대화하는 인터페이스로 컴퓨터를 조작할 수 있는 대화형 UI다. 챗GPT가 보여준 컴퓨터 사용자 경험은 마치 사람과 대화하듯이 자연어로 질문을 던지면 그 의도를 해석해서 이야기하듯 답을 주는 대화형 UI다. 물론 그렇게 작동되기 위해서는 사람이 말한 질문 내용을 잘 해석해 의도를 파악해야 하고, 그에 맞

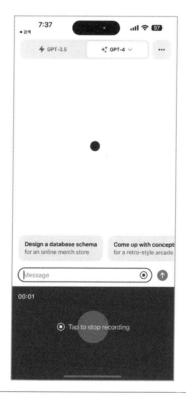

음성으로도 프롬프트를 입력할 수 있는 챗GPT 모바일 앱

게 인터넷 정보나 데이터를 뒤져서 문장으로 재구성해서 답을 해 줄 수 있는 LLM 기술이 필요하다. 그렇게 구현된 서비스가 AGI다.

그런데 AGI는 사실 메타버스와 가장 어울린다. 메타버스는 구현된 세계관 내에 아바타가 있고 공간을 돌아다니며 다른 아바타와 대화하는 방식으로 운영된다. 이때 대화를 자연스럽게 이어갈 때 AGI가 제 역할을 할 수 있다. 또한 모든 아바타가 사람이 직접 조작할 수는 없기에 메타버스에서 사람들을 안내하고 기업의 목적에 맞게 사람들에게 서비스를 제공할 때 AGI가 사람을 대신할 수 있다. 마치 게임 속에 수많은 NPC가 있듯이 메타버스에도 인공지능으로 조작되는 수많은 아바타가 있는 것인데, 이때 LLM이 그 역할을 톡톡히 해낼 수 있다. 즉 메타버스에서의 LLM은 내 길잡이로 어디든 데려다 주고 내 의도에 맞는 서비스와 명령을 상황에 맞게 실행하는 에이전트로의 역할을 수행하고 메타버스를 채우는 NPC들을 진짜처럼 살아 숨 쉬게 만들 수 있다. 이를테면 사람이 아닌 메타버스 속의 각 브랜드나 서비스들을 소개하고 안내하는 아바타들을 LLM으로 작동시켜 메타버스를 더욱 편리하게 만들 수 있을 것이다.

메타버스에서는 공간을 구성하고, 아이템과 아바타를 치장하는 수많은 아이템이 필요하다. 디지털 오브젝트를 생성하는 과정에서도 LLM으로 만든 생성형 AI는 큰 도움이 될 수 있다. 생성형 AI는 대화형 인터페이스를 통해 문장뿐만 아니라 이미지, 영상, 음악 등의 다양한 디지털 콘텐츠를 생성하는 데 이용되기도 한다. 이러한 필요성 때문에 LLM 기반의 생성형 AI는 메타버스 생태계의 확산에 크게 이바지할 것이다. 그 과정에서 LLM의 학습에 활용된 데이터와 생성형 AI를 통해 생성된 저작물 등에 대한 저작권 및 사용권에 대한 공정한 분배를 위한 기술로써 NFT나 토큰은 유용한 역할을 해낼 수 있을 것이다.

이렇듯 웹3.0이라는 가치 철학과 이를 구현하는 핵심 기술core tech인 탈중앙화의 블록체인이 실현되는 세상 메타버스는 서로 긴밀하게 연관되어 있으며, 그런 메타버스를 더욱 풍성하게 채워주고 효율화하는 데 LLM 기반의 AI 에이전트와 생성형 AI는 중요한 역할을 해낼 것이다.

기술의 융합으로 탄생하는 새로운 킬러앱과 비즈니스

웹3.0의 가치를 실제 구현한 것임을 증명하고 신뢰를 주기 위한 시스템이 블록체인이고, 메타버스는 웹3.0이 실현되기에 가장 좋은 채널이다. 웹이나 앱보다 복잡한 이해관계와 구조를 띠고 있는 것이 메타버스라 이 같은 플랫폼을 공정하게 운영하려면 모든 참여자를 한데 모으고 공감을 주는 것이 웹3.0의 중요한 지향점이다. 복잡한 메타버스를 사용자들이 더욱 쉽게 사용하기 위해서는 LLM 기반의 AI 에이전트가 필요하고, 메타버스를 채우는 수많은 오브젝트와 콘텐츠를 제작하는 데 크리에이터의 참여가 필수인데, 이때 생성형 AI는 제작을 돕는 중요한 도구다. 이렇게 기술은 상호 연결되고 융합되어 새로운 가치와 시장을 만든다. 이런 세상에서는 어떤 서비스와 비즈니스가 주목받을까?

'킬러앱'
플랫폼 비즈니스 모델을 지배하다

스마트폰 홈 화면에 설치된 앱들을 보면 그것이 바로 우리가 매일 오래도록 많이 사용하는 앱들이다. 이를 킬러앱이라 부른다. 그런 모바일의 킬러앱은 메신저, SNS, 지도, 교통, 배달, 쇼핑, 음악, 금융 그리고 업무와 관련된 생산성 앱들일 것이다. 그렇다면 스마트폰을 사용하기 전 PC 기반의 웹에서도 이런 기능을 자주 사용했을까? 웹에서는 지도나 교통, 배달 서비스는 그렇게 이용하지 않았을 것이다. PC에서는 검색, 뉴스, 메일, 카페, 동영상, 전문 커뮤니티, 쇼핑 서비스를 주로 사용했다. 이들 서비스의 공통점은 우리 일상에서 자주 소비하고 필요한 것들이라는 점이다. 보고, 먹고, 마시고, 사고, 찾고, 가고, 듣고, 함께 하고 나누는 서비스다. 킬러앱의 기본 조건은 하루에도 여러 번 사용하고, 보다 많은 대중이, 오랜 시간 사용해야 한다. 그렇게 많은 사람이 자주 오래도록 사용하는 것이 킬러앱이다.

킬러앱은 웹이나 모바일에서 여전히 사용하는 것이 있는가 하면, 웹에서는 사용하지 않던 서비스가 모바일에서는 주목받기도 한다. 달라지는 이유는 사용하는 기기의 특성 때문이다. PC와 달리 스마트폰은 이동 중에 사용하는 데다 화면이 작아 손가락을 이용해 조작한다. 컴퓨터에는 없는 GPS부터 시작해 자이로스코프, 지자기, 카메라, 지문인식 등의 다양한 센서가 있어서 PC에서는 할 수 없는 것들이 가능하다. 현재 위치를 실시간으로 확인할 수 있어 내비게이션이나 현재 위치를 기반으로 택시를 호출하고 배달 가능한 맛집을 추천하기도 한다. 지문이나 얼굴 인식 기반의 생체인증 덕분에 간편결제와 각종 금융 서비스들을 안전하게 이용할 수 있다. 늘 휴대할 수 있다 보니 버스를 기다리며 정류장에서, 카페에서, 화장실에서 수시로 보게 된다. 자연스럽게 시간 보내기 좋은 콘텐츠, 즉 유튜브나 웹툰 등의 서비스를 자주 사용하게 된다. 또 휴대폰에 기록된 주소록 등을 통해 메신저나 SNS 등 지인들과 기반의 대화나 소통을 할 수 있는 서비스들을 이용하기에 적합하다.

서비스가 달라지면 당연히 비즈니스 모델도 달라지기 마련이다. 2000년대 웹에서 가장 사람들이 많이 사용한 킬러앱은 단연코 검색이었다. 당시의 웹 비즈니스 대부분은 배너 광고 위주였는데 배너 광고를 게재하는 것보다 검색 결과물에 광고를 노출하는 것이 더 클릭률이 높아 검색 효과가 좋았다. 동영상 등의 콘텐츠 서비스에서는 배너 광고나 영상 내에 광고 상품을 노출하는 PPL 광고 위주고, 일부 콘텐츠는 프리미엄으로 유료 판매하기도 했다. 또 유료 구독자에게만 오픈하는 콘텐츠를 따로 모아서 제공하는 방식의 구독료로 비즈니스 모델을 운영하기도 했다. 이커머스는 직접 물건을 매입해 판매함으로써 이익을 얻거나, 판매자들을 입점시켜 수수료를 받고, 판매자와 구매자의 거래가 이루어질 때 수수료를 받기도 했다. 또 판매자나 제조업체의 상품을 광고해 주는 비즈니스 모델을 운영하기도 했다.

이들 서비스들이 다양한 비즈니스 모델로 이익을 얻을 수 있었던 것은 그만큼 사용자가 많았기 때문이다. 비즈니스 모델이 본격적으로 가동되려면 이처럼 충분히 많은 사용자 수를 확보해야 한다. 메일, 카페, 블로그 등을 비롯해 수많은 인터넷 서비스들이 무료로 제공되었던 것은 킬러앱이 되어 보다 많은 사용자가 자주, 오래도록 사용함으로써 광고나 커머스, 콘텐츠 유료화 등의 비즈니스 모델을 작동시키기 위함이다. 물론 커머스나 중계 수수료 기반의 비즈니스 모델은 초반부터 무료가 아닌 최소한의 수수료를 받아 운영하기도 한다.

모바일 앱도 유사한데, 웹과 다른 특징은 하나의 서비스 안에 복합적인 비즈니스 모델이 운영된다는 점이다. 대표적인 것이 우리나라의 카카오톡이나 중국의 위챗 같은 메신저다. 이 서비스는 사용자 간에 메시지를 주고받는 용도로 사용되는데, 모바일에서 그 어떤 서비스보다 많은 사용자가 자주 사용하다 보니 사용자층이 가장 많은 킬러앱이다. 이 서비스는 기존의 메일이나 PC에서 운영되던 인스턴트 메신저와 달리 사용자 간 메시지 외에 기업 브랜드가 입점해 상담이나 쿠폰, 광고 상품 등을 안내하는 서비스를 제공하기도 한다. 기존에는 없던 새로운 형태의 푸시 광고 비즈니스 모델이다. 그 외에도 메신저 내에 배너 형태의 광고를 제공하고, 이모티콘을 유료로 판매하기도 하며, 기프티콘 커머스 모델을 제공한다. 전 국민이 대부분 사용하는 필수 서비스다 보니 인증 기능을 넣어 민간 인증 사업을 하기도 한다. 라이브 쇼핑과 게임, 배달, 금융 서비스를 제공하며 10여 개가 넘는 비즈니스 모델을 운영하고 있다.

게다가 위챗은 페이스북의 타임라인과 유사한 모멘트 기능을 2012년부터 출시해 SNS 기능을 통합 제공하고 있고, 메시징을 넘어 대부분의 인터넷 서비스를 위챗 내에서 구현하고 있다. 물론 위챗이 직접 제공하는 것 외에도 외부의 서드파티3rd party 서비스가 제공하기로 별도로 앱스토어에서 앱을 다운 받지 않고 위챗 내에서 애플릿applet 방식으로 구동될 수 있다. 이를 '미니앱'이라고 하는데 위챗이 일종의 앱스토어가 되어 위챗 내에서 여러 외부의 앱들을 구동할 수 있기에 위챗 하나만 설치하면 모든 인터넷 서비스를 이용할 수 있다. 그래서 위챗을 킬러앱을 넘어 슈퍼앱이라고 칭한다. 그런 슈퍼앱은 모든 서비스를 중계하는 웹의 포털과 같은 개념으로 모든 서비스가 위챗을 경유해야 하므로 킬러앱보다 더 큰 규모의 사용자층과 사용량을 보여준다.

'PDA'
새 시대의 슈퍼앱

챗GPT는 매월 급속한 성장을 거듭했다. 가입자는 수억 명으로 신규 가입자가 매월 유입되었고 방문자 수도 연일 증가했다. 그런데 지난 6월부터 챗GPT 트래픽이 하락 추세다. 성장만 하던 서비스가 6개월이 지나면서 성장세가 둔해진 것이다. 혹시 6년 전, 2년 전의 블록체인이 만든 비트코인과 NFT처럼 신기루에 불과한 것일까.

챗GPT의 트래픽 하락은 주된 사용자층이던 학생들이 방학을 맞이하며 사용량이 크게 줄었기 때문이다. 거기다 경쟁 서비스가 급속하게 출연하고 있다. 앤스로픽의 클로드와 코히어, 퍼플렉시티 AI^Perplexity AI, 구글 바드 그리고 공공 영역의 브릿GPT^BritGPT와 의료산업의 히포크라틱 AI^Hippocratic AI에 이르기까지 각각의 산업, 비즈니스 도메인 전문 챗봇이 등장하면서 챗GPT 일변도에서 다양한 선택지가 늘고 있다. 게다가 구글이나 오픈AI의 초기 개발자들이 이탈 후 스타트업을 창업하며 챗GPT의 아성에 도전하고 있다. 그렇게 생성형 AI 서비스들이 늘어가며 트래픽이 분산되면서 챗GPT도 도전에 직면했다.

게다가 오픈 소스로 속속 공개되는 LLM으로 인해 오픈AI의 B2B 사업에도 적신호가 켜지고 있다. 가장 앞선 곳이 메타다. 메타는 2월에 라마 LLM을 연구자 대상으로 부분 공개했고, 7월에는 개선된 라마2를 오픈 소스로 공개했다. 비록 GPT-4와 비교해서는 성능이 부족하지만 경량화된 LLM이라 신생기업이나 개발자들이 적은 리소스를 기반으로 자신만의 AI를 개발하고 상업적으로 이용할 수 있도록 했다. 이로 인해 여러 기업은 자신들만의 경쟁이 차별화된 소형 LLM^small LLM을 개발할 수 있게 되었다. 게다가 오픈AI와 전략적 관계인 마이크로소프트는 애저 클라우드에 GPT-3.5와 챗GPT뿐만 아니라 라마2, 더 나아가 마이크로소프트 자체 LLM인 코스모스를 제공하고 있다. 경쟁자와 대체제가 너무 많이 등장하고 있어 오픈AI 입장에서는 더 이상 시장의 절대적 위치에 있다고 할 수 없게 되었다.

심지어 구글은 바드 출시 이후에 자회사 딥마인드를 통해 100여 명의 TF를 구성해서 생성형 AI를 개인 생활 코치로 활용할 수 있게 개발 중이다. 챗GPT, 바드, 뉴빙 같은 검색 대용의 챗봇 서비스는 사용자가 자주, 오래, 많이 사용할 만한 킬러앱이 되기에는 한계가 있다는 자각을 했기 때문이다. 사실 챗GPT를 사용하면 제한된 영역에서 유익한 정보를 제공하는 것은 맞지만 그 답이 정답이 아닐 확률이 높고, 기존의 인터넷 서비스와 달리 질문 후 즉각 답을 확인하고 나가는 구조이다 보니 체류시간이 짧다. 즉 카카오톡과 유튜브, 페이스북 등의 서비스처럼 오래 자주 사용하는 서비스가 아니기에 킬러앱이 되기에는 한계가 있다.

그래서 구글은 생성형 AI를 사용자의 일상에서 여러 조언과 자문을 해주는 코치 같은 서비스를 연구하고 있다. 피트니스 센터에 가면 트레이너가 운동에 조언을 주고, 은행에 가면 대출이나 금융 상품을 소개해 주는 상담원이 있듯이 일상에서 도움이 되는 전문 조언을 해주는 코치를 연구하고 있다. 용돈관리, 식단관리, 운동계획, 고민상담 등을 할 수 있는 여러 방면의 코치를 생성형 AI가 대신해 주는 것이다. 이처럼 더 자주 다양하게 사용할 수 있는 생성형 AI에 대한 고민과 개발이 여러 분야에서 시도 중이다.

물론 오픈AI도 뜨거워진 생성형 AI 시장의 경쟁 속에서 살아남기 위해 누구보다 빠른 혁신을 하고 있다. 3월에 더욱 개선된 GPT-4, 5월에 플러그인과의 '링크 공유하기share link to conversation', 6월에는 펑션콜, 7월에 코드 인터프리터와 '사용자 정의 지시사항' 등 다양한 기능을 출시하며 더 나은 서비스 제공을 위해 끊임없이 업그레이드하고 있다. 게다가 오픈AI는 설립 이후 처음으로 크리에이터를 위한 창작 도구를 개발하는 회사 글로벌 일루미네이션을 인수했다. 이 회사는 뉴욕에 본사를 둔 8명으로 구성된 작은 회사로, AI 기술을 기반으로 새로운 디지털 경험과 창작자를 위한 창작도구를 개발하고 있다. 오픈AI가 본격적으로 마이크로소프트의 코파일럿이나 어도비의 파이어플라이 같이 창작자를 위한 툴을 지원, 개발하며 단순한 텍스트 기반의 답을 넘어 다양한 포맷의 멀티미디어 콘텐츠를 생성하는 데까지 사업 영역을 확장하려는 것으로 보인다.

8월에는 GPT-3.5 터보를 발표해 파인튜닝을 허락했다. 이후에는 GPT-4의 파인튜닝도 외부에 공개할 계획이다. 이제 주어진 GPT-n을 그저 사용만 하는 것이 아니라, 기업이 필요로 하는 전문 영역 분야에 최적화된 자체 GPT-n을 가질 수 있는 길이 열렸다. 즉 개발자들이 자신들의 애플리케이션에 최적으로 어울리는 LLM을 가질 수 있게 된 것이다. 범용 GPT-n이 아닌 우리 기업만의 도메인에 특화된 GPT-n을 파인튜닝을 통해 확보할 수 있게 되었다.

이렇게 20203년 하반기부터 생성형 AI 시장은 2라운드로 접어들고 있다. 이제 더 이상 LLM 기술 자체의 고도화에서 그치는 것이 아니라 공개된 LLM을 가져와 기업의 앱에 맞는, 즉 실제 사용자들이 일상에서 자주, 오래, 많이 사용할 수 있는 서비스 가치를 만들 수 있게 되었다. 그 과정에서 마치 10년 전 스마트폰 앱처럼 수많은 생성형 AI 서비스가 탄생하고 있다. 이제 앞으로의 1년은 수많은 생성형 AI가 봇물터지듯 시장에 쏟아져 나오면서 경쟁할 것이고 그 과정에서 옥석이 가려질 것이다. 일부는 버티컬 앱으로 작은 시장을 차지하겠지만, 일부는 킬러앱으로 큰 규모의 시장을 형성할 것이다. 또 모든 생성형 AI의 중심에서 모든 AI를 아우르는 슈퍼앱의 탄생도 기대된다. 한마디로 서비스 시장이 재편되며 새로운 기회가 생길 것이다.

이미 슈퍼앱의 기회를 챗GPT가 가장 앞장서서 시도하고 있다. 플러그인과 펑션콜을 활용해 챗GPT에 외부의 서비스들을 속속 연동할 수 있는 플랫폼을 제공하고 있다. 오픈AI가 제공하지 못하는 특정 도메인의 서비스나 보유하고 있지 않은 데이터를 외부의 서비스사를 통해서 수혈하고 있다. 새로 연동된 외부 서비스

덕분에 챗GPT가 기존에 하지 못했던 답변들을 제대로 할 수 있게 되었다. 챗GPT는 전 세계 월간 약 15억 명이 사용하기에 킬러앱이라는 사실이 증명되지만, 사용자 수는 매우 많아도 충분히, 자주, 오래 사용하고 있지 않다.

챗GPT의 답변 내용이 정확하지 않고, 답만 할 뿐 실행하지 못하는 한계가 있기 때문이다. 일례로 최신 정치 이슈나 금융 산업의 최근 디지털 트랜스포메이션 현황 등에 대해서는 정확한 답을 주지 못한다. 아마존이나 쿠팡 등에서 판매하고 있는 제품 정보와 구매는 해주지 못하고, 레스토랑과 영화관, 여행 등의 상품 예매도 불가능하다.

하지만 신문사, 금융기관과 커머스 사업자와 예약 서비스사, 영화, 여행, 항공 예매 사이트가 플러그인, 펑션콜 등을 활용해 서비스를 연동하면 챗GPT에서 할 수 있는 것들이 많아진다. 그러면 챗GPT를 통해서 원하는 정보를 찾고 콘텐츠를 보며 서비스를 사용하며 결제하고 예약 등까지 모두 처리할 수 있다. 그렇게 챗GPT는 더 자주 오래 사용할 수 있는 킬러앱으로 자리매김해 갈 것이다.

더 나아가 챗GPT는 위챗 등처럼 슈퍼앱으로 모든 인터넷 서비스와 여러 생성형 AI의 사이에서 중심 허브로 작동될 것이다. 특히 대화형으로 다양한 콘텐츠를 생성하고 서비스를 제공하는 생성형 AI는 용도별로 사용해야 하는 등 종류가 워낙 많고 다양하다. 그래서 목적에 맞게 필요한 생성형 AI를 선택해야 한다. 이같은 번거로움과 어려움을 AI 슈퍼앱이 해결할 수 있을 것이다. 2000년대 너무 많은 인터넷 정보의 홍수 속에 필요한 정보를 검색으로 안내받을 수 있었듯이 수많은 생성형 AI를 안내할 길잡이가 필요하다. 챗GPT는 3가지 관점에서 그런 길잡이로서 슈퍼앱이 되기 충분하다. 첫째, 챗봇 서비스 중 가장 많은 사용자 수를 가진 킬러앱이다. 둘째, 플러그인 등을 통해 챗GPT 내에 외부의 서비스들을 플랫폼화해서 입점할 수 있는 구조다. 셋째, 프롬프트에 따라 최적의 LLM을 선택해 답변을 구성할 수 있는 MoE$^{Mixture of Expert}$ 시스템이라는 것이다.

앞으로 생성형 AI 시장에는 슈퍼앱이 탄생할 것이며 이를 향한 경쟁이 본격화될 것이다. 이를 PDA$^{Personal Digital Agent}$라고 한다. 자비스 같은 역할을 해내는 AI 에이전트를 말한다. PDA는 모든 서비스와 AI를 사용자의 요구 사항에 맞게 선별해서 제공할 수 있는 역할을 할 것이다. 2023년 초부터 캐릭터.AI와 인펙션 AI, 고릴라 테크놀로지 등에서는 감성 대화를 할 수 있는 챗봇을 출시했다. 국내의 이루다와 비슷한 서비스로, 챗GPT와 달리 친구와 지인, 동료들과 수다를 떨고 잡담하는 것처럼 상담이나 가벼운 일상 대화를 나누는 서비스다. 감성대화는 챗GPT보다 더 오랜 시간, 자주 사용하게 된다. 사용자 규모만 커지면 킬러앱이 될 수 있다는 뜻이다. 또 이들 서비스가 단순한 잡담을 넘어 다른 생성형 AI를 소개하거나 다른 서비스를 안내하는 역할까지 해내면 그것이 바로 PDA고, 차세대 슈퍼앱이 될 수 있다.

특히 웹이나 앱이 아닌 메타버스 같은 플랫폼에서 요구하는 새로운 형태의 슈퍼앱은 PDA가 적격이다. 메타버스는 현실계처럼 드넓고 복잡한 공간과 수많은 오브젝트와 아바타, NPC로 채워져 있기에 좀 더 편리하게 이 공간을 돌아다니며 서비스를 사용할 수 있도록 도와줄 안내자가 필요하다. 그런 안내자로서 〈아이언맨〉의 '자비스'만 한 것이 없고, 영화 속 자비스가 바로 PDA다. 생성형 AI로 대표되는 챗GPT와 같은 챗봇이 '자비스' 같은 역할을 해내기 적합하다.

즉 다양한 용도의 생성형 AI 서비스들을 하나로 통합해 자주, 많이, 오래도록 사용할 수 있는 단 하나의 대표 앱으로 PDA가 필요한 것이다. 기능적으로는 챗GPT가 대표적인 PDA로 자리매김하겠지만, 동반자적 AI^{Companion AI} 챗봇으로서 캐릭터.AI나 파이 등의 서비스가 가랑비에 옷 젖듯이 사용자들과의 접점과 몰입도를 높여가며 PDA로 도전할 것이다. 물론 이들 서비스에는 다양한 외부의 서비스와 기능들을 통합 제공하는 플랫폼 전략도 수반되어야 할 것이다.

'캐릭터.AI'의 다양한 페르소나들

차세대 PDA 경쟁의 본격화

PDA는 일종의 포털, 검색처럼 AI의 시작점이다. 필요 목적에 따라 AI를 선택하는 것이 아니라 PDA에 요청하면 알아서 최적의 AI 서비스를 제공하는 창구 역할을 한다. 그러므로 PDA는 사실 애플 시리, 구글 어시스턴트, 알렉사와 같은 1세대 AI 어시스턴트를 가리킨다. 이들과 다른 점은 기존 1세대 AI 어시스턴트는 날씨나 주가 정보, 음악 재생 등의 간단한 명령과 스마트홈 기기 작동을 목적으로 제한된 용도로만 사용했다. 반면 PDA는 LLM을 기반으로 운영되어 챗GPT가 보여준 것처럼 다양한 목적으로 사용할 수 있다. 스마트폰에 앱만 설치하면 다양한 서비스를 이용할 수 있듯이 PDA도 서비스에 무한히 접근해 여러 용도로 사용할 수 있을 것이다. 챗GPT의 플러그인이 보여준 것처럼 PDA에 연결된 서비스들은 AI를 통해 기존의 웹이나 앱을 통해서 사용하던 것보다 더 나은 경험을 제공하게 된다. 검색에 노출되지 않으면 사용자가 찾지 않는 것처럼 PDA에 연결되지 않은 서비스는 고객과의 접점을 잃어버릴 수 있다. 챗GPT가 PDA의 대표적 서비스가 될 텐데, 앞으로 PDA를 둘러싼 경쟁이 본격화될 것이다.

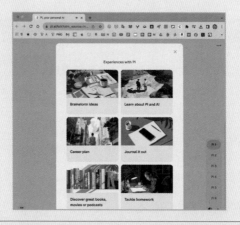

PDA의 또다른 후보로 거론되는 가벼운 일상의 대화를 위한 간결한 챗봇 '파이'

'메타버스' AGI 시대의
넘버원 IT 플랫폼

　　메타버스 시대의 비즈니스 모델은 어떻게 작동될까? 기본적으로 기존의 인터넷과 실물경제 속 비즈니스 모델을 모두 포괄하면서도 새로운 형태의 사업이 선보일 것이다. 광고 마케팅, 쇼핑, 콘텐츠 유료와 구독 등 온라인 비즈니스가 그대로 이어지겠지만, 형태는 크게 달라질 것이다. 배너, 검색 광고와 쇼핑몰에 입점되어 판매자가 소비자에게 상품을 판매하며 발생하는 수익모델의 단순한 형태를 넘어 다양한 방식이 될 것이다.

　　메타버스는 평면적인 기존 웹이나 모바일과는 기본적인 UX가 다르기에 그 속에서 제공되는 비즈니스 모델의 구현 방식도 다양할 것이다. 무엇보다 음악, 영화, 웹툰, 뉴스, 이모티콘뿐만이 아니라 아바타와 꾸밀 수 있는 옷과 모자, 신발, 액세서리 더 나아가 디지털 건물, 공간을 채우는 가구와 벽에 걸린 디지털 액자에 이르기까지 다양한 포맷의 오브젝트까지 판매의 대상이 될 것이다. 광고의 형태 또한 오프라인에서 버스나 지하철, 건물 외벽에 붙여진 포스터 등과 같은 형태가 그대로 메타버스 내에도 적용될 수 있고, 회사 홈페이지처럼 메타버스 내에 브랜드를 알리는 건물이나 제품을 체험할 수 있는 공간 등이 마련되는 형식으로 마케팅할 수도 있다.

특히 새로운 비즈니스의 형태로 주목되는 것은 PDA, 즉 AI 에이전트를 통해 소개되는 브랜드나 서비스에 대한 광고나 거래 수수료 분야다. 예를 들어 메타버스 공간에서 AI를 호출해서 LG전자의 최신 시그니처 세탁건조기 가격과 제품에 대한 정보를 알려달라고 요청하면 LG전자의 가전기기 체험관으로 안내하고, 그 체험관에 전시된 세탁건조기 앞에 LG전자의 AI 에이전트가 제품에 대한 친절한 설명과 함께 가격 및 작동법 등을 소개할 것이다. 이 제품을 구매한 사용자 중에 제품 후기에 대한 생생한 이야기를 전달할 수 있는 지원자를 소개받을 수도 있다. 물론 소비자 입장의 실제 사용기를 안내하는 지원자에게는 LG전자가 홍보비 명목으로 일정 비용을 지불할 수도 있고, 구매자가 고마움의 표시로 후원금을 줄 수도 있을 것이다.

LG전자는 메타버스 제품 홍보관을 구축하고 AI 상담원 아바타를 운영하는 비용을 메타버스 플랫폼 제공사에 지불하고, 구매자를 안내한 AI 에이전트 제공사에 광고 마케팅비를 지불할 것이다. 제품이 실제 판매로 연결되면, 관련 거래 수수료와 결제 수수료를 지불해야 할 것이다. 이처럼 오프라인을 닮기도, 온라인을 닮기도 하지만 전혀 다른 형태로 여러 종류의 비즈니스 모델이 메타버스 내에서 복합적으로 작동될 것이다.

  메타버스 기기인 오큘러스 퀘스트에 설치해서 사용할 수 있는 빅스크린Big screen은 일종의 메타버스 넷플릭스다. 스페이셜Spatial 은 줌이고, 인피니트 오피스Infinite office, 이머스immersed는 메타버스에 구현한 사무실이자 집무실이고 서재다. 이들 서비스는 웹과는 달리 새로운 비즈니스 모델을 실현할 수 있을 것이다. 이들 서비스는 공간에 영화나 일을 하는 데 최적화된 환경을 제공한다. 그 환경은 다양하다. 영화의 경우 영화관이 될 수도 있고, 자동차 극장, 오로라를 볼 수 있는 남극의 탁 트인 공간일 수도 있다. 또한

오큘러스 퀘스트에서 사용하는 '빅스크린' 앱

출처 : 빅스크린

따뜻한 벽난로가 있는 거실일 수도 있다. 또한 공간을 다양한 조명과 가구, 액자로 채우고 혼자 혹은 여러 명을 초대할 수 있도록 구성할 수도 있다.

마찬가지로 메타버스 사무실과 서재도 각 공간의 분위기를 다양하게 바꿀 수 있다. 스마트폰이나 컴퓨터의 배경화면을 다양한 그림으로 바꿔가며 분위기를 바꾸는 것과 마찬가지다. 출근하면서 어떤 시계를 차고 나갈까 고민하고, 애플워치나 갤럭시워치의 배경을 고민하는 것처럼 메타버스 공간도 분위기를 다양하게 바꿀 수 있다. 그렇게 바꾸는 공간의 분위기를 채우는 오브젝트를 유료로 판매하는 비즈니스 모델도 점차 주목받을 것이다.

이해관계자가 많고 현실과 인터넷 세계가 혼합된 메타버스는 복잡한 비즈니스 모델과 거래가 실타래처럼 엉켜 있기에 공정하게 플랫폼을 운영하고, 관련자에게 보상과 분배를 제대로 하는 것이 중요하다. 그런 이유로 블록체인을 사용하는데, 이때 보상을 위해 토큰이나 NFT 등이 지급될 수 있다. 또 현실 기업에 투자하는 것처럼 메타버스 내에서도 기업을 넘어 프로젝트나 사람 등에 투자하는 것이 가능하며 이때 DAO와 같은 툴이 이용될 수 있다. 이렇게 토큰이나 NFT, DAO는 메타버스에서의 새로운 비즈니스 모델이 될 것이다.

20년 전만 해도 시장에서 대부분은 소비자이고, 생산자는 소수였다. 투자자는 소비자보다는 훨씬 적고 생산자보다는 많았을 것이다. 그런데 이제는 누구나 유튜버가 되고 블로거나 시민기자가 되어 콘텐츠를 생산할 수 있으며, 기존의 생산자들이 만든 상품에 대해서도 후기와 평점을 남기고, 댓글과 추천을 통해서 평가한다. 이것이 상품의 브랜드와 마케팅에 중요한 영향을 준다. 20년 전과 비교할 때 여전히 소비자 비중은 높지만 그들 중에 투자자와 생산자의 비중도 상당히 늘었을 것이다. 메타버스는 이 비중을 또다시 크게 흔들 것이다. 특히 생산자가 더욱 많아질 것이다. 유튜브, 틱톡, 인스타그램과 블로그 등에서 활동하는 사람들은 영상, 사진, 글로 활동하지만 메타버스에서는 만들 수 있는 창작물의 형태가 무궁무진하다. 앞서 살펴본 것처럼 아바타부터 시작해서 배경, 오디오, 디지털 아트에 이르기까지 다양한 만큼 창작자들도 더욱 많아질 것이다. 이 창작자들이 NFT를 통해서 공정하고 지속적으로 보상을 분배받을 수 있다.

토큰은 소비자가 메타버스 내에서 활동하며 소비와 거래할 때는 물론 투자할 때 이용되기도 할 것이다. 그런 토큰으로 인해 기존의 기업 투자를 통한 수익률과는 다른 형태의 비즈니스 모델도 생길 것이다. 투자한 토큰의 발행처가 가치가 높아져서 얻는 수익 이외에도 토큰 간의 스왑(전환)을 통해 얻는 차익, 토큰을 예금해 두고 얻을 수 있는 이자수익 등이 있어 다양한 형태의 비즈니스 모델이 가능해질 것이다.

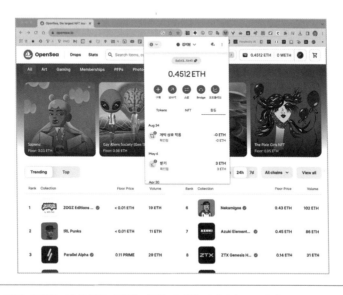

NFT를 거래하는 '오픈시'와 다양한 토큰을 관리하는 '메타마스크 지갑'

메타버스, '무엇'보다 '어떻게'가 중요하다

메타버스의 공간은 무엇을 경험하느냐보다 어떻게 경험하는지가 더

중요하다. 음악을 듣고, 영화를 보고, 사람들과 대화를 나눌 때 무엇

을 듣고 보고 대화하느냐가 중요한 것이 아니라 어떻게 듣고 보고 대화하냐가 중요하다는 것이다. 이를테면 넷플릭스를 볼 때에는 무슨 영화, 무슨 드라마를 보는지가 중요하지만 메타버스에서 빅스크린이라는 앱으로 무엇을 볼 때는 어떤 배경과 공간에서 누구와 어떻게 보는지가 중요하다. 즉, 메타버스에서 보는 경험은 주변 환경이 어떻고, 누구를 초대해서, 어떤 배치로 볼지 그리고 보면서 대화를 나누고, 작은 별도의 스크린을 띄워두고 검색을 하면서 시청할 수 있도록 할 것인지 등의 디자인이 중요하다. 그렇게 메타버스는 기존의 IT 플랫폼과는 다르게 새로운 경험을 제공한다.

영화를 보는 등 다양한 경험을 할 수 있는 '빅스크린'

출처 : 빅스크린

집과 사무실, 놀이와 일의 미래

기술 트렌드를 들여다볼 때 기술 자체나 기술의 사용처, 기술로 인한 사용자 경험과 비즈니스 가치 관점에서 보는 것도 중요하지만 우리가 머무는 공간에 어떤 경험을 줄지 살펴보는 것도 중요하다. 우리가 하루에 머무는 공간 중 가장 많은 시간을 보내는 곳은 집이다. 다음으로는 직장인이라면 사무실이나 카페, 식당일 수도 있다. 집에서는 주로 쉬고, 보고, 들으며, 즐길 것이며, 사무실에서는 일하면서 보낼 것이다. 집과 사무실의 미래는 어떨지 진단하고 그곳에서 어떤 놀이와 일을 할지 생각해 보면 어떤 기술이 필요한지도 전망할 수 있다.

'스마트워크'
모두가 꿈꾸는 미래의 사무실

10년 전 사무실에는 컴퓨터와 모니터 그리고 복합기와 팩스 등이 있었을 것이다. 결재 서류 판을 들고 다니며 직접 사인을 받아 결재하는 회사도 있고, 전자 결재가 갖춰져서 컴퓨터를 이용해 온라인 결재를 하는 곳도 혼재되어 있었을 것이다. 당연히 사무실에 나와야만 일을 하는 것이기에 회사 출퇴근 시간은 명확했고 출근 시간에 늦으면 근태 지적을 받기도 했다.

2022년을 돌아보면 엔데믹 시대를 맞이하며 다시 사무실로 복귀하긴 했지만, 줌 등을 통한 온라인 회의 경험이 주는 편리함을 누렸기에 멀리 떨어져 있는 동료나 외부 업체와의 미팅은 여전히 부분적으로 줌을 통해서, 간혹 출근이 어려운 사정이 발생했을 때 재택근무를 하기도 할 것이다. 사무실에는 커다란 PC와 모니터보다는 노트북이나 태블릿을 통해 업무를 보는 것이 일반화되었을 것이다. 회사에 직접 출근하지 않아도 VAN을 통해 원격으로 회사 시스템에 연결하는 것만으로 출근으로 인정하기도 한다. 전자 결재는 스마트폰도 지원해서 카톡으로 승인을 요청할 수 있다. 또 슬랙이나 구글독스 등의 업무 협업 툴을 이용해서 업무 진행 내역과 문서 작성을 공유하기도 할 것이다.

그렇다면 2~3년 후 우리가 일하는 사무실은 어떤 변화를 겪게 될 것인가. 코로나19로 인한 사회적 거리두기 이전부터 공유 오피스, 스마트 오피스에 대한 기업의 관심은 컸다. 구성원 모두가 회사 근처에 사는 게 아니라 각자 다양한 지역에 살기에 사무실에 아침 9시에 모여서 근무하는 것은 비효율적인 것이 사실이다. 게다가 구성원에게만 해당되는 것은 아니다. 대부분의 회사는 도심의 중심지에 있기 마련이다. 교통의 중심에 있어야 구성원들이 출퇴근하기 좋으니, 사람이 많이 모이는 곳에 위치하기 마련이고, 임대료가 비싸다. 100명의 구성원이 근무한다면 100명의 자리와 그에 맞는 회의실 및 탕비실 등이 필요하다. 하지만 회사 거점을 여러 지역으로 나누거나 재택근무 등의 방식을 보편화하면 일석이조다. 구성원의 출퇴근 시간이 짧아지면 그만큼 생산성은 좋아지기 마련이다. 또 회사는 도심지가 아닌 저렴한 임대료의 건물을 이용하고 보다 작은 규모로 스마트 오피스, 모바일 오피스를 구축해 부대 비용을 줄일 수 있다.

근무 환경이 효율화되면 사무실은 고정된 장소에 있을 필요가 없다. 어디든 사무실이 되어야 한다면 당연히 서로 다른 공간에 있는 구성원 간 회의, 협업이 같은 공간일 때만큼 편해야 한다. 기술은 바로 그 지점에서 역할을 수행해야 한다. 기술은 늘 우리의 기대와 바람을 실현해 주는 목적으로 움직였다. 같은 공간에 있지 않아도 현실감, 몰입감을 가질 수 있도록 하는 기술이 우리의 사무실을 바꿔줄 것이다. 10년 전 PC와 오프라인 회의 중심이던 사무실이 지금 노트북과 부분 온라인 회의로 바뀐 것처럼, 앞으로는 물리적 사무실 공간에 한데 모여야 하는 문화는 희미해질 것이다.

그렇다면 어떤 기술이 현장에 모여 있는 것 같은 현실감을 구현할 수 있을까? 바로 몰입형 기술이다. 바로 그 지점에서 VR, AR 등의 기기를 활용한 메타버스가 크게 기여할 수 있다. 메타버스는 가상을 현실처럼, 현실을 디지털과 결합해 더 증강시켜 보여준다. 서로 같은 공간에 없더라도 사람들이 가상 속에서 한데 모여 현실 같은 체험을 하고, 현실 공간 속으로 멀리 떨어진 사람을 초대해 같은 공간에 있는 듯한 가상 공간을 느끼게 해줄 수 있다.

PC에서 사용하는 줌은 사각형의 작은 영상 속에 갇혀 화면에 나열되어 보일 뿐 함께 같은 공간에 있다는 몰입감을 주지는 못한다. 상대의 표정도 감정도 제대로 느끼기 어렵다. 서로 발언을 하려고 해서 중단되기 일쑤다. 하지만 메타버스에서 호라이즌 워크룸, 이머스, 스페이셜, 인피니트 등과 같은 메타버스 전용 회의 앱을 이용하면 진짜 옆에 있는 것 같은 착각에 빠져든다. 공간 전체를 온전히 입체적으로 느끼고 공간 속에 각자 배치가 되어 이

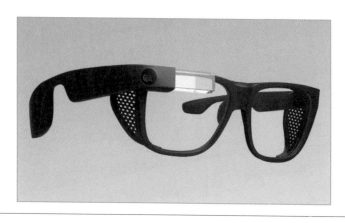

3세대 구글 글래스 엔터프라이즈 에디션

출처 : 구글

동하며 제스처를 취하면서 대화를 나눌 수 있다. 애플의 비전프
로도 그런 현장감과 몰입감을 주는 장치로 떨어져 있는 사람들
이 바로 앞에서 대화하는 것 같은 몰입감을 가질 수 있도록 개발
되었다. 이를 위해 비전프로는 사용자 얼굴을 스캔해서 아바타를
생성하고 내부 카메라가 동공의 움직임을 포착해서 더 정교한 실
재감을 느낄 수 있도록 도와준다.

10년 전 사무실에서 일하는 방식과 지금의 방식이 달라진 것
처럼 앞으로도 우리가 직장에서 일하는 문화와 방법은 달라질 것
이다. 여전히 10년 전처럼 결재 서류를 들고 다니며, 모두 정해진
시간에 한데 회의실에서 모여 미팅하고, 보고서도 각자의 PC에

서 따로 작성한 후 모여서 협의해 다시 수정, 보완하며 완성하고 있다면 그 회사의 경쟁력은 떨어질 수밖에 없다. 앞으로의 10년도 지금과 다른 업무수행 방식과 회의 운영, 보고서 작성과 협업 방식으로 변화하고 진화할 것이다. 이런 변화는 어느 하루 아침에 되는 것이 아니라 서서히 바뀌는 것이다.

그런 면에서 변화될 미래의 비전은 명확하다. 함께 같은 공간에 같은 시간에 모여서 협의하고 미팅하는 것이 아니라, 늘 인터넷에 연결되어 어디서든 가상 공간에 모여서 논의하고 의사결정하며, 함께 정리하는 보고서 역시 클라우드에 늘 존재해 언제든 누구나 연결해서 즉시 확인하고 수정하는 스마트 오피스가 우리 미래의 일하는 방식일 것이다. 이를 위해 내년, 내후년은 우리의 일하는 문화가 어떻게 바뀌어야 할지, 어떤 기술을 이용해 더욱 오프라인에서 모이는 것 같은 현장감과 몰입감, 생생함을 느끼며 협업할 것인지 고민하고, 변화에 참여하고 관리해야 한다.

미래의 뉴스와 콘텐츠 소비

"나이키의 적은 닌텐도다." 나이키 운동화, 운동복의 경쟁자가 아디다스가 아니라 닌텐도 게임기라는 것이다. 게임에 빠지면 밖에 나가서 운동할 기회와 시간이 사라지기 때문에 나이키의 궁극적인 경쟁은 스포츠 의류 자체에 있는 것이 아니라 결국 시간에 있는 것이다. 운동을 하는 시간이 게임을 하는 시간으로 인해 절대적으로 줄어들면 나이키와 아디다스의 시장 규모는 줄어들기 마련이다. 나이키가 성장하기 위해서는, 아니 생존하기 위해서는 아디다스와의 경쟁이 아니라 게임에 빼앗긴 시간을 어떻게 차지하느냐가 중요하다.

이처럼 뉴스도 언론사 간의 경쟁이 아닌 뉴스의 시간을 뺏은 다른 매체의 시간 점유율을 뺏어오는 것이 당면과제다. 2022년 6월 15일 영국 옥스퍼드대학교 부설 로이터 저널리즘 연구소는 '디지털 뉴스 리포트'를 공개했다. 전 세계 46개국 9만여 명(한국은 약 2000명)이 참여한 이 리서치에서는 "지난 한 주 뉴스를 어느 매체에서 접했는가?"라는 질문에 "안 했다"가 무려 15%나 차지했다. 2013년 조사에서는 3%였는데 9년 만에 5배나 늘어난 것이다. 2016년 조사에서 한국은 2%였는데 2022년에는 6%로 3배가 늘었다. 뉴스에 관심 없는 층도 5년 사이 한국은 6%에서 13%, 세계적으로는 5%에서 12%로 늘었다. 그만큼 뉴스는 갈수록 안 본다는 것이다.

미래의 고객인 10~20대는 어떨까? 매일 아침 현관문 앞에 배달되는 신문지를 통해 세상 돌아가는 소식을 보던 40대 이상은 그나마 뉴스를 찾아서라도 본다. 하지만 10~20대는 뉴스를 그렇게 적극적으로 찾아보지는 않는 데다가 그들의 생활에서는 볼 것이 너무나 많다. 유튜브에 틱톡, 인스타그램, 게임에 이르기까지 스마트폰으로 하루 종일 쳐다봐야 하는 것들이 수두룩하다. 뉴스 따위가 그들의 시간을 비집고 들어가기란 거의 불가능에 가깝다.

게다가 트위터나 SNS의 단문과 숏폼 비디오인 틱톡, 유튜브의 쇼츠, 인스타그램의 사진을 보는 데 익숙한 그들에게 뉴스처럼 1페이지가 훌쩍 넘는 장문은 읽기 불편하다. 애초에 뉴스와 태생적으로 안 맞는 그들의 시간을 점유하기란 여간 어려운 일이 아니다. 넷플릭스나 멜론, 유튜브 프리미엄과 윌라는 구독해도 온라인 신문을 구독할 리는 만무하다. 온라인에서조차 이런데 신문지로 뉴스를 소비하는 구독자는 씨가 말라가고 있다.

그렇다 보니 뉴스의 영향력을 유지하기 위해서 온라인 뉴스, 뉴스의 디지털화, 뉴스를 보다 많은 잠재 고객에게 전파하려는 디지털 마케팅은 선택이 아닌 필수가 되었다. 그렇게 《뉴욕타임스》가 선봉에 서서 디지털화를 부르짖고 집중적인 투자를 했다. 1990년대 말부터 웹사이트를 출시하며 뉴스 디지털화에 노력한 《뉴욕타임스》는 웹을 통한 디지털 구독자 수는 꾸준히 늘어나며 2012년까지 꾸준하게 증가해 60만 명까지 성장했다. 무엇보다 2011년 10만 명에서 6배까지 성장했는데, 35만 부가량의 종이신문 발행 부수에 비하면 큰 성과다. 하지만 종이신문의 구독자 수가 오랜 기간 하락하면서 《뉴욕타임스》의 주된 매출원인 광고수익이 확연하게 줄어들고 있기에 이 정도의 온라인 구독자 수는 암울한 신문사의 미래를 담보하지 못한다.

게다가 그렇게 성장한 2012년까지의 온라인 구독자 60만 명은 2013년부터 성장률이 급격히 줄어들며 침체기를 맞는다. 그래서 《뉴욕타임스》는 디지털 체질 개선에 나서며 요리, IT 기기 등 다양한 콘텐츠 영역으로 분야를 넓혔다. 또한 종이 신문 기반의 디지털화가 아닌 디지털 포맷 중심의 뉴스 제작으로 제작 혁신을 꾀한다. 그런 노력은 구독자 수 증가 추세로 이어져 디지털 구독자 수는 무려 900만 명을 훌쩍 넘는다. 이제 디지털 구독 매출은 광고보다 종이 신문 구독보다 월등히 높다. 2023년 1분기 기준으로 광고 매출은 1400억 원, 종이 신문 구독은 1830억 원인데 디지털 구독 매출은 무려 3400억 원이다. 그렇게 《뉴욕타임스》는 디지털 대전환에 성공의 역사를 쓰고 있다.

그렇게 디지털 뉴스 서비스로의 대전환에 동참한 곳이 《워싱턴 포스트》다. 2025년까지 500만 명의 유료 구독자를 확보하겠다는 목표로 시작해, 2021년 초 300만 명에 육박했던 구독자 수는 2020년

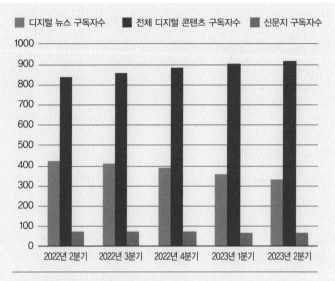

《뉴욕타임스》의 디지털 콘텐츠 구독자 수 추이

출처 : 뉴욕타임스, 스태티스타

연말에 오히려 250만 명으로 뒷걸음질쳤다. 제프 베이조스가 인수한 이후 디지털 혁신을 부르짖었던 《워싱턴 포스트》는 왜 《뉴욕타임스》와 다른 길을 가게 된 것일까? 《워싱턴 포스트》가 크게 도약한 것은 트럼프 재임 시절로, "트럼프 범브"라고 불릴 만큼 정치 뉴스 소비가 최고치에 달하면서부터다. 이즈음 《뉴욕타임스》 역시 그 덕을 톡톡히 보며 유료 구독자가 크게 늘었다. 하지만 바이든 대통령 당선 이후 2021년부터 구독자 수가 줄기 시작했다. 그 과정에 《뉴욕타임스》는 다양한 콘텐츠 영역으로의 확장과 관련 콘텐츠 기업의 인수를 토대로 성장했지만, 《워싱턴 포스트》는 내부 리더십 부재와 조직의 알력, 관련 콘텐츠 기업이나 언론사 인수의 실패 등이 겹치면서 어려움을 겪고 있다.

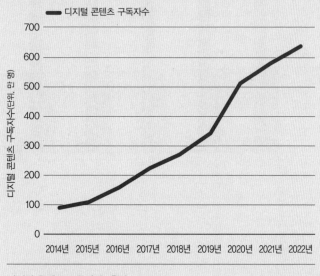

디지털 콘텐츠 구독자 수 추이

출처 : 뉴욕타임스

《뉴욕타임스》도 고민이 없는 것은 아니다. 뉴스 자체의 경쟁력이 사라지고 있다는 점이다. 디지털 뉴스 구독자 수가 늘어가고 있는 것은 사실이지만 실제 구독자들이 무엇을 보는지를 들여다 보면 뉴스가 아닌 게임이나 스포츠, 엔터테인먼트, 음식 등의 전문 영역의 콘텐츠 소비가 대부분이다. 실제 《뉴욕타임스》가 2023년 7월에 발표한 IR 자료에 따르면 디지털 타임 온라인 구독자 수는 2022년 분기별로 계속 줄어들고 있다. 2022년 2분기 421만 명에서 2023년 2분기는 332만 명으로 무려 21%가 줄었다. 계속해서 하락 추세다.

이렇듯 뉴스 소비는 갈수록 줄어들고 있다. 이 시대의 뉴스는 위기에 빠졌다. 언론사의 디지털화, 즉 디지털 트랜스포메이션에 있어 뉴스 본연의 소비를 어떻게 늘려야 할지에 대한 근본적 고민이 시작되고 있다.

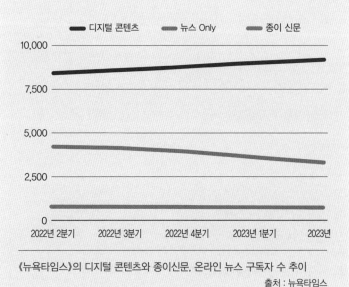

《뉴욕타임스》의 디지털 콘텐츠와 종이신문, 온라인 뉴스 구독자 수 추이

출처 : 뉴욕타임스

전통기업의 디지털 트랜스포메이션 전략

전통기업의 디지털 트랜스포메이션은 매년 성과 측정과 함께 새로운 비즈니스 문제 도출과 정의 이후 그것에 맞게 피보팅이 필요하다. 지난 5년간의 기업 디지털 트랜스포메이션은 주로 클라우드, 빅데이터, AI 등의 기술 기반으로 혁신을 추진해 왔다. 특히 전통산업에서는 디지털 트랜스포메이션을 적용한 영역이 제한적이고, 목적도 비즈니스 모델 혁신보다는 주로 비효율의 제거와 비용 절감에 가까웠다. 하지만 최근 1년간의 기술 변화를 보면 새로운 기술들이 대거 등장하고 있다. LLM과 생성형 AI와 그 전의 메타버스와 블록체인 등이 새롭게 조명 받는 기술이다. 이제 기업은 새로운 웹3.0 기반 기

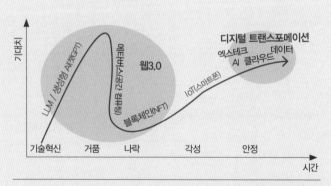

디지털 트랜스포메이션을 위한 주요 기술들의 흥망성쇠를 정리한 하이프 사이클

술로 어떤 디지털 트랜스포메이션 전략을 수립해야 할지 고민해야 할 때다.

'스마트홈' 매러는 스마트홈과 사물인터넷의 미래가 될 것인가

10년 전부터 집에 스마트홈을 구성하기 위해 구매한 제품만 100여 개다. 이 많은 사물인터넷 기기들을 이용하려면 와이파이나 스마트홈 허브에 이들 기기를 연결하는 작업이 필요하다. 그렇게 연결한 기기마다 사용하는 앱이 달라, 사용할 때마다 그 기기와 연동된 앱을 찾아야 한다. 물론 구글홈, 애플 홈킷, 스마트싱스와 같은 스마트홈 플랫폼에 등록해 두면 앱 하나로 여러 기기를 제어할 수 있다는 것은 그나마 축복이다.

더 나은 기능을 제대로 사용하기 위해서는 해당 기기를 지원하는 개별 앱을 이용해야 한다. 삼성전자 냉장고의 내부에 장착된 카메라를 통해서 촬영된 냉장고 내부 사진이나 상세한 온도 제어 그리고 냉장고 전면의 LCD 창에 메모, 할 일, 사진 업로드 등의 스마트홈 기능을 이용하려면 자체 앱을 사용해야 한다.

또한 개별 앱이 스마트홈 통합 앱보다 속도 면에서나 안정성

삼성전자의 냉장고를 최적으로 사용하기 위해 필요한 '스마트싱스' 앱

면에서 더 낫다. 무엇보다 해당 사물인터넷 기기의 용도에 맞는 최적의 UI를 제공하고 있어 사용이 편하다.

하지만 사물인터넷 기기가 한두 개도 아니고 그 많은 기기별로 별도 앱을 사용하는 것은 여간 번거로운 일이 아니다. 그래서 가급적 여러 종류의 사물인터넷 기기를 통합 지원하는 스마트홈 앱

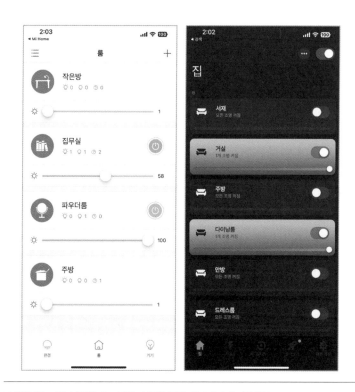

IoT 전구를 더욱 상세하게 조작하기 위한 전용 앱, '이라이트'와 '휴'

을 이용하는 것이 여러모로 편하다. 고퀄의 '헤이홈', SKT '누구 홈', 샤오미 '미 홈'처럼 여러 종류의 사물인터넷 기기들과 독자 적 규약으로 호환되는 앱을 이용하면 좀 더 효율적으로 사물인터 넷 기기를 관리할 수 있다. 하지만 빅테크 기업의 스마트홈 플랫 폼처럼 호환성이나 범용성이 뛰어나지는 않다.

독자적인 스마트홈 기기를 제어 관리하는 자체 스마트홈 앱 '헤이홈'과 '누구홈'

즉 구글홈, 애플홈킷, 삼성전자 스마트싱스, 아마존 알렉스 등
은 좀 더 범용적으로 사용할 수 있는 대표적인 스마트홈 플랫폼
이다. 웬만한 기기는 모두 지원하고 있으며, 스마트폰 앱 외에 스
마트 스피커나 디스플레이가 내장된 TV나 태블릿 등의 여러 장
치를 이용해 유연하게 스마트홈 기능을 조작할 수 있다.

통합 스마트홈 플랫폼인 '스마트싱스', '구글홈'

결론적으로 여러 종류의 사물인터넷 기기로 꾸민 스마트홈은 사용이 불편하다는 것이다. 앱도 많고 기능도 다르고 어떤 앱에 등록해서 사용하느냐에 따라 사용법이나 조작 과정이 다르다. 이런 불편을 해소하기 위해 스마트홈의 새로운 표준으로 대두되는 매터가 구세주가 될 수 있을까.

매터는 스마트홈과 IoT 플랫폼을 위해 만들어진 오픈 소스 프로토콜이다. 이 프로토콜의 공동 개발은 CSA^{Connectivity Standards Alliance}가 주도하고 있으며, 여기에 참여한 곳이 아마존, 애플, 구글, 삼성으로 이미 독자적으로 스마트홈 플랫폼을 보유 중인 곳이다. 한마디로 매터가 이 4곳의 빅테크 기업이 서비스 중인 스마트홈 규격과도 연동되기에 매터 하나만 지원하면 웬만한 스마트홈 앱과는 호환된다는 점이다. 그간 불편한 스마트홈의 호환성 문제와 너무 많은 앱으로 인한 혼동이 매터로 해결될 수 있는 실마리가 생긴 것이다.

사실 그간 스마트홈 플랫폼은 각각의 사물인터넷 기기별로 독자적인 규격으로 네트워크를 구성해서 서로 호환되지 않는 것이 구성의 한계였다. 예를 들어 IP카메라는 와이파이, 온도 습도 감지 센서는 지그비, 사원증이나 스마트키는 UWB^{Ultra-wideband}(초광대역), 스마트플러그는 스레드^{Thread}, 도어락은 블루투스 등 기기별로 다른 프로토콜을 이용하다 보니 서로 호환되지 않는 문제가 있었다. 그런 불편함을 해결해 주는 단일화된 프로토콜이 매터다.

이미 매터를 지원하는 기업은 200곳이 넘고 2022년 10월 출시된 매터 1.0은 전구, 플러그, 온도조절 장치와 난방기기, 에어컨, 블라인드, 센서, 잠금장치 등의 다양한 제품군을 지원한다. 보안 카메라는 다음 버전에 적용되지만 점차 지원 목록이 늘어가고 제어 가능한 기능도 제조사의 독자적인 앱만큼 다양해질 것이다. 즉 충분히 매터로 대동단결할 사물인터넷의 장밋빛 미래가 도래한 것이다. 이제야 스마트홈이 정말 사용하기 편리하고 유연하며 확장성이 높아질 것이라는 기대가 생긴 것이다.

단 매터로 등록한 기기의 제어, 관리 기능이 해당 기기의 제조사가 제공하는 별도 앱만큼 좋아야 한다. 그러려면 매터에서 제공하는 API는 충분히 다양한 기능들을 지원해야 하고, 제조사도 이런 API를 십분 활용하고 지원해야 한다. 그래야 어떤 스마트홈 앱이나 플랫폼에서든 해당 기기를 제대로, 온전하게 활용할 수 있을 것이다. 그런 면에서 매터 1.0은 여러 종류의 기기와 여러 제조사가 참여해 표준화해서 사용할 수 있는 범위는 확장되었지만, 기능적으로 이들 기기를 좀 더 강력하게 사용할 수 있는 API의 다변화는 제한적이다. 2.0으로 개선되면서 더 나은 여러 기능이 API화되면 스마트홈 플랫폼의 편의성이 좀 더 나아질 것으로 기대된다.

사물인터넷이 본격화된 지가 2015년경부터니 7년이 넘도록 제대로 안 되던 것이 왜 이제야 물꼬가 터졌을까? 시장에 IoT 기기는 늘고 스마트에 대한 기대는 무성했지만, 사용자가 경험한 것은 복잡하고 불편함만 컸기 때문이다. 그러니 가전기기 제조업체와 스마트홈 플랫폼을 투자해 온 빅테크 기업과 크고 작은 제조업체의 각자도생으로는 시장이 커지지 않겠다는 각성이 본격화된 것이다. 그렇게 나온 것이 매터로, 스마트홈의 확산에 물꼬를 틔워줄 마중물이 될 것으로 기대된다.

● 2024 IT 인사이트 ●

스마트홈의 자동화가 주는 가치

냉장고, 인덕션, 도어락, IP카메라가 인터넷에 연결된다고 사용자에게 어떤 가치가 만들어질까? 굳이 스마트폰에 앱을 실행해 도어락의 문을 원격으로 열고, 닫고, 인덕션을 켜고 끄고 하는 것이 뭐가 편할까? 사실 스마트홈이 주는 최대 장점은 자동화와 선제적 알람 기능에 있다. 일례로, 냉장고 문이 살짝 열린 채 성에가 끼면서 보관된 식품들이 녹아서 발생하는 문제나 인덕션이 1시간 넘게 켜져서 뜨겁게 달아오르는 냄비가 새까맣게 타는 것을 알람으로 알 수 있다. IP카메라로 촬영된 영상 속에 어머니가 집 앞 현관에서 서성대는 모습을 확인하고 원격에서 도어락을 열 수 있다. 잠깐 집에 사람이 없는 와중에 냉동 보관해야 하는 추석 선물이 왔다면 잠깐 문을 열어주고 집 안으로 택배를 넣은 후, IP카메라로 택배원이 나갔는지 확인할 수 있다. 또한 지난 1개월간 촬영된 IP카메라의 영상 속에서 가족이 아닌 다른 사람이 집 안으로 들어온 영상만 빠르게 탐색할 수도 있다. 문이 열리면 자동으로 거실에 전등이 켜지고, 집 안 온도가 28도를 넘어가면 에어컨이나 선풍기가 작동되게 할 수 있다. 그렇게 자동화되고 똑똑한 서비스를 즐길 수 있도록 도와주는 것이 스마트홈이다.

'앰비언트 컴퓨팅'
모든 것은 자동화된다

1991년에 제록스의 마크 와이저 박사는 21세기 컴퓨터를 유비쿼터스로 묘사했다. 유비쿼터스는 "동시에 어디에나 존재하는" 뜻의 라틴어 'ubique'에서 유래했다. 즉 미래의 컴퓨터는 어디서나 늘 존재해 사용자가 필요한 서비스를 적시에 제공한다는 뜻을 지닌다. 유비쿼터스를 꿈꾸던 컴퓨팅 환경은 우리 현실을 비춰보면 100% 완성되었다. 컴퓨터는 더 많은 장소에서 다양한 형태로 존재한다. 사무실에, 집에, 카페에, 우리의 손위에 데스크톱, 노트북, 태블릿, 스마트폰 등으로 존재한다. 우리 눈과 손에

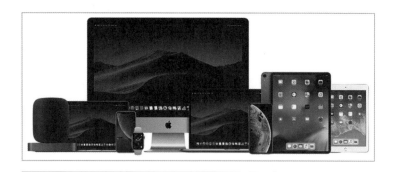

애플의 다양한 컴퓨터

서 컴퓨터가 떨어져 있는 때가 거의 없을 정도로 컴퓨터는 도처
에 존재한다.

컴퓨터가 이제는 주변 사물에 스며들고 있다. 즉 기존 컴퓨터
처럼 디스플레이가 있고 입력장치와 중앙처리장치 등의 시스템
없이도 스피커, 냉장고, 세탁기, 전등과 CCTV, 보일러, 도어락, 초
인종 등 우리 주변의 다양한 사물에도 컴퓨팅 기능이 탑재되고
있다. 꼭 컴퓨터를 눈으로 보고 손으로 만지지 않아도 도처에 있
는 사물을 통해서 사용할 수 있는 것이다. 단 기존처럼 명령을 내
리고 그 결과를 화면으로 보면서 작동하는 방식이 아니라, 사물
속으로 들어가 우리가 인식조차 하지 못하는 상황에서 자동으
로 사용자에게 필요한 서비스를 제공한다. 이를 앰비언트 컴퓨팅

246

ambient computing이라고 한다.

앰비언트 컴퓨팅은 《월스트리트 저널》의 칼럼니스트 월트 모스버그가 2017년에 소개하면서 주목받았다. 그가 말한 개념은 인공지능과 로봇, 자율주행, 웨어러블, 스마트홈, VR, AR 등의 기술의 종착지는 사람이 개입하지 않고 자동화된다는 것이다. 한마디로 컴퓨터가 사물 속에 내재화되어 공기처럼 늘 존재하는 세상을 말한다. 그런 세상에 컴퓨터는 굳이 따로 존재할 필요 없고, 사람과 상호작용, 즉 입력과 출력을 통해 굳이 기기를 사용하지 않아도 실행되는 환경이다.

앰비언트 컴퓨팅은 과연 어디까지 왔고, 트렌드가 될 것인가. 사실 이미 시작되었다. 2014년 11월 아마존이 알렉사 AI 비서가 탑재된 에코 스마트 스피커를 출시하며 앰비언트 컴퓨팅의 가능성이 열렸다. 물론 스마트 스피커는 화면만 없을 뿐 실제 작동방식은 음성으로 스피커를 깨워 결과를 스피커로 확인한다. 완전한 앰비언트는 아니지만, 적어도 스피커는 컴퓨터나 스마트폰과 달리 공간에 자연스럽게 위치해 음성이 도달할 수 있는 어떤 장소에서든 존재해 작동된다. 공기처럼 주변에 위치할 수 있다.

아마존의 '에코' 시리즈

게다가 스마트 스피커, 더 정확하게는 AI 어시스턴트에 연결되는 사물들이 점차 늘고 있다. 연결된 사물은 AI 어시스턴트를 이용해 작동시킬 수 있고, 더 나아가서는 굳이 명령을 입력하지 않아도 자동으로 작동되기도 한다. 현관문이 열리면 문열림 센서가 자동으로 인식해 거실 전등을 켜고, 실내 온도가 높으면 에어컨이, 추우면 보일러가 작동되도록 자동화가 가능하다. 또한 CCTV로 촬영한 영상 속에 얼굴이 등록되지 않은 사람이 나타나면 자동으로 녹화가 시작되는 동시에 스마트폰으로 방범 알람이 오고 집 안의 TV를 켜고 볼륨을 높이는 등의 동작이 실행될 수 있다. 굳이 사람이 작동시키지 않아도 모든 주변 사물이 자동으로 운영되는 것이 스마트홈이며, 자동화되어 작동하는 기술이 점차 발전하고 있다.

AI를 통한 스마트홈 서비스가 2015년부터 본격 개막되었음에도 2023년까지 보급이 확산되지 못했다. AI 어시스턴트의 성능이 기대 이하였기 때문이다. 무엇보다 IoT 간 표준이 확립되지 않아 연결이 잘 안되고 안정적으로 네트워크에 연결되지 못했던 것도 있지만, AI의 품질이 좋지 않아 사람 말을 제대로 못 알아듣고 할 수 있는 작업도 제한되었기 때문이다. OK 구글, 클로바, 헤이 시리, 헤이 카카오 등 아무리 불러도 제대로 깨어나지 않거나 부르지 않았음에도 시도 때도 없이 스마트 스피커가 깨어났다. 또한 불을 꺼달라, TV를 켜달라, 에어컨을 25도 온도로 냉방 작동을 해라 등의 명령을 한 번에 알아듣지 못해서 여러 번 말해야 원하는 작업을 겨우 실행할 수 있어 좋지 않은 사용자 경험이 스마트홈의 대중화를 방해했다.

하지만 이제는 LLM 덕분에 스마트홈도 기존보다 훨씬 할 수 있는 범위가 다양해지고 사람 말도 잘 알아듣고 원하는 의도에 맞는 작업을 수행할 수 있게 되었다. 이제 1세대 AI 어시스턴트에 LLM이 적용되어 2세대 AI 에이전트로 한 단계 진화해 그간 부진했던 스마트홈 시장에 활력을 불어넣을 것으로 기대된다. 더 나아가 가정마다 스마트홈에 최적화된 sLLM이 보급되는 기회도 올 것이다. 클라우드 방식으로 작동되는 LLM은 속도와 개인정보 보안의 문제가 있어 가정마다 최적화된 맞춤형 서비스를 제공할 수 있는 안전한 sLLM이 개발될 수 있는 계기가 마련될 수 있다.

그리고 매터 같은 표준 프로토콜 덕분에 여러 제조사의 사물 인터넷 기기가 상호 연동되고, 호환될 수 있는 환경이 도래했다. LLM이 스마트폰과 수많은 센서로 수집된 데이터를 분석해서 사용자의 상태를 잘 인식해 주변의 사물들이 자동으로 동작될 수 있게 한다. 아마존이 출시한 무인 매장 아마존 고도 LLM 이전의 AI를 통해 앰비언트 컴퓨팅이 특정 장소에 집약되어 구현된 것이다.

매장 내에는 카메라와 수많은 센서, 인공지능이 접목되어 구매자가 카트에 담아 구매한 상품을 굳이 계산대에 줄을 서거나 따로 계산하지 않고도 자동으로 계산된다. 매장 내 진열대에 배치된 상품들 역시 실시간으로 재고와 수량을 체크해 부족하면 바로 매장 운영자에게 전달되어 상품을 채울 수 있도록 한다. 소비자들이 어떤 상품에 가장 관심을 가지고 망설이며 제품 선택을 하는지 등에 대한 것도 모두 자동화되어 분석된다. 그렇게 앰비언트 컴퓨팅은 조금씩 우리 일상 속으로 스며들고 있다. 매터를 통해 모든 기기들이 연결이 안정적으로 구현되고, LLM으로 더욱 스마트한 개인화, 자동화 서비스가 구현될 수 있게 되면서 스마트 홈은 부활될 수 있을 것으로 기대된다.

카메라, 센서, 인공지능이 접목된 아마존고 매장

출처 : 아마존

'work with AI'
챗GPT, 너 내 동료가 돼라

사무실과 집의 미래가 LLM 등의 기술로 인해 달라지 게 되면 그 공간에 거주하고 일하는 사람들은 어떻게 바뀔까? TV 가 없는 집과 있는 집이 다르고, 책상 위에 노트북이 없는 회사와 있는 회사가 다르듯이 미래에는 챗GPT 같은 생성형 AI라는 도구 를 사용할 수 있는 사람과 없는 사람이 달라질 것이다. 한마디로 AI라는 도구를 잘 활용해서 집 안을 더욱 편리하게 꾸미고, 사무 실에서 일을 더욱 스마트하게 할 수 있는 사람과 없는 사람이 다 를 것이다.

사실 LLM은 앞으로 우리가 애써 사용하지 않으려 해도 우리가 사용하는 하드웨어와 소프트웨어, 인터넷 서비스에 스며들 것이다. 이미 로봇청소기에는 AI가 탑재되어 바닥 재질이나 장애물을 피해다니며 먼지와 오염물의 양에 따라 청소 강도를 자동으로 조정해 청소한다. 또 집 안 전체를 스캔해서 자체적으로 지도를 그려서 방과 거실 등을 구분해가며 청소를 하는 것 역시 AI 덕분이다. 세탁기와 에어컨에도 AI가 탑재되어 세탁물의 종류와 양, 오염도에 따라 자동으로 세탁 설정이 되고 실내 온도와 습도는 물론 집에 사람이 얼마나 이동하는지, 앉아 있는지 등을 분석해 자동으로 온도와 바람 세기 등이 조정된다.

우리도 모르는 사이에 이러한 기능은 산업용이나 가사 로봇, 배달과 서빙, 조리 로봇 등에 적용될 것이다. 또한 마이크로소프트 오피스나 포토샵 등의 소프트웨어와 각종 인터넷 서비스와 모바일 앱에도 적용되거나 고객센터에도 적용되어 상담사를 돕는 등의 업무 효율화도 꾀할 것이다.

그렇다면 우린 굳이 LLM을 찾아 나서면서 사용할 필요는 없는 것일까? 챗GPT 시대에는 이 도구를 잘 활용해야 일상이 더 편해지고 업무 생산성도 높아진다. 기존에 사용하던 하드웨어, 소프트웨어, 서비스에 챗GPT를 가능하게 한 기술이 적용되었다 하더

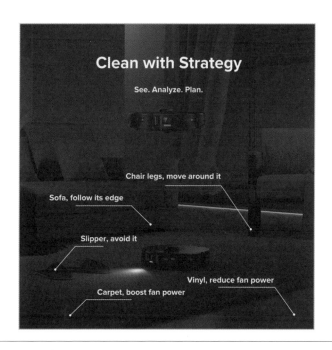

주변의 사물을 인식해 청소를 더욱더 효과적으로 하는 '로보락'

출처 : 로보락

라도 최소한 이 도구의 특징과 강점을 잘 활용할 수 있어야 더욱 효용성이 높아진다. 파워포인트나 엑셀을 사용할 때 코파일럿 기능을 활용해 문서 작성에 도움을 받고자 할 때 당연히 이 도구의 특장점과 한계를 이해해야 더 잘 사용할 수 있는 것이다. 또한 검색 대신에 챗GPT를 활용해 필요한 정보를 찾고 탐색을 효과적으로 하려면 당연히 생성형 AI를 작동할 때 프롬프트를 어떻게 활용하고 답을 구해야 하는지 원리를 이해해야 한다.

구체적인 사용법이야 각각의 서비스에 적용된 LLM의 특징과 해당 서비스의 용도에 따라 다르고, 생성형 AI마다 사용 방식이 제각각이기 때문에 해당 서비스의 매뉴얼과 사용법을 숙지해야 하는 것은 당연하다. 하지만 그보다 더 중요한 사항은 생성형 AI의 활용에 대한 기본적인 태도와 철학이다. 언제, 어떤 방식으로 이들 서비스를 이용해 업무에 도움을 구할 것인지에 대한 기초적인 사용법은 이해하고 있어야 한다.

생성형 AI는 정답을 제시하는 서비스가 절대 아니다. 사용자의 의도에 맞게 대신 검색해서 문장, 이미지, 영상, 문서를 생성하는 서비스다. 사용자의 프롬프트에 온전한 답을 제시하는 것이 아니기에 결과물을 곧이곧대로 수용해서는 안 된다. 사실 챗GPT와 같은 서비스로 필요한 정보를 찾고, 콘텐츠를 생성하고, 무엇인가 얻을 때는 실제 내가 직접 검색을 하거나 저작 툴을 이용해서 작업을 하는 것보다 더 많은 시간을 투자해야 함을 각오해야 한다. 많은 사람이 오해하는 것은 챗GPT 덕분에 더 빠른 답을 찾을 수 있으리라는 착각이다. 기존의 방식대로 10을 투자해서 10을 얻는다면, 생성형 AI를 이용하면 20을 투자해서 20을 얻을 수 있다. 그런데 대부분은 5를 투자해서 10을 얻을 것이라고 착각한다. 이렇게 생성형 AI를 오해하고 있다.

생성형 AI는 더 많은 시간을 투입해 더 나은 결과물을 얻고자

할 때 사용하는 것이다. 물론 기술이 더욱 좋아지고 우리의 생성형 AI 사용 스킬이 좋아지면 10을 투자해서 20을 얻게 될 날이 올 것이다. 하지만 숙련되기 전까지는 더 많은 시간을 투자한다는 각오를 해야 한다. 대신 결과물의 품질도 더욱 좋아진다.

그런 오해로 많은 사람이 생성형 AI 덕분에 문서가 뚝딱 만들어지고 사진도 전문 디자이너에게 요청하지 않고도 고품질의 만족스러운 이미지를 생성할 수 있으리라 생각한다. 절대 그럴 리 없다. 생성 툴을 처음 사용하다 보면 시행착오도 많고 원하는 결과물이 제대로 나오질 않는다. 더 중요한 것은 흡족한 결과물이 나왔을지라도 그게 최선이 아니라는 사실이다. 직접 시간을 들여서 만들었다면 더 좋은 결과물을 만들 수 있었는데 그 기회를 놓쳤을 수도 있다. 또한 관련 전문가나 여러 동료와 함께 정리했다면 생성형 AI를 이용한 결과물보다 더 나을 수 있는데 시도하지 못한 것일 수도 있다.

더 시간을 들여서 생성형 AI를 사용하면서 재차 결과물을 다듬고 보정했다면 훨씬 나은 결과물을 기대할 수 있었는데 한두 번의 시도를 통해 얻은 결과물을 최선이라고 오해한 것일 수 있다. 그래서 생성형 AI를 사용할 때는 오래도록 공들이면서 시간을 투자하며 프롬프트를 갈고닦고 산출물에 대해 비판과 다른 대안을

미드저니에서 '다윗과 골리앗의 싸움' 키워드로 얻은 결과

요청하면서 끊임없이 괴롭혀야 한다. 그래야 원하는 기대를 뛰어넘는 좋은 품질의 결과물을 얻을 수 있다.

생성형 AI는 거드는 역할을 할 뿐 절대 정답을 내리거나 결정하지 않는다. 그런 역할을 하도록 해서도 안 된다. 이 AI를 활용해 다양한 관점, 시각을 확인하며 여러 대안이 있을 수 있다. 우리가 정한 결과물이 다른 제2, 제3의 결과물로 얻을 수 있는 가치를 훼손하지 않도록 끝없이 보정과 보완을 할 수 있는데 생성형 AI를 활용할 수 있어야 한다. 당연히 리더라면 그런 생성형 AI와 동료들이 함께 협업하면서 다양한 관점을 참고할 수 있도록 하고, 아이디어의 자극과 또 다른 의견을 참고해야 한다.

생성형 AI는 뜨거운 태양 아래 눈을 보호하는 선글라스, 난시인 눈을 잘 보이게 해주는 보정 안경 같은 존재일 뿐이다. 안경덕분에 더 또렷하게 볼 수 있는 것이지 안경이 정답을 안내해 주지도, 결정을 해주지도 않는다. 판단하고 정답을 찾는 것은 내 눈이고 머리이지 안경이 아니다. 그렇게 우리 회사 상황과 우리 업무 특성, 구성원의 역할에 맞는 안경을 제시하고 이를 활용해 더욱 정확하게 현실을 직시하고 미래를 내다볼 수 있도록 해주는 것이 AI 시대에 리더가 해야 할 역할이다.

앞으로 기존과 새로운 하드웨어에 AI가 연계되어 편의성과 기능성이 더욱 강화될 것이다. 오픈AI는 아이폰 UX 디자이너 등 애플맨들이 창업한 AI 기반 디바이스·소프트웨어 플랫폼 스타트업 휴메인에 투자해 챗GPT 전용 디바이스 개발을 고려 중이다. 휴메인은 웨어러블 기기 'Ai 핀Ai Pin'을 공개해 AI 시대의 새로운 디바이스를 개발하고 있다. 이처럼 제조업체는 AI를 제품의 품질과 기능을 높이는 데 어떻게 활용할 것인지 고려해야 할 것이다.

제3의 공간, 모빌리티와 웨어러블

집과 사무실 외에 제3의 공간은 어디일까? 하루 중 우리가 가장 많이 머무는 이 두 공간을 제외하면 사람마다 다를 수 있지만 대개는 차 안일 것이다. 출퇴근하고 이동하는 데 적게는 1시간, 많게는 2~3시간 머무는 공간이 바로 차량이다. 자동차, 버스, 지하철 등에서 머무는 시간 또한 우리 일상의 중요한 한 축이다. 그렇게 우리의 24시간을 점유하는 기기나 서비스는 새로운 비즈니스를 창출할 기회를 만든다. 그런 면에서 또 다른 공간은 우리의 몸이다. 하루 종일 우리 손에 들려진 스마트폰에 이어 우리 손목에 찬 스마트워치와 귀에 꽂는 이어셋이 얼마나 새로운 시장을 만들어 냈는지는 스위스 시계보다 더 많이 팔리는 애플워치와 1~2만 원에 불과하던 이어셋을 20~70만 원이 넘는 비용으로 판매하는 에어팟과 에어팟 맥스를 보면 알 수 있다. 그처럼 제3의 스마트워치, 즉 웨어러블 디바이스에 대한 꿈은 반지에서 새롭게 시작될 거라고 예측한다.

'SDV' 모빌리티의 새 바람, 우주까지 넘본다

소프트웨어로 구동되는 차량을 일컫는 SDV^{Software Defined Vehicle}(소프트웨어로 하드웨어를 제어하고 관리하는 자동차)는 한 마디로 '스마트폰을 30배 늘려서 바퀴를 장착한 자동차'나 다름 없다. 스마트폰에 iOS나 안드로이드와 같은 모바일 OS가 탑재되면서 수많은 앱이 스마트폰을 정의한 것처럼 차량 역시 차량의 주행 제어와 센서 데이터 처리, 외부 인프라와의 연결을 위한 통신과 인터페이스, 보안 등을 처리하는 차량 운영체제 기반으로 작동한다. 그래서 스마트폰처럼 차량을 통제하는 소프트웨어가 주기적으로 업데이트되고, 업그레이드가 이루어지면 자동차의 성능이나 기능이 향상된다. 그렇게 소프트웨어를 자동으로 업

데이트하기 위해 OTA^Over The Air^(서비스센터 방문 없이 원격으로 차량 내 소프트웨어를 업데이트 하는 기술) 기술이 이용된다. OTA 덕분에 차량 내비게이션이나 자율주행, 인포테인먼트 등의 성능과 기능이 꾸준하게 개선된다.

SDV 바람이 분 이유는 테슬라가 보인 혁신 때문이다. 많은 사람이 테슬라를 전기차와 자율주행의 대명사로 생각하는데, 그 이전의 자동차 제조사들도 전기차나 자율주행 기능은 선보였다. 그럼에도 테슬라가 주목받은 이유는 SDV 덕분이다. 기존의 자동차는 각각의 부품이 따로 모듈화되어 분산 제어되는 데 반해 테슬라는 소프트웨어 기반으로 통합 제어된다. 이를 위해 차량 내 개별 장치를 통합 제어하는 칩셋^Automotive Part, AP^과 이를 관리하기 위한 운영체제가 필요하다. 하지만 기존 자동차는 각 부품을 제어하는 별도의 전용 컨트롤러^MCU^가 100여 개나 있으며 이를 중앙에서 통합 관리하는 운영체제 또한 열악했다. 반면 테슬라는 자율주행을 위한 AP와 ECU^Electronic Control Unit^, MCU^Microcontroller Unit^ 등 3~4개가량의 통합 칩셋으로 차량을 제어한다.

기존 자동차들이 수십 개가 넘는 칩셋으로 분산되어 운영되는 것과 비교하면 테슬라의 하드웨어 혁신의 열쇠는 통합 칩셋으로 중앙 집중화된 제어 시스템에 있다. 한마디로 "3kg의 ECU로 약

2000kg의 차를 제어"한다. 거기에 리눅스 기반의 독자적인 차량 운영체제인 '테슬라 소프트웨어'로 차량을 통합 관리하고 있다. 덕분에 기존 차량과 달리 안전하고 빠르며, 뛰어난 성능과 다양한 기능을 제공하는 차세대 자동차가 탄생하게 된 것이다.

이제 기존 자동차 제조사들도 단순히 전기차를 부르짖는 것이 아니라 통합 칩셋 기반의 중앙 집중형 시스템으로 차량을 제조하고 있다. 하지만 SDV의 실현이 어렵다. 스마트폰 같은 자동차를 구현하기 위해서는 칩셋을 기계적으로 통합해 줄이는 것만 중요한 것이 아니라 이를 효과적으로 관리할 수 있는 차량 플랫폼을 구현해야 한다. 이를 위해 자동차 기업들은 독자 OS 개발에 속도를 내고 있다. 물론 대개의 자동차 기업들은 구글의 안드로이드 오토나 애플의 카플레이를 지원해서 차량 내 인포테인먼트 정도를 제공하고 있을 뿐이다. GM, 혼다, 포드 등은 구글과 벤츠, 르노, 포르쉐 등은 애플과 제휴를 맺고 있지만, 자동차 제조사들은 차량 SDV 구현을 위해서는 독자 OS 개발이 핵심임을 인지하고 자체적인 차량용 OS 개발에 본격 투자하고 있다. 현대자동차는 자회사 42dot, 도요타는 우븐플래닛홀딩스, 폭스바겐의 카리아드를 통해 SDV를 적극 추진 중이다. 또 폭스바겐은 'vw.OS', 토요타는 '아린Arene'이라는 OS를 개발하고 있다.

이처럼 SDV 구현을 위한 제조사들의 독자 OS 개발은 스마트폰의 모바일 OS와 다른 구도로 흘러가고 있다. 스마트폰 시장은 애플 외에는 삼성전자처럼 구글 안드로이드를 채택해 운영하거나 안드로이드 오픈 소스를 가져다 반쪽짜리 자체 모바일 OS를 구현해 서비스하고 있다. 한마디로 스마트폰의 OS는 iOS와 안드로이드가 양분했다고 봐도 무방하다. 반면 자동차는 애플처럼 테슬라가 독자적인 OS로 시장을 이끌면서, 다른 자동차 제조사들도 독자 OS 개발에 주력하고 있다. SDV가 스마트폰과 다르게 흘러가는 이유는 자동차는 스마트폰과 달리 수천만 원으로 가격이 비싼 데다, 한 번 구매하면 5년 이상은 사용해야 하고, 차량 운행과 안전, 충전 등과 관련한 핵심 사항은 차량 제조사가 기본적으로 서비스해야 하기에 이를 통제, 제어, 관리하는 운영체제를 타 기업에 맡길 수 없기 때문이다.

앞으로 미래 자동차 선택의 핵심 기준은 차량 자체보다 SDV 운영을 위한 차량 소프트웨어 플랫폼의 성능과 안전, 기능에서 결정될 것이다. 또한 그런 기술 경쟁 속에서 자동차는 도로가 아닌 하늘로 그리고 우주로의 꿈을 준비하고 있다. 다양한 산업 분야에서 기술 혁신이 이루어지고 있다. 이처럼 디지털 기술을 활용해 기업이 비즈니스 혁신을 하는 것이 앞서 설명한 디지털 트랜스포메이션이고, 기술 기반으로 산업의 패러다임이 변화하는 것이 엑스테크다. 모빌리티 분야 혁신의 대명사는 바로 우버와 테슬라다.

우버는 소프트웨어, 즉 모바일 앱을 통해 차량을 내가 원하는 곳까지 바로 부르고 결제도 앱에서 쉽게 할 수 있다. 게다가 전 세계를 대상으로 한 서비스라 미국, 캐나다, 유럽, 동남아시아 출장을 가서도 언어 소통의 불편함 없이 택시를 어디서든 부르고 쉽게 결제해서 교통 서비스를 이용할 수 있다. 또한 테슬라는 소프트웨어와 AI를 통해 제어, 통제, 관리되는 자동차의 기술 혁신을 보여주었다. 이렇듯 차량 이용과 자동차 자체의 기술 혁신이 모빌리티의 대명사였다.

모빌리티는 자동차에서 더 다양한 탈것으로 진화했다. 자전거와 킥보드, 기차와 버스 등의 다양한 탈것으로 확장되어 출발지에서 목적지까지 모든 과정에 물 흐르듯 이어지는 이동 서비스를 통합 제공하고 있다. 가장 빠른 혹은 값싼 그리고 편안한 이동을 위한 최적의 경로와 탈것을 추천하고 예약할 수 있다. 기차에서 택시로, 버스에서 자전거로, 택시에서 킥보드로 이어서 사용할 수 있는 최적의 토탈 교통 서비스를 제공하고 있다.

그런 모빌리티가 이제는 지구 도로를 넘어 하늘로 그리고 우주로 향하고 있다. 2018년 2월 6일 일론 머스크가 설립한 우주탐사 기업 스페이스X는 테슬라 자동차를 우주로 쏘아올렸다. 그 테슬라 자동차는 지금도 우주를 시속 1만km 속도로 날고 있다. 그렇게 테슬라는 스페이스X를 통해 우주로의 꿈을 꾸고 있다. 세계 최초의 상용 우주선 발사, 최초의 궤도 발사체 재활용, 민간 우주비행사의 국제 우주 정거장 도킹 등의 혁신적인 우주 연구를 펼친 곳이 스페이스X다. 2023년 7월 기준으로 전체 위성의 수 약 1만 개 중에 약 절반 정도가 스페이스X가 쏘아올린 스타링크 위성이고, 앞으로 약 7만 개의 위성이 지구 궤도 위에 올라갈 계획인데 이 중 60%인 4만 2천 개가 스타링크일 것으로 추정된다. 스

우주복을 입은 스타맨 마네킹이 로드스터를 타고 우주를 나는 모습

출처 : 테슬라

페이스X의 목표는 화성으로의 이민과 다행성 거주화이며, 이를 위해 우주 이동이 절실하기에 이 같은 우주 사업을 펼치고 있다.

한국 자동차의 대표 주자인 현대자동차도 국내 연구기관들과 공동 협의체를 구성해 우주 기술 발전을 위한 탐사 모빌리티에 투자하고 있다. 2022년 2월 미국 CES에서 사물 이동성Mobility of Things, MoT을 발표하면서 모든 사물이 자유롭게 이동할 수 있는 PnP 모듈을 선보였다. 바퀴처럼 생긴 이 모듈을 작은 테이블이나 가구, 컨테이너 등 어디든 부착하면 어디든 이동할 수 있다. 이를 통해 모든 사물에 이동의 개념을 적용해 탈것의 범위를 확대

현대자동차가 꿈꾸는 미래 도시

했다. 2021년 6월에 로봇 회사 보스턴 다이내믹스를 1조 원에 인수한 이후 인간의 한계를 극복하고 다양한 환경에서 여러 작업을 할 수 있는 로봇들을 선보이고 있다.

서비스 로봇 '스팟'은 고온, 혹한 등의 극한 상황이나 자연재해 지역, 방사능 오염 지역에서 임무를 수행할 수 있다. 또한 인간과 비슷한 로봇인 '아틀라스'나 물류 처리를 위한 '스트레치' 등도 여러 영역에서 인간 편의를 위해 다양하게 활용되고 있다. 이같은 로봇은 우주 탐사와 우주 공간에서의 다양한 작업을 수행할 수 있을 것으로 기대된다. 또한 우주 이전에 지구에서 하늘을 나

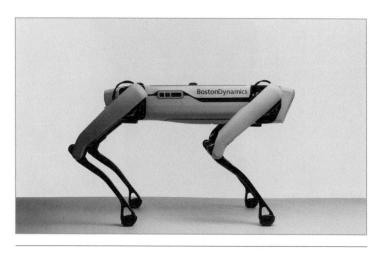

현대자동차가 인수한 보스턴 다이내믹스의 4족 로봇 '스팟'

출처 : 보스턴 다이내믹스

는 자동차에 대한 꿈도 펼쳐가고 있다. 소프트웨어 기업은 우버
는 이미 2016년에 에어 택시라는 나는 택시 서비스를 발표하고
꾸준하게 투자하고 있다. 현대자동차와 SKT, 카카오모빌리티도
도심항공모빌리티UAM를 미래 사업으로 육성 중이다. 정부 차원에
서도 국토교통부가 2025년 UAM 상용화를 목표로 정하며 관련
제도 마련과 기술 개발, 투자에 나서고 있기도 하다.

그렇게 모빌리티는 자동차에서 시작해 수많은 탈것으로, 이제
는 항공과 우주 산업으로까지 영역이 확장되고 있다. 모빌리티
의 미래 혁신에서 주목할 점은 탈것 자체나 공간에 있는 것이 아
니라 탑승객과 운전자의 더 나은 고객 경험과 가치에 있다. 그렇
기에 단순하게 탈것의 기술적 완성을 넘어 사용자의 이동에 대
한 요구에 맞게 최적의 서비스가 제공될 수 있는 소프트웨어 지
원이 이루어져야 완결된다. 앞으로 도로 위의 하늘과 지구를 넘
어 우주에서 우리의 모빌리티 서비스 혁신이 어떻게 이뤄질지
기대된다.

2가지 종류의 로봇

현재 로봇은 크게 2가지로 구분되어 연구 개발되고 있다. 하나는 특정 용도에 최적화된 산업용·가정용 로봇이고 다른 하나는 사람의 모습을 닮은 휴머노이드 로봇이다. 산업용 로봇이야 용도에 맞게 디자인되어 다양한 모습을 띤다. 로봇 팔만 있거나 여러 개의 다리가 있고, 공중을 떠다니거나 저마다 특정 용도를 잘 수행할 수 있게 최적화되어 있다. 반면 휴머노이드 로봇은 사람의 모습을 그대로 닮아 있다. 전자의 경우 제한된 용도에 국한되어 사용해야 하지만 사람의 모습을 닮은 로봇은 사람이 할 수 있는 다양한 것을 대신할 수 있다. 한마디로 사람이 있는 모든 장소에서 사람을 대신할 수 있는 것이다.

챗GPT가 프로그래밍, 번역, 수학 문제 풀이, 작문 등 다양한 일을 할 수 있는 것처럼 사람의 실체를 닮은 휴머노이드 로봇은 현실 속 사람이 하는 일들을 대신할 수 있다. 별도로 로봇을 위해 장소를 만들고 환경을 따로 구축할 필요가 없다. 사무실이나 공장, 커피숍, 조리실 그리고 비행기 안이나 자동차 안 등 거대한 기계가 당장 들어가기가 힘든 곳에 휴머노이드 로봇은 쉽게 들어갈 수 있다. 사람처럼 두 발과 열 손가락을 가지고 있어, 기존에 사람이 들고 나르고 조정하던 모든 것을 똑같이 작업할 수 있다. 그것이 휴머노이드 로봇이 가져올 기회이며, 로봇이 LLM을 통해 사람이 보고 듣는 것을 정확하게 인식하고 사람의 말을 이해해서 그에 맞게 작업을 수행한다면 영화 속에서나 보던 로봇과의 협업이 가능해질 것이다.

테슬라의 '옵티머스'가 사무실에서 택배를 나르는 모습

출처 : 테슬라

'스마트링' 애플과 삼성,
손목에서 손가락으로

2015년 4월에 출시된 애플워치는 처음 출시될 당시만 해도 대부분의 사람이 비웃었다. 40만 원이나 되는 가격에, 평상시에는 화면이 꺼져 있고, 겨우 하루를 버티기도 힘든 배터리는 차라리 10만 원짜리 세이코, 스와치, 카시오 등의 시계를 4개 구매하는 것이 낫다는 비판을 받기도 했다. 당시 애플워치의 가장 큰 문제는 느린 속도와 사용할 수 있는 앱이 별로 없다는 것이었다. 늘 손에 휴대하는 스마트폰이 있는데 왜 굳이 더 작은 화면의 디지털시계를 차야 하는지 사용자의 공감을 얻지 못했다.

하지만 애플워치는 출시 5년 만에 스위스 시계 산업의 연간 판매량을 훌쩍 넘겼다. 2020년 스위스 시계 기업들은 2100만 대를 출하했지만, 애플워치는 3390만 대가 판매되었다. 2020년 한 해만 해도 애플워치 사용자는 1억 명을 넘어섰고, 2022년 한 해 5천만 대가 팔리며 2022년 4분기에 전 세계 스마트워치 시장의 34.1%를 점령했다. 그렇게 스마트워치는 스마트폰에 이어 새로운 시장이 만들어졌고, 덕분에 삼성전자와 인도의 파이어볼트Fire-Boltt, 중국의 화웨이 등도 스마트워치 시장에 안착할 수 있게 되었다. 그렇게 컴퓨터와 스마트폰 그리고 스마트워치라는 새로운 카테고리가 출현했다.

최근에는 또 다른 카테고리의 출현이 예상된다. 바로 눈과 손가락이다. 눈은 안경처럼 쓰는 AR, VR 등의 디바이스를 일컫고 손가락은 반지처럼 끼는 스마트링을 말한다. AR, VR(총칭해서 MR) 등의 기기는 이미 2013년 구글 글래스, 2016년 MS 홀로렌즈, 2019년 메타 퀘스트 등 이미 10년 전부터 다양한 제품들이 선보였다. 하지만 워낙 고가인 데다 컴퓨터나 스마트폰처럼 생태계를 만들어야 하는 것이기에 대중화하는 데 제약이 많다.

반면 애플워치가 2015년에 등장한 이후 2016년부터 뜨거운 관심을 불러일으키며, 불과 3년 후부터 트렌드가 되고 5년 만에 패러다임을 바꿀 수 있었던 것은 액세서리였기 때문이다. 거창한 생태계를 만드는 새로운 IT 플랫폼을 전제로 한 기기가 아니라 스마트폰에 기대어 사용하는 액세서리였기 때문에 시장 보급 속도가 빨랐다. 이처럼 반지 형태의 스마트링도 시계처럼 디지털 액세서리로서 MR과 달리 빠르게 시장 보급의 가능성이 있다.

쓸 만한 스마트링이 본격 소개된 것은 2019년부터로 결제나 스마트키 대용으로 사용 가능한 '커브Kerv', 통화와 통번역을 해주는 '오리ORII', 수면 관리와 활동량을 분석하는 헬스케어 '오우라 Oura', 알렉사가 탑재된 아마존의 '에코루프' 등이다. 하지만 이들 중 실제 제품이 널리 보급된 것은 없고 오우라만이 3세대 제품까지 출시되면서 건강 관리의 제한적인 용도로 사용될 뿐이다. 거의 프로토타이핑으로 시도되어 마니아들의 관심만 불러일으켰을 뿐 결과적으로 시장 형성에 실패했다.

최근 애플과 삼성전자가 스마트링 관련 시장에 특허 확보와 상표권 출원 등으로 기지개를 켜고 있어 새로운 경쟁의 기대감을 불러일으키고 있다. 미국 특허상표청에 애플은 4월 11일 애플링 관련 특허를 출원했고, 삼성전자는 2월에 삼성 갤럭시 링에 대한 상표권을 등록했다. 또 한국 특허청에는 갤럭시 서클 상표권을 등록했다.

애플의 특허를 보면 손가락을 활용한 제스처나 애플펜슬과 함께 사용하는 방식을 통해 기기 조작을 쉽게 할 수 있도록 해준다. 삼성의 특허 내용에는 반지 내부에 광혈류측정 센서와 심전도 센서 등을 탑재해 심박수, 혈압 측정 등을 통해 헬스케어 기능이 제공될 것으로 기대된다.

이미 2015년에 1세대 스마트링을 출시한 오우라는 2018년에 2세대, 2021년에 3세대 제품을 출시했고, 2022년 3월 기준으로 100만 개 이상의 링을 판매했다고 밝혔다. 현재 가장 많이 팔린 오우라 기기는 사용자의 손가락에서 건강 데이터를 수집하는 헬스케어 기능을 제공한다. 이를 위해 심박수, 체온, 호흡률, 수면 데이터를 수집하고 이 데이터를 스마트폰으로 전송해서 건강 정보를 분석한다. 코로나19 발병 시기에 오우라링 사용자 6만 5천 명을 대상으로 연구한 결과, 반지를 착용하고 있던 50명의 코로나19 감염자 중 38명에게서 증상을 느끼기 전에 엄청난 발열 신호가 포착되었다고 한다. 늘 착용하고 다니는 반지를 통해 하루 종일 개인별 체온을 측정하고 이를 통해 시간에 따른 발열과 다양한 신체 변화를 진단할 수 있어 건강 관리에 탁월한 성능이 있음을 보여주는 사례다. 덕분에 미국 NBA 선수들의 신체 모니터링을 위해 NBA에서는 2천여 개의 오우라링을 구입했다고 한다. 2시간 충전 후 약 7일 동안 사용 할 수 있는(산소 포화도 기능 사용 시 4일 내외) 오우라 링은 24시간 착용할 수 없는 스마트워치를 대신해 정밀한 헬스케어 기능을 사용하기에 적합하다.

아마존의 에코 루프는 반지에 탭을 하면 알렉사를 호출해 음성으로 알람을 설정하고, 할 일 목록이나 쇼핑 목록 등의 간단한 메모를 할 수 있으며, 길을 걷는 방향을 알려주고 전화를 걸고 받는 등의 기능을 할 수 있다. 1세대 제품이 테스트로 출시된 이후 판매되고 있지는 않지만, 스마트링을 통해 스마트워치보다 작고 오래

'에코 루프'로 통화하는 모습

출처 : 아마존

착용할 수 있다는 장점에 더해, 일부 기능까지 수행할 수 있다.

'스마트'라는 접두어가 붙어 가장 큰 시장을 형성한 것이 스마트폰이다. 하지만 스마트폰 외에도 스마트워치, 스마트TV, 스마트카, 스마트 스피커, 스마트시티, 스마트 그리드, 스마트락 등 다양한 제품들이 우리 일상생활을 더 편리하고 효율적으로 만들고 있다. 이렇게 다양한 스마트 기기 중에 스마트링은 최소 3~4일은 늘, 잠을 잘 때도 샤워할 때도 언제나 착용하고 있는 제품이다. 그런 만큼 신체 정보를 수집하는 센서로서, 때로는 간단한 메

274

시지를 알리는 출력기인 동시에 다른 장치의 제어와 조작을 위한 입력 인터페이스로서 새로운 편의와 경험을 제공할 수 있을 것으로 기대된다. 주변의 기기들이 더 많이 인터넷에 연결되고 AR, VR 그리고 공간 컴퓨팅 같은 새로운 메타버스 플랫폼이 펼쳐질 때 스마트링은 또 다른 사용자 경험을 제공할 수 있을 것이다.

IT TREND 2024

PART 5

2024 IT 키워드 10

전체적인 IT 트렌드를 크게 메타버스와 블록체인, AI(LLM, 생성형 AI), 사회적 가치와 서비스, 비즈니스 모델 이렇게 4가지 덩어리로 살펴봤다. 그렇다면 미시적 관점에서 2024년 주목해서 봐야 할 IT 시장의 키워드는 무엇일까? 10개의 테마로 살펴보고자 한다.

IT 혁명이 지속되는 2024년

1. **서비스** : 여전히 모바일에서도 킬러앱으로 굳건한 영향력을 행사하고 있는 인터넷 서비스인 SNS는 과연 어떻게 진화할 것인가.

2. **코어 기술** : 2023년을 뜨겁게 장식한 챗GPT를 시작으로 한 LLM과 생성형 AI는 어떻게 더 확대될 것인가.

3. **기반 기술** : 21세기의 원유라 칭할 만큼 여전히 10년 넘게 중요한 자리를 차지하고 있는 모든 기업의 혁신 마중물인 데이터는 어떻게 발전할 것인가.

4. **오프라인** : 혹독한 코로나19 시기를 견디고 엔데믹 시대를 맞

이한 오프라인 매장은 어떻게 효율화될 것인가.

5. **금융** : 모바일과 함께 가장 큰 산업적 변화를 겪은 핀테크 시장의 글로벌화가 본격 가동되는데, 향후 금융의 미래는 어떻게 바뀔 것인가.

6. **콘텐츠** : 카카오톡 덕분에 새로운 비즈니스로 우뚝 선 이모티콘 시장은 메타버스의 아바타 이코노미로 어떻게 확장될 것인가.

7. **미디어** : 한국의 이커머스 시장처럼 넷플릭스의 독주 속에 국내 통신사와 콘텐츠 사업자, 스타트업의 치열한 경쟁으로 혼탁해진 OTT의 미래는 어떻게 될 것인가.

8. **커머스** : 20년 넘게 춘추전국시대로 치킨게임의 양상을 보이던 이커머스 시장이 쿠팡의 독주로 어떤 변화를 거칠 것인가.

9. **비즈니스** : 기업의 비즈니스 모델에 기술 혁신, 즉 디지털트랜스포메이션은 어떤 변화와 기회를 만들 것인가.

10. **미래 기술** : 제2의 황우석 사태처럼 초전도체 열풍에 훈풍이 불다가 잠잠해진 양자 컴퓨팅은 현재 어떤 상황인가.

'소셜 미디어' 인스타그램,
틱톡 다음은?

　　1990년대 PC통신에서 애용하던 서비스 중 하나가 동호회였다. 하이텔, 천리안, 나우누리 등의 PC통신에서 연령대별, 지역별, 다양한 주제별로 온라인 동호회가 개설되어 공동의 관심사를 가진 사용자들이 서로 소통하는 커뮤니티였다. 이 같은 공식 PC통신 서비스에 제공되지 못하는 주제는 개인이 BBS 서비스를 개설해 운영하기도 했다. 그만큼 사람들은 시공간의 제약을 벗어나 누군가와 소통하고 여러 주제와 관심사에 대해 떠들고 싶은 욕망이 있어 초기 인터넷 서비스에서 이런 커뮤니티가 주목받았다.

　　이후 2000년대 들어 본격적으로 웹이 확산하면서 다음 카페와 싸이월드, 아이러브스쿨, 프리챌 등의 수많은 커뮤니티 서비스가 쏟아져 나왔다. 지난 20년을 돌이켜 보면 한국의 인터넷 서비스에 세계가 주목했다. 그렇게 주목받던 한국형 인터넷 서비스의 중심에는 커뮤니티가 있었다. 특히 싸이월드의 미니홈피와 도토리는 독특한 서비스 개념과 비즈니스 모델로 세상을 놀라게 했다.

하지만 2010년 모바일 시장이 본격 가동되면서 한국 시장에서 조차 신토불이 국산 커뮤니티 서비스는 주목받지 못하고 있다. 이미 모바일 시장에서 커뮤니티는 미국의 페이스북, 인스타그램 그리고 중국의 틱톡이 지배하고 있다. 물론 국내에서 네이버의 밴드나 카카오스토리, 제페토 등도 3세대 모바일 커뮤니티로 사랑받고 있지만, 페이스북 등과 비교할 때 세계적인 서비스로 우뚝 서고 있지는 못하는 실정이다.

그렇게 지난 10년간 커뮤니티는 페이스북과 인스타그램, 틱톡이 독보적인 위치에 우뚝 섰다. 그런 커뮤니티 시장에 균열이 가해지고 있다. 새로운 소셜 미디어, 커뮤니티 서비스들이 급부상하고 있기 때문이다.

우선 해외에서는 테슬라 CEO 일론 머스크가 트위터를 인수한 이후 전 CEO와 직원들이 트위터 클론을 만들며 반 트위터 서비스들이 주목받고 있다. 전 트위터 CEO 잭 도시는 '블루스카이 소셜' 앱을 2023년 2월에 출시했다. 이 앱은 과도한 수익화와 일방적 운영정책으로 비판받는 현재의 트위터와 달리 블록체인 기반의 탈중앙화된 시스템을 차별화 전략으로 내세우고 있다. 지난 4월에는 트위터의 전 제품 매니저였던 가버 셀이 트위터와 유사한 앱 'T2'를 런칭했다. 트위터보다 단순하고 혐오 발언이나 과도

한 광고가 없는 차분한 소셜 미디어로 차별화를 꾀했다. 그 외에도 트위터 출신 직원들이 1월에 출시한 '스필'은 흑인, 퀴어 등의 소외된 소수자 중심의 소셜 미디어로 차별화하고 있다. 2012년 페이스북에 10억 달러로 매각한 인스타그램의 창업자가 2월에 출시한 '아티팩트'도 AI 기반의 개인화된 뉴스를 주제로 친구들과 대화할 수 있는 소셜 미디어로 주목받고 있다. 또 틱톡을 개발한 중국의 TI 기업 바이트댄스가 2020년에 런칭한 '레몬8'도 제2의 인스타그램으로 2023년 들어 급부상하며 사용자가 늘고 있다.

이렇게 다양한 소셜 미디어가 2023년 들어 쏟아지고 있는 배경에는 일론 머스크가 인수한 트위터에 대한 반감과 미국 정부가 제재의 칼날을 휘두르며 틱톡 금지령을 내려 틱톡커들이 대안 앱을 찾고 있기 때문이다. 더 나아가 10년 넘은 SNS에 대한 지루함으로 사용자들의 새 커뮤니티에 대한 기대가 날로 커지고 있기 때문이기도 하다.

국내에서도 제페토, 이프랜드 등 메타버스형 소셜 파티 서비스가 2022년 크게 주목받았고, 카카오는 오픈채팅 서비스를 통해 다양한 주제로 사용자 간에 대화와 소통을 할 수 있는 서비스를 준비하고 있다. 이는 기존의 카페, 밴드, 카카오스토리만으로는 다양한 취향과 관심을 가진 사람들과의 소통을 담기에 부족하기에 본격적으로 신규 커뮤니티 공략에 나서는 것이다. 실제로 2020년 코로나19와 함께 사회적 거리두기가 자리를 잡으면서 가까운 가족과 친구조차 만날 수 없던 사람들의 소통에 대한 요구가 높아졌다. 그로 인해 다양한 커뮤니티 서비스들도 출현하고 더 주목받게 되었다. 관심사 기반의 커뮤니티로 급부상하고 있는 '문토', 우리 집 공간에 사람들을 초대해 소통하는 공간 커뮤니티 '남의집', 지역과 관심사를 기반으로 오프라인 모임을 찾아주는 '소모임' 등은 2022년 이후 사용자가 급증하고 있다.

특히 지역 기반 커뮤니티에 대한 요구가 늘어가며 당근처럼 하이퍼 로컬 커뮤니티에 대한 기대도 커지고 있다. 동네 이웃들과의 중고 거래에서 시작된 당근은 이제 동네 생활정보를 나누는 지역 밀착형 커뮤니티로 발돋움했다. 중고 물품으로 동네 사람들을 연결한 서비스가 이제는 주민과 소상공인을 연결하는 '내근처'와 동네 주민들 간의 만남을 촉진하는 '같이사요' 서비스로 발전하고 '동네생활'에서는 지역의 사건사고와 동네 소식 정보가 공유되고 있다. 네이버와 카카오의 지도 서비스도 방문한 여행지와 맛집 정보에 대한 경험을 사용자끼리 공유, 구독할 수 있는 기능이 추가되고 있다. 카카오맵의 '톡친구 위치공유'를 이용하면 각자의 현재 위치를 실시간으로 공유하고, 내가 방문한 장소에 대한 기록과 후기를 다른 이용자들과 공유할 수 있다.

메타는 트위터에 대항할 텍스트 기반의 소셜 미디어 '스레드 Threads'를 7월 5일 출시했다. 이 새로운 SNS는 트위터와 같은 마이크로 블로그로 500자 이내의 단문 메시지를 기반으로 소통할 수 있는 서비스다. 인스타그램 계정을 연동해서 사용할 수 있어 인스타그램 아이디가 있어야만 스레드에 계정을 생성할 수 있다. 물론 사진과 영상을 업로드할 수 있지만 사진은 10장, 영상은 5분 이내의 콘텐츠를 올릴 수 있다. 트위터가 일론 머스크에 인수된 후 유료화와 일방적 운영으로 흔들리는 와중에 그 빈틈을 노리고 출시한 것이다.

스레드는 게시물이 회사의 관리나 검열을 받지 않는 탈중앙화된 정책을 지향한다. 기존의 소셜 미디어, 커뮤니티 서비스를 운영하는 빅테크 기업도 새로운 커뮤니티 서비스에 대한 사용자의 요구를 전략에 적극적으로 반영하고 있다. 그 결과 출시 이후 4시간 만에 5백만 명, 하루 만에 5천만 명이 가입하는 성과를 달성했고, 5일 만에 1억 명을 돌파했다. 그러나 일주일이 지나면서 가입자 수도 급속히 빠지고 무엇보다 일일 사용자 수와 유저당 사용 시간이 가파른 추세로 감소하면서 '5일 천하'에 그쳤다. 하지만 그만큼 시장에는 늘 새로운 서비스에 대한 사용자의 기대와 요구가 있음을 방증한다.

메타의 스레드   X로 이름을 바꾼 트위터

인터넷 서비스의 세계에서 영원한 강자는 없다. 늘 변화하지 않으면 도태되기 마련이다. 지난 10년을 지배해 온 소셜 미디어 서비스 역시 이제는 변해야 할 때다. 사용자들의 달라진 요구와 시대 변화에 따라 리모델링하지 않으면 역사의 뒤안길로 사라지게 될 것이다. 블록체인, 메타버스 그리고 지역과 초개인화 등의 기술과 시대 화두에 맞게 앞으로의 4세대 커뮤니티 패러다임은

어떻게 바뀌게 될지 주목해야 한다.

이 지점에서 팬덤 커뮤니티의 가능성을 엿볼 수 있다. 팬덤은 연예인, 스포츠팀, 브랜드, 작품 등에 대한 열정적 지지와 애정을 가진 팬들의 집단을 말한다. 그들은 다양한 방식으로 그들이 지지하는 대상의 성장에 기여한다. 홍보와 마케팅은 물론 실질적 소비를 하며 경제적 가치를 높일 뿐 아니라 부정적 루머나 비판에 방어하면서 지지 대상의 명예를 지키기도 한다. 아이돌이나 가수, 배우, 예술가와 정치인을 넘어 기업, 인플루언서와 메타버스, 블록체인 같은 기술까지도 그런 팬덤의 대상이 되기도 한다. 영화 〈스타트렉〉 팬덤인 '트렉키trekkie'와 〈해리포터〉 팬덤 '포터헤드potterhead'처럼 영화나 애플 같은 브랜드, 아프리카 BJ, 유튜브 크리에이터가 팬덤의 대상이 되기도 한다.

그러므로 대중의 관심과 소비 기반으로 서비스나 콘텐츠, 사업을 운영하는 모든 기업과 창작자는 강한 유대감을 갖는 팬덤을 구축하는 것을 그 어느 때보다 중요하게 생각해야 한다. 단순한 소비자 100명보다 팬덤 10명의 집단이 지속해 더 많은 소비를 이끌고 다른 소비자까지 끌어들인다. 그래서 팬덤을 만들고 이를 관리할 시스템에 대한 수요가 커지고 있다. 팬덤이 어떤 채널을 통해 누구로부터 시작해, 어떻게 확산하고, 이를 어떻게 효율적으로 관리할 것인가에 대한 필요성이 대두된 것이다. BTS의 팬들을 어떻게 단순한 팬과 팬덤으로 구분할 수 있을까. 또 웹툰이나 서브스택, 유데미 강연에서 활동하는 작가나 강사들이 독자들과 지속적으로 소통하며 단순한 구독자를 팬덤으로 확장해 가기 위해서는 어떻게 해야 할까.

이처럼 다양한 영역에서 팬덤 운영과 관리의 필요성이 커지면서 이를 전문적으로 관리하는 플랫폼이 대두되고 있다. 사실 20년 전만 해도 이렇게 팬들이 함께 모여 소통하며 공동의 관심 대상을 추종하고 지지하는 채널은 카페가 일반적이었고, 10년 전부터는 페이스북 그룹, 5년 전부터는 디스코드와 레딧, 패트리온 등이 이용되고 있다. 팬 커뮤니티 서비스의 진화 과정을 보면 처음에는 단순하게 정보 공유 정도의 기능에 불과했지만, 점차 팬덤의 대상자와 함께 소통하고, 그 대상을 후원, 지지할 수 있는 다양한 툴이 제공되고 있다. 대상의 굿즈를 거래하고 콘텐츠를 구독하는 등의 기능들이 제공되며 단순 커뮤니티를 벗어나 커머스와 후원, 구독 등의 유료 결제도 포함되었다.

이제 팬덤 플랫폼이 재도약하고 있다. 스타트업 비마이프렌즈는 크리에이터들이 팬덤 플랫폼을 만들어 소통하고 수익을 창출할 수 있는 '비스테이지' 서비스를 개발했다. 아이돌, 영화제작자,

e스포츠 선수단과 다양한 영역의 인플루언서, 창작자는 비스테이지를 이용해 웹페이지나 앱을 만들어 팬들과 소통하고, 창작물의 공유와 판매, 더 나아가 2차 창작물과 굿즈의 기획과 유통 전반까지 운영할 수 있다. 기존의 팬덤 플랫폼은 소통, 창작물 판매, 커뮤니티 운영 관리 등이 서로 다른 플랫폼에서 나누어 제공되었다면 이제는 하나의 플랫폼에서 크리에이터의 브랜드를 훼손하지 않은 채 독립적인 통합 플랫폼에서 운영할 수 있는 것이다. 특히 팬덤 커뮤니티에서 팬들에 대한 상세한 데이터 분석, 멤버십 운영 등의 관리 기능도 제공된다. 또 크리에이터와 팬들 간 유대관계를 강화하고 금전적 보상이나 부가가치 창출을 돕는 NFT 발

팬덤 플랫폼 '비스테이지' 서비스

출처 : 비스테이지

행도 가능하다.

NFT야말로 팬덤에 참여한 열혈 팬에게 크리에이터가 금전적 가치와 신뢰를 줄 수 있는 수단이다. NFT를 구입한 팬들은 단순 소비자 위치에서 벗어나 크리에이터 혹은 브랜드의 조력자가 되고, 그 대상을 적극 지지하고 후원하며 성장하며 얻은 가치를 팬과 대상자가 함께 나눌 수 있다. 그렇게 팬덤 플랫폼은 팬들이 모여 정보를 공유하거나 크리에이터의 저작물을 구매하는 단순 참여자에서 벗어나 함께 브랜드와 가치를 키워가는 동반자이자 파트너로서 팬과 크리에이터가 만날 수 있는 장을 제공하고 있다. 그렇게 팬덤 플랫폼은 크리에이터와 팬을 경제 공동체로 묶어 동반 성장할 수 있도록 도와주며 그렇게 크리에이터 이코노미는 한 단계 진화하고 있다.

BTS의 소속사 하이브는 팬덤 플랫폼 '위버스'를 운영하고 있으며, 이보다 더 고도화된 플랫폼을 자회사 바이너리코리아를 통해 2024년 상반기에 출시할 계획이다. 유사한 플랫폼으로 SM엔터테인먼트의 '버블'과 엔씨소프트의 '유니버스'가 있는데, 2023년 1월 유니버스는 버블로 인수되어 팬덤 플랫폼 위버스와 버블 양강 구도를 형성해 경정이 본격화되고 있다. 앞으로 국내의 팬덤

네이버와 하이브가 투자한 팬덤 플랫폼 '위버스'

출처 : 위버스

플랫폼이 글로벌 시장에서 어떤 영향력을 행사하며 성장할지 주목된다.

2000년대의 다음카페, 아이러브스쿨, 프리챌, 다모임 등의 서비스에서 2010년대 밴드와 페이스북, 트위터, 틱톡 등이 그랬듯이 2020년대에 또 다른 새로운 SNS, 커뮤니티가 주목받을 것이다. 앞으로 글, 사진, 영상 중심의 커뮤니티에서 특정 주제나 팬덤, 더 나아가 카카오톡의 오픈채팅처럼 영역별 관심사를 가진 사용자들을 묶는 커뮤니티에 대한 기회가 커질 것으로 기대된다.

'생성형 AI'
업무 깊숙이 들어오는 동반자

LLM은 여러 종류의 생성형 AI 서비스를 탄생시켰다. 사진을 생성하는 '미드저니', 파워포인트를 근사하게 만드는 '톰 Tome', 영상을 제작하는 '픽토리Pictory AI'에 이르기까지 다양하다. 이들 생성형 AI는 글, 사진, 영상, 음악 등 여러 종류의 데이터를 생산한다. 그렇게 생성된 데이터는 다양한 형태의 콘텐츠를 만들고, 업무에 도움을 주는 조력자가 되고 있다. 특히 마케팅 현장에서 생성형 AI가 어떤 역할을 하고 앞으로 AI 마케터가 산업 현장에서 어떤 변화를 만들지 전망해 본다.

챗GPT는 플러그인 기능을 통해 특정한 비즈니스 영역에 전문화된 정보와 서비스를 받을 수 있다. 플러그인은 계속 늘어나고 있는데, 마케팅 관련 플러그인으로는 마케팅에 특화된 검색 서비스를 제공하는 '셈봇Sembot'부터 특정 기업의 마케팅 데이터를 기반으로 상세한 정보 분석을 하는 '챗스팟ChatSpot'에 이르기까지 다양하다. 실제로 주변의 마케터들은 챗GPT는 물론이거니와 다양한 생성형 AI를 활용해 업무에 큰 도움을 받고 있는데, 사례를 살펴보자.

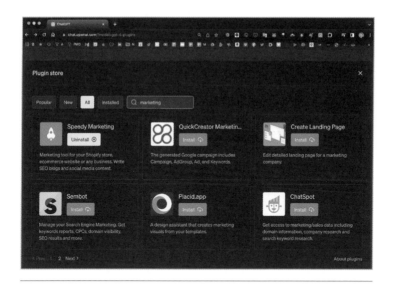

챗GPT의 다양한 플러그인

챗GPT에서 위 사진과 같은 플러그인을 선택하면 사용자의 프
롬프트에 맞는 플러그인이 자동으로 호출되어 더욱 전문적인 정
보를 제공한다. 플러그인을 사용하지 않으면 챗GPT의 답은 '아
무 말 대잔치'가 될 수 있다. 예를 들어 특정 기업이 어떤 기술을
활용해 사업 혁신을 하는지에 대해서 일목요연하게 파악하고 진
단할 수도 있다. 직접 검색해서 찾으면 상당한 시간이 걸리지만,
플러그인을 이용하면 일반 데이터가 아닌 특정한 영역의 데이터
를 기반으로 답변을 제공하기 때문에 더 정확하고 정교한 정보를
탐색할 수 있다.

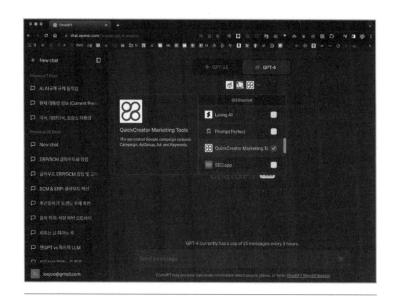

그때그때 필요한 전문 영역에 맞는 적절한 플러그인을 선택해 사용할 수 있는 챗GPT

'비디오 인사이트VideoInsight.io' 플러그인을 이용하면 유튜브 영상을 요약 정리해 준다. 국가나 언어에 상관없이 핵심 내용만을 간추려 주기 때문에 세미나, 인터뷰, 강연 등의 영상을 분석할 때 유용하다. 특히 긴 영상을 단락 구분을 하고 2~3분 분량으로 요약해 스크립트를 만들어 짧은 영상으로 구성할 때도 유용하다. 그래서 유튜버나 구성작가들이 영상 촬영을 위한 질문지나 스크립트를 작성할 때도 유용하게 사용할 수 있다.

게다가 '고급 데이터 분석 기능Advanced Data Analytics, ADA'을 이용하면 CSV, 엑셀 파일은 물론 PDF와 영상 파일 등을 업로드해 데이

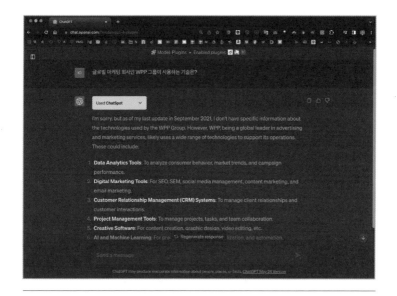

특정 기업이 이용하는 기술 솔루션 목록을 정확하게 파악할 수 있는 플러그인 '챗스팟'

터를 분석하고, 차트를 생성할 수 있다. 또 파일 편집과 변환 작업도 가능하다. MP4 동영상 파일을 움직이는 GIF로 변환하는 것부터 수학 연산과 엑셀 파일의 내용을 분석해 원하는 데이터 분석과 차트 생성 등을 할 수 있다. 단 챗GPT 플러스 유료 사용자만 이용할 수 있다.

'야블Yabble' 플러그인은 설문조사를 할 때 대상자를 분류하고 목적에 맞는 설문 내용을 제시해 준다. 이런 플러그인을 활용하면 마케터가 사용자 리서치 초안을 구성할 때 도움을 받을 수 있다.

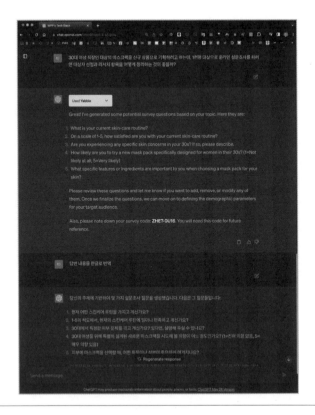

사용자 리서치를 위한 설문 내역을 정리할 수 있는 플러그인 '야블'

　　또한 참신한 마케팅 아이디어나 슬로건 등을 제시하기도 한다. 물론 챗GPT의 답변은 정답도 아니고, 별로 도움이 되지 않을 때도 많다. 하지만 다양한 주제에 대해 여러 관점의 아이디어를 얻고 브레인스토밍을 하는 데 도움을 줄 수준은 된다. 이에 더해 바드와 뉴빙, 뤼튼, 재스퍼 등 다양한 서비스가 있다. 각각의 AI마다

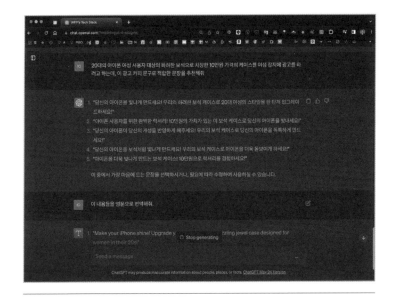

20대 아이폰 여성 사용자 대상의 럭셔리 케이스 광고 문구를 작성한 생성형 AI

서로 다른 특징을 지니고 있어 다양한 관점의 정보를 파악하는 용도로 이들 생성형 AI를 활용하면 꽤 유용하다.

현대백화점은 네이버 하이퍼클로바 LLM을 기반으로 카피라 이팅 생성형 AI 서비스 '루이스'를 개발했다. 현대백화점은 월 6천 건이 넘는 홍보 카피 문구를 만드는데, 루이스 덕분에 카피 문구의 생성 속도와 품질 그리고 양을 2배 이상 확대할 수 있게 되었다. 루이스가 마케터를 도와 다양한 홍보 카피 후보군을 추천한 덕분이다. CJ그룹도 지난 3월 중순 AI 카피라이터를 활용해 마케팅을 하겠다는 계획을 발표했고, 고객 반응률을 테스트한 결과 평균 대비 효과가 높다고 한다. 이처럼 회사 차원에서 기업 내부에 수집된 데이터를 기반으로 자체적인 생성형 AI를 만들어 운영할 수도 있고, 범용적인 AI를 직원들이 개별적으로 사용해 업무에 도움을 받기도 한다.

생성형 AI는 글뿐만 아니라 사진, 영상, 오디오 등 다양한 포맷의 데이터를 생산한다. 챗GPT 같은 AI로 만든 카피에 적합한 광고 이미지나 영상을 제작하는 것도 가능하다. 미드저니는 고화질의 사진을 만드는 생성형 AI로, 원하는 이미지를 묘사해 요청하면 수십 초 만에 사진을 생성한다.

이렇게 생성형 AI로 다양한 콘셉트의 마케팅 사진을 만들다 보면 막연해 보이는 카피나 마케팅 콘셉트에 대한 이미지를 더욱더 구체적으로 형상화할 수 있다. 생성형 AI가 만든 이미지를 바로 광고에 활용하기에는 미흡한 점이 있지만 아이디어를 발전시키고 생각을 다듬는 데 큰 도움이 된다.

패션 브랜드 발렌시아가는 해리포터 캐릭터를 패러디해 1990년대 런웨이 쇼에 어울리는 제품 스타일링을 챗GPT 프롬프트를 통해 생성하고, 이 문장을 미드저니에 요청해 사진으로 만들었다. 그렇게 제작한 '발렌시아가 해리포터 밈' 캠페인은 대성공을 거두어 브랜드 홍보에 큰 도움이 되었다. 아마 기존 방식대로 진

미드저니로 갈고 닦아서 직접 만들어 본 제품 홍보 사진

행했다면 시간이나 비용이 크게 들었겠지만, 생성형 AI는 그 시간과 비용을 대폭 절감하는 효과를 주었다.

이처럼 생성형 AI는 마이크로소프트 오피스와 포털 검색보다 더 큰 업무 편의성을 줄 것으로 기대된다. 하지만 AI가 우리 업무의 조력자가 되는 과정에서 고민해야 할 숙제가 있다. 마케터의 시간을 절약하고 생산성에 큰 도움을 주는 것은 맞지만, AI가 만든 데이터를 100% 신뢰할 수는 없다. AI는 스스로 움직이는 것이 아니라 사람의 명령이 있어야 작동한다. 그렇게 생성된 데이터는 콘텐츠라 부를 수 없는 그럴듯한 아이디어 수준에 불과하다. 실제 상품으로 만들기 위해서는 갈고 닦아야 하는 과정이 필요하다. 만일 그런 과정 없이 AI가 제시한 데이터를 그대로 사용하면 속도만 빨라졌을 뿐 품질은 떨어질 수밖에 없다. 게다가 그런 일이 반복되면 사람의 역할은 갈수록 축소되어 필요 없어질 것이다. 한 마디로 AI 마케터가 인간 마케터의 일자리를 빼앗게 된다. 그러므로 AI의 가능성과 한계를 잘 알고 활용해야 한다.

또 생성형 AI는 저작권에 자유롭지 못하다. 생성형 AI는 인터넷에 공개된 데이터들을 기반으로 학습을 한 것인데, AI로 만들어진 데이터는 기존의 사람이 만든 수많은 콘텐츠를 부분부분 재조합한 것이다. 그 과정에서 기존 저작물의 저작권을 일부 침해할 수 있다. 또 생성형 AI로 만들어진 데이터는 그때그때 다르지만 (같은 프롬프트를 이용해도 달라짐), 해당 데이터를 통해 상품화한 콘텐츠가 서로 비슷해질 수 있다. 그래서 앞으로 사용 과정상에 다양한 저작권, 사용권 문제에 직면할 수 있다.

그럼에도 생성형 AI가 주는 강점이 명확해 여러 기업에서 업무에 적극 도입하고 있다. 그 과정에서 기업 내부 데이터가 많고 투자 여력이 있는 곳은 자체 데이터를 기반으로 학습한 기업에 최적화된 독자적인 생성형 AI를 만들 것이다. 자체 AI를 보유한 기업은 경쟁력을 갖추며 더 나은 마케팅 성과를 거둘 것이다. 반면 범용적인 생성형 AI를 사용하는 기업은 한계에 부딪힐 수밖에 없을 것이다. 외부의 생성형 AI를 사용하는 과정에서 기업 정보가 프롬프트를 통해 유출되는 보안 문제 그리고 다른 기업이 동일하게 사용하는 범용 AI를 사용함으로써 발생하는 경쟁 차별화 약화도 문제가 될 것이다. 앞으로 보다 전문적이고 차별화된 기업만의 생성형 AI를 구축하려는 니즈도 커질 것이다.

'데이터'
21세기의 원유

데이터의 중요성은 귀에 못이 박히도록 들었다. 기업의 디지털 트랜스포메이션을 뜻하는 DT의 'D'를 '데이터data'라고 하는 우스개가 있을 정도로 기업의 사업 혁신에서 데이터가 차지하는 비중도 나날이 커지고 있다. 어떻게든 기업은 데이터를 더 깊고 넓게 수집하려 한다. 그렇게 축적된 데이터는 상품 개발이나 서비스 개선, 고객 만족, 마케팅 효율, 더 나아가 신규 사업 진출 등의 다양한 용도로 활용된다. 데이터가 에너지가 되어 기업의 사업 혁신에 이용되기 때문에 더 많은 데이터를 수집하려 노력하고 있다.

그렇게 전 세계의 데이터 탱크가 된 곳이 바로 구글이다. 물론 페이스북도 전 세계를 대상으로 사용자 데이터를 전방위로 수집하고 있다. 구글이 검색과 유튜브 그리고 안드로이드를 통해 모바일에서 사용자의 욕망, 관심사, 위치를 넘어 스케줄과 이동 경로와 자주 가는 곳에 이르기까지 광범위한 데이터를 수집하고 있다면, 페이스북은 친구 관계와 무엇을 좋아하고, 어떤 성향을 띠고 있는지 좀 더 내밀한 개인정보를 수집한다.

사실 이 같은 데이터는 이들 인터넷 기업 이전에 금융사와 통신사들이 더 많이 소유하고 있었다. 금융사에는 우리들의 수입 규모와 대출, 보험 그리고 씀씀이가 데이터로 쌓였고, 통신사에는 거주지와 자주 통화하는 사람 그리고 어디를 자주 방문하는지 등에 대한 데이터가 수집되었다. 이들과 인터넷 기업의 다른 점이 있다면 이렇게 수집한 데이터를 활용하는 데 제약이 있는 데다, 수집한 데이터를 실제 활용할 수 있는 사용자와 대면 채널이 제한적이라는 점이다. 구글이나 페이스북은 무료로 서비스를 제공하는 대신 사용자 정보를 수집하고 이를 활용하는 것에 대한 동의를 구하고, 웹과 앱을 통해 사용자와 만나는 비대면 채널이 있어 수집한 데이터를 활용해 비즈니스 가치를 만들 수 있었다.

인터넷 기업들의 욕심은 끝이 없다. 기존에는 수집하지 못했던 사용자 데이터까지 확보하기 위해 영역을 확장하고 있다. 구글은 스마트홈 관련 기기와 구글홈 기반의 플랫폼 구축을 통해 온라인을 넘어 오프라인의 사용자 데이터를 수집하고 있다. 구글 네스트 스마트 스피커와 방범 카메라 등의 스마트홈 관련 기기와 다양한 가정 내 가전, 전자기기를 구글홈과 연동해 집안의 데이터들을 촘촘하게 모으고 있다. 집에 몇 명이 거주하는지, 언제 얼마나 집 안에 머무는지, 누가 방문했는지, 택배를 얼마나 시켰는지, 집안의 가전기기는 어떤 것들이 있고, 얼마나 에너지 소비를 하느지, 작동률은 어떤지 등의 데이터가 기본이다. 세탁기는 어느 회사의 제품이고 얼마나 자주 작동되는지, 문은 언제, 얼마나 자주 열리는지, 집 안의 전구는 언제, 얼마큼 켜져 있는지 등의 다양한 데이터가 수집되고 있다.

아마존 역시 스마트홈 기기를 통해서 현실 속 데이터를 수집하고 있다. 온라인 데이터는 인터넷에 연결되어야만 쌓이는 반면, 현실에서의 데이터 수집은 수시로 이루어진다. 온라인으로는 파악하기 어려운 상세한 개인 일상과 가정 내의 모든 정보를 쌓는 스마트홈 플랫폼이 점차 커지고 있고, 이를 둘러싼 빅테크 기업의 경쟁이 치열해지고 있다. 웹과 모바일을 통해서 엄청난 데이터들을 수집할 수 있게 되었고, 그렇게 데이터를 수집한 인터넷 기업에 비즈니스의 기회가 열렸다. 이제 가정 내 스마트홈 기기를 통해 수집되는 데이터가 광범위해질 것이며 또 다른 비즈니스 기회가 만들어질 것이다.

아마존에서 출시한 사물인터넷 기기 '헤일로 라이즈Halo Rise'는 비접촉식 수면 추적기다. 침대 머리맡에 두고 디지털시계이자 탁상용 전등처럼 사용할 수 있으며, 사람의 수면 단계를 지켜보며 기록한다. 잠자는 사람의 움직임과 호흡, 온도와 습도는 물론 주변 밝기까지 측정한다. 이러한 데이터 덕분에 사용자가 언제부터 잠들었는지, 얼마나 깊게 잠을 잤는지, 코를 얼마나 골았는지 등 수면 질과 효율을 파악할 수 있다. 이미 애플워치나 스마트밴드에도 수면 효율을 측정할 수 있는 기능이 있다. 물론 스마트워치는 수면뿐 아니라 일상에서 얼마나 걸어 다녔고 심박수는 어떤지, 계단을 얼마나 올라갔는지 등까지 파악할 수 있다. 이렇게 잠잘 때, 또 집 밖의 일상까지 데이터로 측정되고 수집되고 있다.

그렇다면 이렇게 수집된 데이터로 우리의 삶은 더 나아졌을까? 이렇게 쌓인 데이터가 더 나은 일상과 편의를 제공하는 것은 맞다. 원격으로 집을 모니터링하고, 불필요한 에너지 낭비를 줄

아마존의 수면 추적기 '헤일로 라이즈'

출처 : 아마존

일 수 있으며, 자동으로 집안의 기기들을 작동시킬 수 있다. 집에 사람이 없으면 로봇청소기가 동작을 시작하고, 집안의 전등이나 선풍기, 에어컨을 모두 끌 수 있으며, 집안 가족이 아닌 사람이 집 밖에서 서성거리면 경보음과 함께 집안의 TV가 작동되고 집 전체의 전등이 켜지도록 할 수도 있다.

게다가 2023년 세상을 떠들썩하게 했던 챗GPT와 이후의 수많은 생성형 AI도 결국 데이터를 통해 성능과 품질이 결정되기 때문에 더 많은 양질의 데이터가 필요하다. 인간이 만든 현실적인 데이터가 많아야 AI를 학습시키는 데 품질이 좋아진다. 만일 생성형 AI가 만든 데이터로 AI가 학습하면 근친상간이 유전병 등 건강상, 사회상 악영향을 주는 것처럼 성능 저하 현상이 발생한다. 그만큼 양질의 데이터를 수집하는 것은 AI 경쟁력을 위해서도 중요하다. 이러한 상황에서 테크 기업뿐만 아니라 전통기업도 저마다 데이터를 확보하기 위해 각고의 노력과 투자를 할 것이다.

하지만 우리도 모르는 사이에 지속적으로 수집되는 데이터가 사용자에게 편의를 제공하고 사회적 가치를 높이는 데만 사용되는 것이 아니라 기업의 이윤을 위해 남용, 오용, 악용되는 것은 경계해야 한다. 이미 페이스북이 사용자 정보를 수집해 정치 성향을 분석, 이를 선거에 남용해 문제를 야기한 것처럼 기업의 데이터 활용에 대한 견제 장치가 없다면 사회적 문제로 커질 수 있다.

'로봇'
공장에서 일상으로

코로나19를 겪으면서 우리 주변에 크게 달라진 변화 중 하나가 바로 오프라인 매장이다. 식당 등 점포의 문 닫는 시간이 밤 10시로 앞당겨졌고, 키오스크와 서빙 로봇 비중이 부쩍 늘었다. 심지어 테이블마다 메뉴를 주문할 수 있는 태블릿까지 비치되기 시작했다. 최저임금의 상승으로 매장 운영인력의 인건비 부담이 매년 갈수록 늘고, 예약과 배달 등의 모바일 서비스로 인해 매장을 찾는 고객들도 줄어들면서 비용 절감을 위해 이같은 조치는 선택이 아닌 필수가 되어가고 있다.

2023년 최저임금은 시간당 9620원으로, 하루 8시간 기준 7만 6960원이다. 주 40시간으로 월 환산하면 201만 580원으로 200만 원이 넘는다. 연간으로는 2400만 원이다. 게다가 인력 운영 과정에서 퇴사, 채용 등 추가 비용과 시간이 큰 부담이다. 키오스크는 3~4년 전만 해도 400여만 원이 훌쩍 넘었지만, 이제는 100여만 원에 구매할 수 있을 만큼 가격이 하향 안정화되었다. 과학기술정보방송통신위원회의 발표에 따르면 키오스크 도입 대수는 2019년 말 8587대에서 2021년 2년 만에 약 2만 6574대로 3배 이상 늘었다.

서빙 로봇 역시 매년 가격이 하락하고 있으며, 국내 가장 높은 시장점유율을 차지하는 브이디컴퍼니의 제품은 월 60만 원에 렌탈해 운영할 수 있다. 초기만 해도 적재 무게의 한계와 장애물과 사람을 피해 가는 자율주행 성능의 제약, 느린 이동 속도 등으로 다양한 변수가 있는 매장에서 사용하기 어려웠지만, 기술의 발전으로 점차 사용처가 늘고 있다. 매장 정문이 아니라 손님들의 테이블마다 놓인 태블릿 메뉴판도 2020년부터 본격적으로 보급이 확산되고 있다. 테이블에서 주문하면 직원이 일일이 돌아다니지 않아도 된다. 이렇게 매장 내 인력 운영에 대한 부담을 줄여주는 데 여러 기술이 도입되며 스마트 스토어를 구현하고 있다.

이미 가정 내 세탁기, 로봇청소기, 식기세척기 등으로 스마트 홈을 구축한 지 수년이 흘렀지만, 매장은 결제를 위해 도입된 POS, VAN 단말기 외에 기술적 개선이 크게 일어나지 않았다. 하지만 유례없는 팬데믹으로 오프라인 매장의 디지털화가 가속하고 있다. 서빙 로봇은 더욱 정교하게 주행할 수 있고, 탑재된 카메라를 통해 매장 기물이 파손되고 손상된 것도 확인하고 고객들의 표정 등을 통해 서비스 품질 등에 대한 정보 파악도 가능해지고 있다. 태블릿 메뉴판은 고객 주문과 결제 데이터를 분석해 상품 판매 동향이나 마케팅 등에 대한 정보까지도 파악할 수 있다. 심지어 태블릿 화면에 매장 주변의 상가 홍보나 해당 테이블 고객의 연령대 등에 맞는 타깃 광고도 할 수 있다.

매장에서 손님을 응대하고 메뉴 주문을 받아 결제하는 단계, 상품을 준비하는 단계, 고객에게 서빙까지 하는 단계에는 그동안 모두 사람이 필요했다. 그런데 첫 단계부터 키오스크와 테이블 태블릿이 도입되며 사람을 대신하고, 두 번째 단계에는 자동화 로봇들이 바리스타나 요리사를 대체하거나 도와주고 있다. 그리고 마지막 단계에는 서빙 로봇과 배달 로봇 등이 채우고 있다. 이렇게 우리 주변의 매장에는 사람들이 모두 사라질 것인가.

소매점의 미래는 2018년 1월 아마존이 시애틀 본사 인근에서 '아마존고'라는 이름으로 완전 무인을 표방한 상점을 선보이면서 꿈꾸어 왔다. 아마존고에는 수많은 카메라와 센서가 데이터를 분석하고 AI 기반으로 매장 내 고객들이 장바구니에 넣은 상품을 파악해 자동으로 결제할 수 있어 완전 무인 매장으로 미래의 상점으로 주목받았다. 하지만 야심 차게 추진했던 아마존고 일부 매장들은 2023년 3월 31일에 폐점했다. 최첨단 기술로 미래 매장의 청사진을 그렸던 아마존고는 무엇이 문제였을까?

아마존고가 적용된 상점에 투입된 기술과 장비들의 비용에 대비해 매장에서 발생하는 매출, 수익 규모가 크지 않았기 때문이다. 편의점이나 슈퍼마켓 정도의 규모에서는 오프라인 매장 특성상 방문자 수에 한계가 있다. 게다가 팬데믹으로 지난 2년간 오프라인을 찾는 고객은 감소했고 경기 위축으로 인한 소매점의 불경기가 아마존고에 제동을 건 것이다. 하지만 매장의 매출 규모에 맞는 적정 기술을 투자하고 대형 매장으로 적용해 확대한다면 미래의 상점을 자동화하고 무인화하는 것을 현실로 만들 것이다. 또 아마존의 최대 강점 중 하나가 빠른 결제였던 만큼 매장 내에서 상품을 장바구니에 넣은 후 구매한 상품 내역을 파악하고 이를 결제하는 과정을 단축하는 것은 향후 아마존의 중요한 비즈니스 솔루션이 될 것이다. 모든 오프라인 매장이 회전율을 높이기 위해 매장 내 머무는 시간을 최소화하는 것이 목표인 만큼 이 솔루션은 수많은 오프라인 매장에 보급할 기회가 커질 것이다.

로봇 역시 오프라인 매장이나 공장 등에서 인간의 노동을 대체하고 도와 자동화와 효율화를 돕는 핵심 기술이 될 것이다. 사실 만화나 영화 속에서 등장하던 로봇은 사람처럼 두 발로 걸어 다니며 사람과 비슷한 형체를 띄고 있다. 하지만 현실 속 로봇은 아직 그렇게 진화하지 못했고, 주로 공장의 생산 라인에서 인간이 하기 힘든 일이나 반복적인 노동을 대신한다. 그런 로봇은 특정 작업에 최적화되어 사람의 형체와는 전혀 다른 모습이다. 이렇게 로봇은 공장에나 있는 산업용 중장비였는데 점차 우리 일상을 파고들고 있다. 커피숍이나 레스토랑에는 사람 대신 음료를 타고 음식을 배달하는 로봇들이 있고, 아이들이 가지고 노는 장난감 중에는 소셜 로봇, 반려 로봇으로 우리 가정에도 로봇이 스며들고 있다.

소니의 반려로봇 '아이보'

출처 : 소니

DJI의 드론

출처 : DJI

드론 역시 비록 사람이 조작하는 것이지만, 자동 회피 기능과 자율주행 기능 등이 있어 거의 반자동 로봇처럼 작동하기도 한다. 물론 테슬라가 사람을 닮은 휴머노이드를 개발 중이어서 향후 인간이 양발로 이동하고 두 손으로 작동시키는 모든 공간에서 인간이 할 수 있는 것을 대신할 수 있는 일도 실현될 것이다. 하지만 그 기술이 실제 우리가 사는 현실에 적용되기까지는 2025년 이후에나 가능할 것으로 예상한다. 2024년에는 2021년부터 급속히 보급 중인 특정 용도, 목적에 최적화된 로봇들이 우리 일상 깊숙이 파고들 것이다.

배달의민족은 자율주행 배달 로봇 서비스 '딜리'를 2018년부터 개발하고 있다. 레스토랑에서 서빙을 하기도 하고, 캠퍼스와

배달의민족이 개발 중인 '딜리'

출처 : 배달의민족

아파트 단지에서 실외 배달 로봇 테스트를 하면서 부족한 라이더
와 식당 내 인력을 보완하고 있다. 딜리가 꿈꾸는 것은 음식점이
나 실외를 넘어 아파트 등의 현관문에서 엘리베이터를 타고 음식
을 주문한 집 앞까지 배달을 완료하는 것이다. 이처럼 배달 로봇
은 일상 속 다양한 곳에서 배달을 대신하고 있다.

아마존의 물류센터에는 수십만 개가 넘는 '드라이비 유닛' 로
봇이 근무하고 있다. 로봇청소기처럼 납작한 모양에 최대 1.4톤
이 넘는 물건을 들어올릴 수 있다. 이 로봇은 넓은 물류 창고를
돌아다니며 물품을 나르며 물류 순환 속도와 공간 활용도를 향

상시켰다. 전에는 작업자가 선반 통로를 오르내리면서 물건을 찾아 포장 작업대로 찾아 가져와야 했지만, 드라이비 유닛은 적재 선반을 스스로 찾아 자동으로 필요한 물품을 찾아 작업대로 옮긴다. 게다가 로봇들은 위치가 추적되고, 충돌방지 센서가 내장되어 빠르게 움직이면서도 서로 충돌하지 않고, 어떤 경로로 움직이는지 모두 추적 관리할 수 있다. 아마존은 2012년에 키바 시스템즈를 인수하고 2015년 아마존 로보틱스로 회사명을 변경한 후 드라이비 유닛 외에도 무거운 화물을 운반하는 '로보스토우'와 로봇팔 '로보스토', 분류 로봇 '페가수스'로 불류를 자동화했다.

아마존의 로봇 사랑은 물류센터뿐만 아니라 가정 내에서 사용할 수 있는 소셜 로봇까지 확대되고 있다. 가정용 로봇 '아스트

아마존의 '드라이브 유닛'

출처 : 아마존

314

로'는 2021년 9월에 공개되어 현재 판매 중이다. 약 60cm 높이에 9kg의 이 로봇은 컴퓨터 비전 기술이 탑재되어 사람이 집에 없을 때 집에서 무슨 일이 일어나고 있는지 집안 곳곳을 돌아다니면서 카메라로 촬영해 실시간으로 알려주고 녹화한다. 또한 잠망경 카메라가 집 안 구석구석을 촬영해서 보여준다. 음성 인식 알렉사가 음성명령으로 사람 말을 이해하며 전화 통화부터 이동에 이르기까지 여러 명령을 수행할 수 있다. 사람 얼굴을 인식하기도 하고, 집안의 특정 장소로 이동해서 무슨 일이 벌어지고 있는지 보여주기도 한다.

아마존의 '아스트로'

출처 : 아마존

삼성전자는 2021년 초부터 로봇 사업화 TF를 신설해 보행보조 로봇에 이어 서빙, 가정용 로봇을 출시할 계획이다. 2022년 CES에서는 '삼성 봇 아이'를 시연해 설거지 등의 살림이나 서빙을 하는 등 직접 집 안을 이동하며 가사를 보조하는 로봇의 미래를 보여주었다. LG전자 역시 2017년에 'LG클로이' 안내 로봇을 시범 운영하며 건물 내에서 사람들에게 정보 안내를 하는 자율주행 로봇을 개발하고 있다. 또한 바리스타봇, 셰프봇 등을 개발해 특정 작업에 최적화된 로봇을 개발 중이다.

소니는 항공촬영 드론 '에어피크 S1'을 선보여 방송 촬영, 측량과 건축, 시설 감시, 구조 재난 및 농업이나 공공 영역에서 다양한 용도로 사용할 수 있는 솔루션을 선보이고 있다. 이 드론은 하늘을 나는 로봇과 마찬가지로 사람이 100% 조작하지 않아도 자동으로 주변 환경을 파악하고 목적지까지 위치와 이동 경로, 기압과 적외선 거리 정보 등을 측정해 자율주행을 한다. 특정 사물이나 사람을 고정하고 촬영하면 장애물을 피하면서 자동으로 촬영하기도 한다.

이미 드론 회사 DJI는 훨씬 전부터 공공안전, 항공측량과 공장, 농장 등에 있는 장비와 인프라를 안전하게 조사하고 관리, 유적지의 시설물을 보호하는 용도로 드론 기반의 솔루션을 제공하고 있다. 이 드론은 사람이 전혀 조작하지 않고도 자동으로 비행해 특정 작업을 수행한 후 되돌아온다. 드론이 촬영한 영상 속 녹화물은 자동으로 분석되어 실시간으로 사건, 사고를 파악하고 알려준다. 이런 드론 역시 로봇과 마찬가지로 진화하고 있다.

특정 공간에만 머물며 생산, 제조 영역에서만 제한된 작업만 하던 로봇이 이제는 스스로 움직이고 AI 기반으로 작동해 사람 말을 이해하며 다양한 작업을 수행할 수 있도록 진화하고 있다. 한마디로 고정된 장소에서 정해진 일만 하는 것이 아니라 움직이면서 다양한 작업을 수행할 수 있도록 유연하게 확장되는 것이다. 그래서 좀 더 많은 장소와 일상에서 로봇을 만날 일이 많아지고 있다. 로봇과 함께 어우러져 일하고, 도움을 받으며, 편의를 얻는 일이 앞으로 자연스럽게 될 것이다.

하지만 매장을 찾은 고객이 상품을 구매하고 서비스를 제공받는 과정에서 사람의 개입이 전혀 없이 100% 로봇과 디지털로 대체되는 것이 미래 오프라인 매장의 실제 모습은 아닐 것이다. 매장에서 서비스를 오류 없이 이어주고 다양한 변수가 존재하는 현실의 한계를 극복하는 데 사람의 역할은 반드시 필요하다. 또한 매장을 찾은 고객과 소통하고 디지털로는 수집하고 분석할 수 없는 고객의 정성적 반응에 대한 파악과 그에 따른 응대는 기계로 대체할 수 없다. 물론 그럼에도 불구하고 디지털 기술이 오프라인에 더욱 깊숙하게 스며들 것임은 자명하다. 단 매장이 혁신하는 과정에서 우리 일자리가 축소되고 기술로 점철된 매장에 적응하지 못하는 고객의 불편함을 어떻게 극복해야 할 것인지는 우리 사회가 함께 고민하고 대처해야 할 과제다.

'핀테크'
국경이 무녀지는 금융,
간편결제와 토큰의 글로벌화

국내의 대표적인 킬러앱 서비스가 바로 카카오톡과 네이버 앱이고 글로벌 킬러앱으로는 유튜브와 페이스북, 인스타그램, 틱톡 등이 있다. 대부분의 킬러앱은 소위 인터넷 서비스 기업이라고 부르는 카카오, 네이버, 구글 같은 빅테크 기업이 지배하고 있다. 왜 스마트폰을 제조하는 삼성전자나 통신 서비스를 제공하는 SKT, KT 같은 제조사, 통신사는 변변한 킬러앱을 만들지 못하는 것일까? 이들이 만드는 킬러앱은 있을까?

아이폰에는 애플이 만들어 제공하는 킬러앱이 있다. 바로 애플뮤직, 아이메시지, 페이스타임, 사파리, 팟캐스트 등이다. 즉 제조사로서의 애플은 아이폰에 경쟁력 있는 킬러앱을 다수 보유하고 있다. 그중에서 애플페이는 아이폰의 효자 킬러앱 중 하나다. 2014년에 출시된 애플페이는 전 세계에서 3억 명 이상이 사용 중이고, 미국, 영국, 일본 등 40개 국가에서 서비스되고 있다. 오프라인 매장에서 생체인식으로 결제할 수 있을 뿐 아니라 메시지로 송금도 가능하며, 온라인 결제도 지원한다. 2019년 4분기 기준으로 연간 150억 건의 결제량을 달성했고, 거래량도 빠른 속도로 증가 추세에 있다. 미국 온라인 리서치 업체 쿼츠는 2020년 2월 전 세계 신용카드 거래 규모의 5%가 애플페이로 결제되었고, 4년 후에는 10%까지 성장할 것으로 분석했다. 게다가 2019년 미국에서 애플은 골드만삭스, 마스터카드와 제휴해 실물카드도 출시했다. 애플페이로 결제가 안 되는 가맹점에서 실물카드로 결제하도록 하고, 애플카드로 애플 매장과 충성고객을 대상으로 멤버십 혜택을 제공해 금융 서비스를 통한 매출 포트폴리오를 강화하기 위한 시도인 셈이다.

이렇게 애플페이가 자리 잡을 수 있었던 비결은 결제의 편의성 덕분이다. 비접촉식 NFC^{Near Field Communication}(근거리 무선 통신 기술)를 활용해 아이폰이나 애플워치만 단말기에 대면 즉시 결제를 할 수 있고, 사용자 간 송금도 손쉽고 안전하다는 편의성이 애플페

애플페이의 실물 '애플카드'

이를 킬러앱으로 자리 잡게 했다. 또한 아이폰의 앱 클립이라는
기능을 활용하면 별도의 앱을 설치하지 않고도 사용자 인증과 애
플페이를 통한 인증이 쉽게 이루어지기 때문에 공유 킥보드, 길
거리 음식점, 벼룩시장을 활용한 개인 간 중고거래 결제 등 다양
한 오프라인 결제를 쉽게 처리할 수 있다. 기존의 POS, VAN 단말
기를 통한 정형화된 결제가 아닌 사용처 특성과 용도에 맞춰 결
제의 유연성을 보장하는 것이 애플페이의 강점이다.

반면 삼성전자는 고유의 킬러앱을 애플만큼 다양하게 보유하
고 있지 않다. 그나마 공고한 킬러앱으로 성공시킨 것이 애플페

이와 유사한 시기에 시작한 '삼성페이'다. 한마디로 삼성페이는 삼성전자가 제조사로 유일하게 성공시킨 글로벌 킬러앱이다. 삼성페이의 강점은 NFC뿐만 아니라 대부분의 오프라인 매장에서

애플워치를 이용한 빠르고 편리한 간편결제

출처 : 애플

애플 사용자 간 편리한 송금과 결제

출처 : 애플

지원되는 접촉식 마그네틱 결제 단말기와 호환되는 루프페이의 MST'Magnetic Secure Transmission(마그네틱 보안 전송)를 채택해 갤럭시폰을 카드 리더기에 대면 카드를 긁는 것처럼 결제할 수 있다. 애플페이는 매장에서 NFC 단말기를 지원하지 않으면 사용할 수 없지만, 삼성페이는 대부분의 매장에서 사용할 수 있다. 게다가 국내에서 카드사들이 삼성전자에 결제 건별로 간편결제 수수료를 지불하지 않아 국내 은행과 카드사들이 삼성페이를 적극 지원하면서 한국에서 가장 성공한 삼성전자의 킬러앱이 되었다.

삼성페이 때문에 아이폰으로 떠날 수 없다고 말하는 갤럭시폰 사용자도 있을 만큼 삼성전자 스마트폰 고객의 이탈을 방지하는 역할도 하고 있다. 그런데 애플페이가 국내에 상륙하면서 국내 결제 시스템에 큰 변화가 일어났다. 2022년 12월부터 애플은 한국에서 현대카드와 제휴를 맺었다. 애플페이에 현대카드를 등록하면 국내에서 아이폰으로 비접촉 결제를 할 수 있는 서비스를 출시했다. 물론 애플페이를 지원하는 오프라인 가맹점이 이마트, 코스트코, 백화점, 편의점 등 제한적이라 삼성페이만큼 범용적이지는 않고 모든 카드를 지원하지는 않아 사용성에 제약이 있다. 그런데도 삼성페이보다 더 나은 사용자 경험과 로열티 높은 사용자를 확보한 애플이다 보니 현대카드 발급 수와 아이폰 가입자

삼성전자의 스마트폰 킬러앱 '삼성페이'

비중이 얼마나 더 높아질지 관심이 커지고 있다.

스타벅스 매장에서 신용카드가 아닌 선불 충전으로 사용하는 스타벅스 페이의 사용량이 높고, 카드만 긁으면 즉시 결제를 할 수 있는데도 QR코드를 이용하는 카카오페이나 네이버페이 같은 간편결제 사용량이 높은 이유는 결제 과정의 편리한 사용자 경험 때문이다. 간편결제 서비스는 포인트 적립 등의 혜택 지급과 결제의 신속성, 결제 후 영수증 관리의 편의성 덕분에 온라인뿐만 아니라 오프라인의 킬러앱이 되었다. 애플페이 역시 공고하게 자리를 잡으면 이 편리함에 익숙해진 사용자는 떠날 수 없게 된다. 그렇게 삼성페이는 지난 5년여 동안 애플페이의 공백을 메우며 한국에서 자리 잡았다. 이미 삼성페이로 익숙한 습관에 젖어 든 국내 사용자들이 애플페이의 제한된 결제 시스템의 한계에도 불구하고 뛰어난 사용자 경험의 유혹에 빠져 아이폰 사용자로 전환될까? 그 전환 비율이 어느 정도일지는 앞으로 애플페이 지원 가맹점의 증가 추이와 현대카드의 마케팅 노력에 따라 달라질 것이다. 애플페이를 지원하는 매장주 입장에서도 국내의 애플페이 이용자를 넘어 해외 애플페이 여행객들이 국내에서 결제할 때 편의를 보장하기 위해서라도 애플페이 도입은 필수다.

제조사도 이제는 하드웨어만 잘 만드는 것이 아니라 킬러앱으로 사용자 이탈을 방지하고 새로운 수익모델을 만들 수 있어야 한다는 점이 핵심이다. 테슬라 전기차에도 킬러앱이 있다. 차량에 탑재된 앱 중에는 넷플릭스, 스포티파이, 유튜브, 줌 등이 있지만 테슬라가 직접 만들어 제공하는 킬러앱은 내비게이션과 라디오, 게임 등이 있다. 그중 테슬라 사용자라면 누구나 편리하게 느끼는 킬러앱이 바로 결제 앱이다. 테슬라 차량에 카드를 등록하면 '슈퍼차저'라는 테슬라 차량 충전기에서 인증과 결제가 신속하고 편리하게 이루어진다.

슈퍼차저 충전소 앞에 주차 후 충전 어댑터를 차량 충전구에 가져다 대고 버튼만 누르면 바로 열린다. 이후 꽂으면 즉시 충전

테슬라 '슈퍼차저'의 강점인 편리한 자동결제 시스템

이 시작되고 충전이 끝난 후에는 앱으로 알람이 올 뿐 아니라 미리 등록된 카드에서 자동으로 결제된다. 충전을 위한 인증과 결제의 전 과정에 끊김 없이 ICPS In Car Payment System (차량 내 간편결제 시스템)가 사용자에게 훌륭한 경험으로 제공된다. 매주 한두 차례 이루어지는 차량 충전 시의 결제가 편리하게 제공되는 것이다. 앞으로 자동차에서의 결제 영역이 충전을 넘어 드라이브 스루 매장과 자동차 극장, 하이패스와 주차장에 이르기까지 다양한 곳으로 확장된다면 ICPS의 영향력은 더욱 커질 것이다. 즉 ICPS가 자동차 제조사의 중요한 킬러앱일 수 있다. 그러므로 제조사는 이제 킬러앱을 제품 경쟁력으로 고려하고 준비해야 한다.

'아바타'
이모티콘에서 아바타 생태계로의 전환

2011년에 출시한 카카오톡 이모티콘은 10년간 7000억 원의 수익 규모로 성장해 카카오톡의 중요한 캐시카우 중 하나로 자리 잡았다. 이모티콘 창작자는 1만 명이 넘고 발행된 이모티콘 수만 해도 30만 개가 넘는다. 이모티콘 생태계가 형성되면서 인기리에 주목받은 이모티콘은 지식재산권이 되어 다양한 영역에서 2차, 3차 활용되며 수익을 발생시키는 원천이 되고 있다. 카카오 역시 이모티콘 덕분에 카카오프렌즈라는 IP를 통해 셔츠, 장난감, 인형, 식품, 패션, 골프 등의 다양한 영역에서 수익모델을 형성했다. 라인 이모티콘은 규모가 더 크다. 라인 메신저에서의 인기를 기반으로 라인프렌즈 이모티콘 비즈니스를 본격적으로 추진하며 IPX라는 회사를 설립해 운영 중이다. 라인프렌즈는 한국을 넘어 중국, 일본, 태국 등 전 세계 9개국에서 오프라인 매장을 운영하며 이모티콘 기반의 다양한 굿즈를 판매 중이다. 2021년 연간 IP 매출만 1조 원에 달할 정도로 거대한 비즈니스 시장을 형성했다.

이모티콘이 이렇게 거대한 생태계를 형성할 만큼 플랫폼으로 자리 잡게 된 이유를 살펴보자. 이모티콘의 주 사용처는 메신저와 SNS다. 세상과의 소통을 위한 서비스에서 이모티콘이 사용되는 이유는 내 감정을 좀 더 생동감 있게 전달하고 싶은 욕구 때문이다. 텍스트 메시지나 음성만으로 내 감정을 온전하게 전달하기에는 한계가 있어 감각적인 이모티콘의 힘을 빌려 좀 더 진솔하게 전달하고자 사용하는 것이다. 덕분에 이모티콘을 내 감정 전달의 수단으로 더욱 많은 사람이 더 자주 사용하게 되었고, 그 과정에서 이모티콘에 감정이입을 하면서 이모티콘을 유료로 구매하고 자주 사용한 이모티콘에 애착을 갖게 된다. 그런 이모티콘이 인터넷 서비스를 벗어나 실물경제에도 파고들고 사용처가 확대되면서 커다란 비즈니스 생태계를 구성할 수 있게 되었다.

이런 이모티콘이 한 단계 도약하려 하고 있다. 제페토와 이프랜드, 로블록스, 포트나이트 등에서 이용되는 아바타가 주목받고 있는 것이다. 아바타는 이모티콘과 달리 3D로 제작되어 입체적으로 움직이고, 다양한 제스처와 표정으로 가상공간을 유영하며 다른 아바타와 한데 어우러진다. 그런 아바타는 내가 직접 조작하며 나의 마음과 생각을 전달하는 메신저의 역할을 한다. 그래서 이모티콘보다 쓰임새와 몰입감이 훨씬 크다. 메신저 속 이모티콘은 정해진 개수에, 제한된 표현만 할 수 있는 데다 사용처 역시 상대방에게 메시지를 보낼 때만 잠깐 보일 뿐이다. 게다가 그런 이모티콘을 누구나 사용할 수 있다. 즉 나만의 이모티콘을 소유하기는 어렵다.

반면 아바타는 수백만, 수천만 개의 조합을 통해서 지문처럼 개인마다 모두 다른 모습으로 오직 나만이 소유할 수 있다. 게다가 그 아바타에 신발, 모자, 옷 등의 다양한 아이템을 이용해 개성 있게 꾸미고, 이모티콘보다 훨씬 역동적으로 모습을 바꿀 수도 있다. 그런 아바타는 메타버스 서비스를 이용하면서 상대방에게 늘 보이기 때문에 사용처도 다양하다. 아바타를 촬영해서 사진으로 저장하고 공유할 수 있고, 서로 모여서 파티하고 함께 돌아다니며 다양한 활동을 할 수도 있다.

그렇게 이모티콘보다 더 다양한 사용처와 더 큰 규모의 비즈니스 모델로 아바타 생태계가 생겨나고 있다. 이모티콘과 다른 점은 단지 다양성이나 사용성, 몰입도에만 있는 것이 아니다. 호환성과 소유권에 대한 사항도 이모티콘과 다른 특징이다. 카카오톡의 이모티콘은 라인에서 사용할 수 없고, 아이메시지에서 사용하던 이모티콘은 안드로이드폰에서는 사용할 수 없다. 하지만 아바타는 서로 다른 메타버스 간에도 사용할 수 있는 호환성에 대한 필연성이 강조되고 있다.

그렇다 보니 '지니스Genies'나 '레디 플레이어 미Ready Player Me' 같

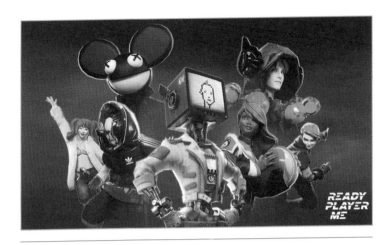

호환성을 갖춘 아바타 플랫폼 '레디 플레이어 미'

출처 : 레디 플레이어 미

은 아바타 스타트업이 이기종 서비스에서 같은 아바타를 사용할 수 있는 표준의 중요성을 강조하고 있다. 게다가 그 호환성이 그 저 서로 다른 서비스에서 같은 아바타를 영속적으로 사용할 수 있는 것을 넘어 개인에게 그 아바타의 소유권을 보장해 주기도 한다. 즉 아바타를 그저 사용만 하는 것이 아니라 소유권을 보장 해주어 재판매를 가능하게 해주는 것이다. 이를 위해 NFT를 도 입해 아바타뿐 아니라 아바타가 걸치고 있는 옷이나 액세서리 같 은 아이템의 소유권을 보장하기도 한다.

아바타는 가상공간 속에 제2의 분신, 페르소나로 자리매김할

아바타 생태계를 만드는 '지니스'

출처 : 지니스

것으로 전망한다. 마치 인터넷상의 메일 주소나 카카오톡 ID, 현실의 주민등록증처럼 가상공간 속에 나를 인증하는 수단이자 표현하는 아이덴티티가 될 것이다. 아이디처럼 여러 개를 바꿔가며 내 페르소나를 보여줄 것이고, 이모티콘보다 더 큰 비즈니스 생태계를 만들며 가상경제의 중요한 요소가 될 것이다. 그 과정에서 사람이 선택한 아바타 외에 기업을 대변하는 아바타와 게임 속 NPC처럼 AI가 제어하는 아바타도 운영되면서 가상경제의 윤활유 역할을 할 것으로 전망된다.

단 아바타 이코노미가 본격적으로 형성되려면 메타버스가 대중화되어야 한다. 또 메타버스에서 아바타가 자유자재로 운영될 수 있는 효율성이 담보되어야 한다. 그런 면에서 대중화의 물꼬를 트기까지는 시간이 걸릴 것이다. 무엇보다 메타버스를 사용할 수 있는 MR 기기의 보급이 본격화되는 데 최소 2년 정도 걸릴 것이기 때문이다. 성능과 비용, 충분한 콘텐츠, 착용감에 대한 문제가 해결되기까지 필요한 시간이다. 하지만 보급 전에 메타버스 서비스 내에서 사용할 수 있는 아바타의 개발과 활용이 쉽고 다양하게 이용할 수 있는 기술적 준비는 필요하다. 그래야 메타버스가 본격 확산할 때 아바타를 활용한 여러 서비스가 선보일 수 있기 때문이다.

앞으로 아바타를 쉽게 제작하고 다양한 제스처로 운영할 수 있는 솔루션들이 주목받을 것이다. 이미 팬데믹 상황에서 메타버스가 주목받으면서 2022년부터 레디 플레이어 미와 지니스 등의 대표적인 아바타 플랫폼이 각광받았다. 이들은 다양한 특징을 가진 디지털 아바타를 만들어 여러 서비스에서 사용할 수 있도록 한다. 물론 메타버스에서도 사용할 수 있고, 상호 호환되도록 해 나만의 고유한 아바타를 소유하고 투자할 수 있게 한다.

엔데믹 시대를 맞이하며 메타버스에 대한 관심이 줄어들며 아바타 플랫폼에 대한 열기가 사그라든 것은 사실이다. 하지만 아바타를 운영하고 효율화할 수 있는 기술과 상호 호환성에 대한 논의가 지속되고 있어서 메타버스의 부활과 함께 아바타 이코노미에 대한 관심도 커질 것이다.

이때 LLM이 디지털 아바타와 만나면 좀 더 생생하고 똑똑한 서비스 운영이 가능해진다. 사람이 직접 조작하지 않아도 자동으로 미리 세팅한 용도에 맞게 작동될 수 있다. 또한 생성형 AI는 이런 아바타의 움직임이나 제스처, 표정을 더욱 사실적으로 만드는 데 도움이 될 것이다. 메타버스는 아니지만, 캐릭터.AI와 고릴라 테크놀로지 챗봇에서는 여러 페르소나를 가진 캐릭터가 다양한 주제로 대화를 나눌 수 있는 서비스를 제공하고 있다. 여기에도 LLM이 적용되어 각 캐릭터의 프로필과 특성에 맞는 대화를 운영할 수 있도록 해준다. 또한 사람을 대신하는 디지털 아바타가 아닌 게임 속 NPC처럼 메타버스에서 특정 기업의 디지털 상담사나 역할이 부여된 디지털 봇의 역할을 하는 데도 사용될 수 있다.

앞으로 디지털 아이덴터티를 표현하는 수단이자 각 기업이 메타버스 공간 속에서 고객들과 만나 서비스를 제공하는 역할로 아바타가 활용될 것이다. 그 과정에서 이 아바타를 꾸미고 진화시키기 위한 새로운 비즈니스 모델도 만들어질 것이다. 이에 따라 아바타를 꾸미는 것을 넘어 다양한 용도로 작동되고 운영되기 위한 서비스형 아바타, 기업용 아바타에 필요한 LLM의 수요도 커질 것이다. 메타버스 세상이 본격적으로 태동하기 위한 과정으로 아바타 플랫폼이 2024년에 재주목받을 것으로 전망한다.

'OTT'
사업다각화 속 악재, 돌파구는 있다

시장조사기관 닐슨은 2023년 7월 미국 내 케이블과 지상파 TV 시청률이 50% 아래로 떨어졌다고 밝혔다. 반면 OTT 서비스는 미국 전체 TV 시청 시간의 38.7%를 차지했다. TV가 아닌 PC나 태블릿, 스마트폰 등을 통한 시청률까지 감안하면 압도적이라 볼 수 있다. 특히 OTT가 아닌 다양한 동영상 서비스를 제공하는 유튜브가 모든 채널의 1위라는 사실은 새로운 미디어 시대가 본격 도래했다는 점에서 방송국 입장에서는 위기의식을 느껴야 할 것이다. 그렇게 유튜브와 넷플릭스는 미국뿐 아니라 전 세계의 미디어, 방송, 영상 시장을 장악하고 있다. 물론 한국도 예외는 아니다. 한국에서 해외 인터넷 서비스가 활개를 치지 못하고 있는 영역은 검색과 커머스, 메신저, 배달과 교통, 핀테크 등이다. 하지만 SNS와 영상 콘텐츠 서비스 시장은 페이스북, 인스타그램, 틱톡과 유튜브, 넷플릭스가 압도적으로 지배하고 있다.

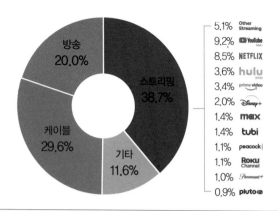

5.1%	Other Streaming	
9.2%	▶ YouTube Main	
8.5%	NETFLIX	
3.6%	hulu SVOD	
3.4%	prime video	
2.0%	Disney+	
1.4%	max	
1.4%	tubi	
1.1%	peacock	
1.1%	Roku Channel	
1.0%	Paramount+	
0.9%	pluto tv	

2023년 7월 미국 내 시청률

출처 : 닐슨

그중 넷플릭스는 전 세계를 대상으로 한 규모의 경제로 시장을 장악하고 있다. 넷플릭스의 주가를 보면 코로나19 이전부터 상승세였다가, 코로나19와 함께 급성장했다. 하지만 엔데믹 시대를 맞이하며 팬데믹 이전보다 더 고꾸라졌으나 반등에 성공하면서 이전의 성장세로 돌아갔지만, OTT 시장을 둘러싼 각국의 토종 기업들의 반격과 OTT 사업 특성상 IP 확보에 실패할 경우 발생하는 투자 손실과 가입자 증가 추세의 둔화로 인한 미래 성장률에 대한 우려가 여전히 발목을 잡고 있다.

그럼에도 지난 10년을 돌아보면 넷플릭스는 파죽지세로 성장했다. 2022년 4분기 실적 집계 결과는 당초 예상치인 450만 명보다 훨씬 많은 770만 명이나 되는 신규 가입자를 유치했다. 이는 4분기에 광고 기반의 저가 구독 상품(월 6.6달러)을 내놓으면서 기대 이상의 신규 가입자를 확보한 덕분이다. 게다가 가입자 이탈 우려로 미루어 둔 계정 공유 유료화를 본격 시행하면서 2023년 2분기에 580만 명의 유료 가입자를 유치했다. 그렇게 넷플릭스는 위기를 슬기롭게 극복하며 2022년 말 기준 전 세계 2억 3080만 명의 가입자를 확보하고 있다. 2022년 4분기 매출도 78억 5천만 달러에 순이익은 5530만 달러로 전 세계 최고의 OTT로 입지를 공고히 하고 있다.

게다가 넷플릭스는 콘텐츠를 활용한 커머스 사업 혁신에 도전 중이다. 넷플릭스 숍이라는 자사 몰을 만들어 넷플릭스의 브랜드와 오리지널 콘텐츠와 연계한 의류, 라이프 스타일 제품을 한정 판매하고 있다. 또한 월마트 온라인 쇼핑몰에 '숍인숍' 형태의 디지털 매장을 열어 오리지널 콘텐츠의 굿즈들을 판매하고 있다. 국내에서도 GS리테일과 공동 브랜딩을 통해 팝콘, 핫도그, 맥주, 믹스넛 등 4종 상품을 판매하기도 했다. 콘텐츠 지배력을 기반으로 사업다각화에 적극적으로 나서고 있다.

그렇게 지속 성장세인 넷플릭스의 이면에는 토종 OTT 기업의 위기가 있다. 넷플릭스의 2022년 국내 시장 점유율은 38%로 1위이며, 이어 티빙(18%), 웨이브(14%) 등이 뒤를 쫓고 있다. 스타트업으로 빠르게 성장했던 왓챠는 3.7%에 불과하다. 왓챠는 2022년 7월에 M&A 매물로 나왔지만, LG유플러스가 인수를 준비하려다 불발된 이후 감감무소식이다. 또한 티빙, 웨이브의 상황도 녹록치 않아 영업손실은 매년 눈덩이처럼 커지고 있다. 웨이브는 작년 1213억 원, 티빙은 1191억 원의 영업손실을 기록하며 전년보다 크게 손실이 늘었다. 넷플릭스에 대항하기 위해 오리지널 콘텐츠를 제작해야 하니 이 투자는 경쟁을 위해 매년 늘어갈 수밖에 없다. 한 마디로 "이러다가 다 죽어" 상태이며 빼들어야 할 카드는 "뭉쳐야 산다"가 되었다. 이미 2020년부터 CJ그룹의 티빙과 SK그룹의 웨이브 통합설이 솔솔 나왔다. 하지만 티빙은 작년 12월 시즌이라는 KT의 OTT 서비스와 합병 이후 웨이브를 앞서며 다소 여유로운 편이다.

반면 넷플릭스는 전 세계를 대상으로 사업을 전개하며 오리지널 콘텐츠 제작 투자 규모 자체가 토종 기업에 비할 바가 아니기 때문에 토종 OTT는 밑 빠진 독에 물 붓는 신세다. 그 와중에 불난 집에 기름 붓듯 지난 5월 넷플릭스는 향후 4년간 K-콘텐츠에 무려 3조 3천억 원을 투자하겠다고 밝혔다. 통 큰 규모의 콘텐츠 투자(그것도 한국 오리지널 콘텐츠에만 국한)는 국내 OTT에서는 넘볼 수 없는 규모다. 거기에 악재가 겹쳐 국내 OTT 콘텐츠와 각종 드라마, 영화를 불법으로 제공하다가 서비스 중단을 했던 누누티비가 꾸준히 서비스 재개를 밝히고 있고, 유사 불법 스트리밍 사이트인 티비몬, 티비위키, 시즌2, 티비핫, 비비티비 등이 시장을 혼탁하게 하고 있다.

이대로는 토종 OTT가 공멸하기 일보 직전이다. 도둑 시청을 뿌리 뽑기 위해 불법 스트리밍 사이트에 대한 범정부 차원의 대책을 강구하는 것과 함께 인수합병을 통한 사업 효율화도 필요하지만, 인기 오리지널 콘텐츠의 해외 판권을 확대하고 IP를 다각도로 활용하며, 타 산업군과도 제휴하는 등 사업다각화에 대한 혁신도 필요하다. 과거 핫메일에 대항한 한메일, MSN 메신저에 대항한 네이트온, 구글에 대항한 네이버, 우버에 대항한 카카오T가 토종의 자존심을 보였던 것처럼, 거대 글로벌 서비스 넷플릭스에 토종 OTT가 존재감을 보여줄 수 있을까.

2024년은 2010년대 한국의 동영상 서비스인 다음 TV팟, 아프리카TV, 판도라TV, 네이버TV, 엠군 등의 토종 국내 서비스와 유튜브가 경쟁했던 것처럼 국내 토종 OTT와 넷플릭스를 위시해 디즈니플러스와 애플TV가 경합할 것으로 전망한다. 그 과정에서 동영상 UCC 시장처럼 유튜브나 트위치 등에 시장을 뺏기지 않기 위해서는 국내 OTT의 M&A 및 통합이 무엇보다 필요할 것이다. 자본을 갖추고 독자적인 오리지널 콘텐츠에 투자를 지속하면서 새로운 비즈니스 모델을 만들 수 있는 동력이 있어야 생존할 수 있다. 그런 면에서 티빙과 웨이브의 통합이나 국내 토종 OTT와 해외 OTT와의 전략적 제휴가 모색될 것으로 기대한다.

'이커머스' 재편하는 춘추전국시대

코로나19와 함께 급성장한 이커머스 사업체들이 엔데믹 시대를 맞아 금리가 인상되면서 상황이 역전되었다. 경기 침체 속에 2022년 4분기부터 국내는 물론 미국의 주요 이커머스 기업들의 시가총액이 급락하기 시작했다. 2020년부터 최대로 성장하던 이커머스의 대부 아마존의 기업가치는 2021년 말 최고치를 기록한 이후 최근 3년 전의 주가로 되돌아갔다. 알리바바, 쇼피파이, 이베이 등도 비슷하고 한국의 대표적인 이커머스 사업자인 쿠팡은 상장 이후 계속 하락만 거듭하던 주가가 2022년 6월 최저치를 기록한 이후 다소 반등하긴 했지만, 여전히 기대치를 밑돌고 있다.

무엇보다 이들 이커머스 기업의 성장세가 둔화하고 있다는 점이 주가 하락의 가장 큰 원인이다. 이는 소비 심리가 위축되고 엔데믹 시대를 맞이하며 오프라인 리테일 시장으로 사용자들이 복귀한 이유가 크다. 그렇다 보니 지난 1월 야심 차게 상장을 준비하던 마켓컬리마저 상장을 철회했다. 이는 워낙 경제상황이 얼어붙고 투자 심리도 악화되면서 프리 IPO에서 4조 원이던 기업가치가 4분의 1로 줄었기 때문이다. 실제 2023년 초 비상장거래소에서의 기업가치는 1조 원이 채 되지 않았다. 마켓컬리의 상장 철회는 이커머스 시장 전체에 대한 투자자의 시각이 장기적 성장 가능성보다 당장 직면한 이익 구조 개선에 집중되어 있음을 보여준다. 즉 마켓컬리를 포함한 한국 이커머스 시장 전체에 변화의 움직임이 보이고 있다.

20년 넘게 국내 이커머스 시장은 치킨게임처럼 모든 사업자의 덩치를 키우기 위한 출혈 경쟁을 당연시 여겨왔다. 이는 국내 이커머스 시장에 명실상부한 1위 없이 춘추전국시대처럼 여러 기업이 경쟁하다 보니 미래 성장을 위해 몸집 불리기에만 주력했기 때문이다. 미국의 아마존, 중국의 알리바바, 일본의 라쿠텐처럼 절대 강자가 있으면 유통 장악을 무기로 판매자에게 수수료를 높이고, 직매입을 기반으로 수익률을 개선하고, 광고 수익 등으로 비즈니스 모델을 다변화할 수 있다. 하지만 시장 장악을 공고히 다지지 못한 채 더 많은 매출을 높이기 위해 쿠폰을 남발하며 더 저렴한 가격에 더 많은 판매를 하는데, 서로 경쟁하면서 적자에서 헤어나지 못했다. 그나마 이커머스 사업자 중 흑자 기업이 지마켓이었는데, 2021년 이마트가 3.6조 원에 지마켓과 옥션을 인수한 이후 시너지는커녕 적자가 지속되고 있다. 2014년 로켓배송과 함께 시장 점유율이 큰 폭으로 성장하며 광폭 행보를 보인 쿠팡마저도 흑자로 전환한 것은 2022년 3분기부터다.

그렇게 무조건 성장을 위해 전력 질주해 오던 이커머스 업체들의 경영 기조가 2023년 들어 바뀌었다. 이제는 성장보다는 수익성을 중시하며 사업의 효율성을 높이기 위한 전략 전환을 꾀하고 있다. 옥션과 지마켓을 운영하는 이베이코리아를 인수한 이마트는 SSG닷컴과 지마켓의 시너지를 극대화하고 경영 효율화를 꾀하기 위한 균형 성장 전략을 가동했다. 오랜 기간 성장 중심으로 투자하던 쿠팡은 계획된 적자를 탈피해 본격적으로 연간 흑자 달성을 위해 내실 있는 성장을 꾀할 것이다. 실제로 쿠팡의 실적은 2022년 3분기 이후 연속으로 분기 흑자 달성을 기록했다. 2023년 2분기 매출은 7.6조 원이며 영업이익은 2.5%로 역대 최고다. 주요 이커머스 업체들의 실적이 적자를 면치 못하는 상황에서 나홀로 성장 중이다. 일찍이 로켓배송과 와우 멤버십에 투자하며

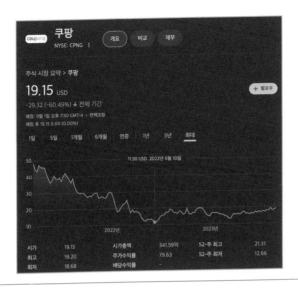

쿠팡의 주가 추이

얻은 경쟁 차별화 전략의 효과가 컸다. 2022년 거래액은 27조 원
에 육박해 유통의 강자 신세계 면세점을 제외한 9개 유통 부문의
합산 매출 30조 원과 비교할 때 놀라운 수치다. 쿠팡은 이제 온라
인에서 명실상부한 1위가 되었고, 다음으로 오프라인 시장 공략
에 대한 의지도 내비치고 있다.

마켓컬리의 상장 역시 잠시 미루었을 뿐, 기업가치를 제대로
평가받을 수 있을 만큼 시장 여건이 좋아지고 수익 성과를 검증
받으면 재시도될 것이다. 물론 한창 마켓컬리의 기업가치가 4조

원에 육박했다가 2023년 9월쯤에는 1조 원도 안 될 만큼 줄어들었기에, 일단은 매출 규모보다 영업이익을 높이기 위한 수익모델 발굴에 더욱 집중할 것이다. 이를 위해 판매되는 제품을 다각화하고 생산성을 높이기 위해 판매 상품의 카테고리도 정리할 것이다. 11번가 역시 2019년 반짝 흑자 전환에 성공한 이후 매출 감소가 이어지며 다시 적자로 전환되면서 아마존과 협력해 해외 직구 플랫폼을 차별화하고 배송 경쟁력을 확대해 직매입 중심의 리테일 사업을 강화하고 있다.

이커머스 업체들은 외형 확장보다는 내실을 다지는 경영 효율화에 집중할 것이다. 과도한 쿠폰 발행과 마케팅을 자제하고 사업 효율화를 꾀하기 위한 구조조정에 들어가고 적자 사업이나 과도한 장기 투자 영역을 축소할 것이다. 그러면서 신규 비즈니스 모델과 새로운 상품 카테고리로 상품 다각화를 꾀하며 사업 다변화로 신규 매출원을 확보하기 위해 노력할 것이다.

특히 그 과정에서 M&A가 활발해질 것이다. 이미 2022년 하반기부터 해외 직구와 에누리라는 가격비교 서비스를 운영 중인 코리아센터와 다나와는 합병했고, 숙박 여가 서비스인 야놀자는 인터파크를 인수했다. 이커머스와 인접한 산업 영역 간 합종연횡과 투자 인수가 광범위하게 전개되고 있으며, 그 대상도 한국을 넘어 글로벌로 확대되고 있다. 싱가포르 이커머스 업체인 큐텐은 국내 대표적인 소셜 커머스 회사 티몬을 인수했고, 네이버는 북미판 당근인 포시마크를 인수했다. 롯데그룹은 11번가를 인수 검토하던 중에 취소하고, 영국의 글로벌 리테일테크 기업 오카도와 제휴를 맺고 자동화된 선진 물류 시스템을 도입할 계획이다. 이커머스 업계에 부는 혹독한 바람은 오히려 한국 인터넷 커머스 시장의 옥석 가리기가 본격화되는 신호탄이 되고 있다.

미·중 무역 전쟁부터 시작해 불안한 안보 위기 그리고 미국의 보호무역 정책과 중국의 폐쇄적인 자원주의 경제 정책, 유럽 등의 경제블록은 국내 시장을 어렵게 만들 것이다. 그 과정에서 해외의 글로벌 기업과 국내 토종 기업 간 경쟁은 치열해지고 국내 기업의 경쟁력 제고를 위한 M&A가 2024년에 더욱 활성화될 것이다.

'디지털 트랜스포메이션' 재도약하는 기업의 디지털 혁신

2016년부터 본격화된 전통기업의 디지털 트랜스포메이션은는 비즈니스 프로세스의 효율화나 제조, 마케팅, 정보시스템(ERP,

CRM, SCM 등)의 디지털화, 즉 클라우드 기반의 데이터 분석 고도화에 초점이 맞춰졌다. 그 과정에서 AI를 도입해 분석의 효율성과 정확도를 높이는 것이 일반적이었다. 또한 제조와 생산 및 판매, 마케팅 등의 특정한 비즈니스 기능에 적용되기도 했다. 제조와 생산에는 스마트 팩토리나 디지털 트윈, 로봇 등의 기술이 적용되었고, 판매 마케팅은 O2O[Online to Offline]나 디지털 마케팅, 소셜 마케팅 등의 기술이 활용되었다.

기업의 디지털화 전략

☑ 기업의 정보시스템과 애플리케이션의 클라우드화

☑ 데이터 기반 의사결정[DDDM] 체계 구축과 AI의 활용

☑ 디지털 리더십 마련과 디지털 리터러시

☑ 유통과 마케팅에서의 디지털 전환

사회적 거리두기로 인해 비대면 고객 채널의 운영과 디지털 마케팅과 유통망 운영, 온라인 협업 툴에 집중했다. 하지만 2년 후 엔데믹 시대를 맞이하며 대부분의 기업은 과거로 회귀해 일하는 문화에서는 실질적인 디지털 트랜스포메이션 성과 창출로 이어지지 못한 것도 사실이다. 이렇게 지난 7년간의 전통산업 영역에

서 적용된 디지털화는 시스템 구축과 일하는 문화에 적용된 혁신으로 요약된다. 전자와 후자 모두 디지털 트랜스포메이션에 대한 이해와 부분 적용까지는 해보았지만 실질적 성과를 얻지 못했다.

2024년부터는 디지털 트랜스포메이션이 2단계로 접어들 것으로 전망한다. 즉 기업마다 적용된 디지털 트랜스포메이션 과제와 이에 대한 성과 측정을 토대로 판단해야 하는 시기가 도래했다. 성과가 증명되었다면 사업 혁신에 적극적으로 활용해야 할 것이고, 비용만 들고 실질적인 이득을 얻지 못했다면 다른 영역에 디지털 트랜스포메이션을 적용하거나 다른 기술로 전환하는 시도를 해야 할 것이다. 산업, 기업, 적용 영역마다 디지털 트랜스포메이션 성과 창출의 요인이나 과정은 모두 다르기에 타 기업의 성공 사례가 우리 기업에도 도움이 되리란 보장은 없다. 그런 만큼 수년간 투자해 온 디지털 트랜스포메이션 1단계 과정에 대한 냉정한 판단을 기반으로 2단계 추진 방안을 고민해야 한다.

사실 3~4년 전에 디지털 트랜스포메이션 성공 사례로 거론되었던 여러 기업의 케이스가 지금 기준으로도 여전히 성공하고 있으리란 보장은 없다. 아무래도 초기 디지털 트랜스포메이션은 막연한 기대와 과도한 신뢰를 기반으로 추진했고, 그 과정에서 현실에서는 삐그덕거리며 작동되지 않거나 투자한 만큼의 성과를 거두지 못한 경우도 많기에 현재의 잣대로는 실패한 것으로 귀결될 수도 있다. 그렇다면 실패의 원인이 무엇인지 분석해 대안을 모색해야 한다.

2024년은 바로 그러한 재평가와 분석을 통해 재정비를 시작할 것이다. 대부분의 전통기업이 본격적인 디지털 트랜스포메이션을 추진한 것이 2018~2019년부터다. 디지털 트랜스포메이션을 이해하고 확신을 위한 초기 단계가 2016~2017년이었고, 추진 체계를 수립해 실제 추진 시스템을 가동한 것이 그 다음해다. 그리고 실제 현장에서 적용해 보는 단계가 2020년부터 2023년까지 있었다. 이제 그 성과를 기업마다 분석해 2단계 전략이 본격화되어야 할 시점이다.

대부분의 전통기업에서 디지털 트랜스포메이션은 전면적으로 도입되지는 않고 회사 업무의 특정 영역에 시범적으로 시도하면서 성과를 파악하며 점진적으로 확대하는 방향으로 추진해 왔다. 그 과정에 디지털 트랜스포메이션 전담부서가 이를 주도했고, 사업 현장은 이를 따라가는 것이 일반적이었다. 만일 그런 기술 부서와 현장의 간극이 크면 당연히 성과 창출도 묘연해지기 마련이다. 이 간극을 줄여 기술이 실제 사업 현장에 도움이 될 수 있도록 끊임없이 궤도를 수정하고 보완이 되어야 실질적 성과 창출로 이어질 수 있다. 또한 제한된 영역에 적용된 디지털 트랜스포메이션이 전사 차원으로 확대되어야 기업의 실질적인 사업 혁신과 더 큰 매출을 견인하는 역할을 할 수 있다.

특히 이러한 과정이 선순환되고 새로운 영역으로 확장되어 신규 비즈니스 모델을 만들고 새로운 사업 도메인으로 확대되어야 기업이 고도 성장할 수 있다. 그것을 가장 잘 해낸 기업들이 소위 빅테크 기업이다. 구글과 아마존, 애플, 마이크로소프트, 테슬라와 엔비디아, 메타 등이 이를 증명한 기술 기업이다. 반면 전통기업 중에는 사업 효율화 정도는 꾀했지만 비즈니스 도메인까지 전환하며 성장을 확대해 간 것을 증명한 곳은 없다. 하지만 2024년은 그런 기업들을 만나볼 기회가 생길 것이다.

지난 5년이 넘는 동안 디지털 트랜스포메이션을 추진하고 클라우드와 AI 그리고 데이터 기술을 고도화한 덕분에 전통기업에서도 실질적으로 사업 혁신에 큰 성과를 보이는 기업들이 등장하게 될 것이기 때문이다. 그 과정에서 디지털화를 더욱 가속화하고 확대하려는 기업과 ROI(투자이익률) 등의 이슈로 축소하려는 기업들로 나뉠 것이다. 물론 전자를 목표로 하는 기업들이 더 많아질 것이며 그로 인해 클라우드, AI, 데이터 등을 활용하는 범위와 규모는 더욱 커질 것이다.

'양자 컴퓨팅'
초전도체와 양자 컴퓨팅,
IT 기술의 나비효과가 되나

1965년 인텔의 공동 창립자인 고든 무어는 '무어의 법칙'을 제시하며, 트렌지터의 수가 18개월마다 2배로 증가하면서 컴퓨팅 계산 능력이 2배로 증가한다고 주장했다. 실제 이 법칙은 수십 년동안 반도체 산업의 지침으로 작용했고 실제 2032년까지는 이런 속도로 컴퓨팅 처리 속도가 개선될 수 있을 것으로 예상하고 있다. 하지만 그 이후에는 현대의 반도체 기술을 넘어선 혁신적인 물리학과 재료기술이 있어야 이 법칙이 통용될 수 있다. 그런 면에서 양자 컴퓨팅은 양자역학의 원리를 활용하여 정보를 처리하는 기술로 기존의 클래식 컴퓨터보다 훨씬 빠른 속도로 복잡한 계산을 수행할 수 있다. 이 기술이 상용화되면 무어의 법칙을 넘어선 어마어마한 연산처리 능력을 가진 차세대 컴퓨팅 기술을 확보할 수 있게 된다.

그래서 1980년대부터 양자 컴퓨팅의 이론적 연구가 시작되었고 이 시기에 양자 컴퓨팅의 기본 원리와 알고리즘이 연구되었다. 이후 1990년대부터 양자 컴퓨팅의 실험적 연구가 시작되어

양자 컴퓨터를 이미지화한 모습

출처 : 미드저니 생성

양자 컴퓨팅의 원리를 활용하여 간단한 계산을 수행하는 실험적인 양자 컴퓨터가 개발되었다. 그리고 2000년대부터 양자 컴퓨팅의 상용화 연구가 시작되어 다양한 기업들이 양자 컴퓨팅의 연구와 개발을 시작하였다. 덕분에 양자 컴퓨팅은 최근 다양한 성과를 거두고 있다.

이 같은 양자 컴퓨팅 분야에서 활동을 하는 기업으로는 IBM과 구글, 마이크로소프트가 대표적으로 양자 컴퓨팅의 원리를 활용해 다양한 연구와 개발을 주도하고 있어 다양한 분야에서 활용될 것으로 예상된다. 무엇보다 기존의 클래식 컴퓨터를 뛰어넘는 획기적인 연산 처리 속도로 기존 슈퍼컴퓨터와 인공지능, LMM이 적용되는 모든 개발 영역에서 시간을 단축할 수 있을 것이다.

게다가 지난 2023년 8월 뜨거운 과학 기술 주제였던 초전도체 개발은 양자 컴퓨팅 개발에 획기적인 도움을 줄 수 있어 큰 반향을 불러일으켰다. 초전도체는 저항이 없는 물질적 특성을 활용해 양자 비트의 에러율을 줄이고 양자 상태를 더 오래 유지할 수 있도록 돕는다. 그로 인해 에너지 손실이 적어져 양자 컴퓨터의 가장 큰 한계인 전력 소모를 줄일 수 있다. 또한 초전도체를 활용한 양자 컴퓨팅은 더 빠르고 정확한 연산을 가능하게 하고, 알고리즘의 효율성도 높인다. 덕분에 현재 양자 컴퓨팅 기술이 갖는 상용화까지의 시간을(대략 5~10년으로 예상) 단축시키는 데 직접적인 도움을 줄 수 있다. 하지만 초전도체 개발이 사실이 아닌 것으로 판명되어 양자 컴퓨팅 상용화 기대도 거품이 되었다.

그럼에도 많은 기업은 차세대 기술 혁신 과제로 양자 컴퓨팅을 연구 개발 중이다. 양자 알고리즘과 하드웨어의 안정성을 중심으로 기술 연구가 본격화되고 있다. 물론 아직 초기 단계다 보니 양자 컴퓨터를 구축, 운영하는 비용이 비싸다. 극저온 환경에서 작동해야 하므로 이를 위한 냉각 시스템과 제반 인프라가 필요해 상당한 투자가 필요하다. 그래서 국가적 차원에서 특히 안보와 차세대 국가 경쟁력을 위해 미국과 중국, 인도 등을 중심으로 기술 혁신이 본격화되고 있다. 앞으로 양자 컴퓨터의 상용화가 이루어지면 보안 솔루션과 데이터 최적화 분야 그리고 초거대 AI 개발에서 획기적인 비즈니스의 기회가 생길 것으로 예상된다. 또한 비즈니스 도메인으로는 신약 개발이나 의료, 제약과 같은 생물학적 시뮬레이션과 금융에서의 위험 분석과 포트폴리오 최적화 분야 등에 사업 기회가 많아질 것이다. 따라서 양자 컴퓨터 개발과 관련한 여러 시도와 연구가 꾸준히 이루어지고 있으며, 앞으로 그런 시도와 사례가 더욱 확대될 것이다. 현재 양자 컴퓨터 개발을 상용화할 수 있는 IBM, 구글, 마이크로소프트 등을 중심으로 유의미한 연구 개발을 하고 있으며, 폭스바겐과 JP모건, 나사, 머크에서는 교통과 금융, AI와 신약 개발 등에 실제로 양자 컴퓨터를 활용 중에 있다.

물론 양자 컴퓨터 기술로 인해 위협받을 수 있는 영역도 있다. 대표적으로 블록체인의 암호화 기술은 양자 컴퓨터의 빠른 성능으로 인해 해킹에 취약해질 수 있다. 블록체인 기술은 암호화 기술을 기반으로 하며 특히 공개키 암호화 기술을 사용하는데, 이

기술은 2개의 키(공개키와 개인키)를 사용하여 데이터를 암호화하고 복호화한다. 이러한 암호화 기술은 현재의 클래식 컴퓨터로는 복호화하기 어렵지만, 양자 컴퓨터의 등장으로 복호화가 용이해질 수 있다. 즉 양자 컴퓨터는 '쇼어의 알고리즘Shor's algorithm'을 사용하여 공개키 암호화 기술의 보안을 해제할 수 있다. 쇼어의 알고리즘은 양자 컴퓨터를 사용하여 소인수분해를 빠르게 수행할 수 있으며, 이로 인해 공개키 암호화 기술의 보안이 취약해질 수 있다. 그러나 블록체인 기술은 양자 컴퓨터의 위협에 대비하여 양자안전 암호화 기술Quantum-Safe Cryptography을 도입하고 있기도 하다. 양자안전 암호화 기술은 양자 컴퓨터의 공격에 대비하여 보안을 강화하는 기술이므로 양자 컴퓨터 기술이 보급되더라도 블록체인 기술은 위변조와 해킹을 차단할 수 있다.

2024 IT 인사이트 찾아보기

IT TREND
2024

IT 트렌드 2024

제1판 1쇄 발행 2023년 10월 24일
제1판 2쇄 발행 2023년 12월 6일

지은이 김지현
펴낸이 나영광
펴낸곳 크레타
출판등록 제2020-000064호
책임편집 김영미
편집 정고은
디자인 강수진

주소 서울시 서대문구 홍제천로6길 32 2층
전자우편 creta0521@naver.com
전화 02-338-1849
팩스 02-6280-1849
포스트 post.naver.com/creta0521
인스타그램 @creta0521
ISBN 979-11-92742-18-2 03320